"철학은 간단한 질문을 던진다.
이게 다 뭐지?(What is it all about?)"
- A. N. 화이트헤드

화이트헤드와 함께 With Whitehead

• 차례

[연구논문]

1. 잠재태의 의미와 위상: 화이트헤드와 들뢰즈 / 장왕식 ─────── 1
2. 노자와 화이트헤드는 상대론자인가 / 이태호 ─────── 34
3. 화이트헤드의 인식론과 그 수학적 배경 / 김영진 ─────── 65
4. 화이트헤드주의 진화신학의 전개: 종교철학적 탐색 / 이경호 ──── 113
5. 유기체철학의 신 이해에 관한 고찰 / 임동빈 ─────────── 153
6. 화이트헤드의 과정철학과 불교철학은 어디서 갈라지는가 / 정강길 • 186

[에세이]

7. 모든 것은 느낀다 / 김상환 ──────────────── 243

[번역]

8. 자유와 질서(Freedom and Order)" / A. N. Whitehead
   / 오진철 역 ────────────────────── 255
9. 화이트헤드의 가치론(Whitehead's Theory of Value) / John Goheen
   / 정승태 역 ────────────────────── 278
10. 화이트헤드 철학 관련 몇몇 해외 저술들 소개
    / 이재천 역 ────────────────────── 307

• 화이트헤드와 함께 1

잠재성의 위상과 의미 : 화이트헤드와 들뢰즈

장왕식* 씀

> I. 들어가는 말
> II. 몸말
>   1. 들뢰즈와 잠재성의 철학
>   2. 화이트헤드와 잠재성의 철학
> III. 나가는 말

---

* 감리교신학대학교 초빙교수

Ⅰ. 들어가는 말

이 글은 A. N. 화이트헤드와 질 들뢰즈(G. Delueze)의 자연주의 철학을 비교하되, 주로 잠재성의 철학에 초점을 맞추어 양자가 어떻게 대조되는지를 살펴보는 〈관념의 모험〉 과정이다.

질 들뢰즈를 유명하게 만든 명칭들은 다양하다. 하지만 그를 차이의 철학자로 부르든 내재성의 철학자로 부르든 혹은 노마디즘의 철학자로 부르든, 그 모든 명칭을 떠받치고 있는 이론적 토대가 있다면 잠재성(the virtual)의 철학이 될 것이다. 들뢰즈에게 잠재성의 개념은 차이를 생성하는 근원이 되기도 하고, 초월을 피하는 내재성의 수단이 되기도 하며, 때로는 유목적 삶을 가능하게 하는 탈-규정, 반-목적의 행동학이 되기 때문이다.

화이트헤드 역시 일종의 잠재성의 철학자로 불릴 수 있다. 우선 그의 철학이 유럽의 대표적 잠재성의 철학자였던 베르그송의 철학에서 적지 않은 영향을 받고 태어났음을 부정하기 어렵다. 또한 그의 철학의 핵심 개념인 '과정'은 언제나 이행과 합생이라는 두 위상으로 이루어지는데, 이로 인해 그의 '과정' 철학은 바로 어떻게 하나의 현실적 존재가 다수로 이루어진 잠재성의 영향 하에서 탄생되는가를 보여주는 철학적 드라마로 해석될 수 있기 때문이다.

이 글은 먼저 들뢰즈가 보여주는 잠재성의 철학의 특징들을 보여주려 하는데, 이 과정에서 들뢰즈 철학의 핵심 모토인 '존재의 일의성'과 '초월론적 경험론' 등의 특징들이 동시에 토론될 것이다. 논자는 특히 들뢰즈가 잠재성의 철학을 말하고, 그것을 일의적 존재론과 초월론적 경험론으로 뒷받침하는 근본 이유는 차이의 철학을 말하기 위함이라 생각한다. 잘 알려져 있다시피 들뢰즈는 베르그송의 철학을 따라

[화이트헤드와 함께]

서 본성적인 차이(difference in kind)의 개념을 강조하는 철학을 발전시켰는데, 이를 통해 전통적으로 알려진 아리스토텔레스와 헤겔적인 의미의 유적(類的, generic)인 차이 개념을 극복하려 했다. 이하에서 우리는 들뢰즈가 어떻게 잠재성의 철학과 그것의 이론적 토대가 되는 일의적 존재론 및 초월론적 경험론을 통해 새로운 의미의 차이의 철학을 전개하는지 살펴보겠다.

그 다음에 전개되는 글에서 본 논문은 잠재성의 철학 및 차이의 철학과 관련해 들뢰즈와 화이트헤드의 철학이 어떻게 비교될 수 있느냐에 대해 탐구하는 것이다. 화이트헤드가 어떻게 잠재성의 철학을 전개하는지를 보기위한 하나의 첩경은 범주 개념을 동원하는 것이다. 따라서 여기서 나는 일(the one)과 다(the many), 그리고 창조성으로 이루어진 '궁극자의 범주'가 어떤 목적 하에서 화이트헤드로 하여금 잠재성의 철학을 펼치도록 하는지 보려하며, 또한 그 외의 다양한 범주들이 그의 철학으로 하여금 어떻게 풍부한 형태의 잠재성의 철학을 말하면서도 동시에 들뢰즈와 대조되는 형태의 이론을 구축하는지 보려한다. 특히 화이트헤드는 독특한 형태의 〈존재론적 원리〉ontological principle를 주장하면서 들뢰즈의 일의적 존재론과 초월론적 경험론에 비교되는 철학을 펼치고 있는데 이를 살펴볼 것이다.

이렇게 화이트헤드와 들뢰즈 양자의 잠재성의 철학을 비교하는 과정에서 이 두 철학자가 어떻게 상호 대조적인 길을 걸어갔는지 보게 될 텐데, 여기서 나는 주로 화이트헤드의 잠재성의 철학이 어떻게 현실성의 철학으로 균등하게 조명되는지를 밝히게 될 것이다. 나아가 이를 통해 우리는 결국 화이트헤드의 철학이 들뢰즈의 철학 보다 비교적 합리주의적 색채를 더 많이 지니게 되는 이유들을 보게 될 것이다.[1]

---

1) 다작인 들뢰즈의 저술들 중, 우리는 주로 그의 처녀작인 『경험주의와 주체성』에서

Ⅱ. 몸말

Ⅱ-1. 들뢰즈와 잠재성의 철학

하나의 질문으로 시작해 보자. 도대체 잠재성의 철학이 무엇이기에 들뢰즈에게는 그것이 그토록 중요한가? 분석가들에 따라서 여러 종류의 해석이 시도될 수 있겠지만, 가장 설득력이 있고 일관된 답 중의 하나는 들뢰즈가 〈에티카〉Ethica를 시도하기 때문이라는 것이다. 말할 것도 없이 여기서 말하는 에티카는 플라톤적 그리스 사상과 기독교 사상을 관통하면서 2000년 동안 서구의 문명을 지배해 온 도덕 중심의 행동학에서 벗어나기 위해 시도된 새로운 형태의 윤리학을 말하는 것으로, 이는 스피노자에게서 처음 강조된 것이다.

들뢰즈에 관한 가장 최근의 주석서 중의 하나인 일본의 중견 철학자 에가와 다카오(江川陵南)도 그의 저서 『존재와 차이』에서 들뢰즈의 핵심 사상은 에티카이며, 이를 통해 반-칸트적이고 반-도덕적 사유를 획득하는 것의 그의 학문적인 주요 목적이라 주장한다.[2)]

실제로 들뢰즈는 서구의 2000년 철학사를 탈근대주의적인 각도에서 매우 혁신적인 방식으로 새롭게 정리한 수많은 저서를 낸 것으로 유명하지만, 동시에 그의 철학은 언제나 문화와 정치를 두루 아우르는 실천

『의미의 논리』를 거쳐 『차이와 반복』에 이르는 철학까지를 다룬다. 이런 한도 내에서만 잠재성의 철학과 관련한 화이트헤드와 들뢰즈의 철학적 유사성이 쉽게 부각될 수 있기 때문이다. 『안티 오이디푸스』와 『천개의 고원』 등 그의 후기 저작에서도 잠재성의 개념은 여전히 중요하게 다루어지나, 여기서는 주로 일종의 '비합리주의'에 기초한 탈주와 유목 중심의 철학이 전개되면서 화이트헤드와의 비교를 조금 더 어렵게 만들기 때문이다.
2) 에가와 다카오 지음, 이유원 옮김, 『존재와 차이: 들뢰즈의 선험적 경험론』 (서울: 그린비, 2019), 18.

[화이트헤드와 함께]

적인 관심을 보인 것으로도 유명하다. 그렇다면 들뢰즈가 에티카를 통해 보인 실천적 관심사는 어떤 철학적 개념들로 표현되었는가?

한마디로 표현하면, 기존의 통념(doxa)을 벗어나는 사유를 통해 새로운 의미의 '차이'의 개념을 제공하려는 것이다. 잘 알려져 있듯이, 여기서 차이라는 개념으로 들뢰즈가 일컫는 것을 혹시 계급적이거나 혹은 위계질서적인 격차로 이해해서는 안 된다. 들뢰즈가 극복하려는 것이 정확히 그런 개념들이므로, 이하에서 설명되는 대안적 차이 개념은 오히려 정반대의 것이기 때문이다. 들뢰즈는 전통적인 차이 개념과 구별되는 자신의 차이 개념을 〈본성적인 차이〉difference in kind, 혹은 〈미분적인 차이〉differentiation등으로 부른다. 잘 알려져 있다시피, 들뢰즈는 새로운 의미의 이런 차이 개념을 소개하기 위해 가장 먼저 우리가 해야 하는 일로 '동일성'과 '재현'의 사유를 거부하는 것이라 주장하는데, 이는 전통적 서구철학이 이런 사유를 통해서 진정한 의미의 본성적 차이와 새 것의 발생을 탄압해 왔다고 보기 때문이다. 즉, 동일성의 사유의 문제는 차이를 그 자체로 보지 않고 동일성의 아류이거나 종속물이라 생각는데 있고, 재현(representation)의 사유가 가진 문제는 그것을 통해 사물 자체에 관심하기보다는, 오히려 사물 자체를 하나의 대리-표상(represent)을 통해 나타내려 하며, 그러다보니 결국 실재에서 멀어지게 된다고 들뢰즈는 본다. 그리고 이런 사유가 문화와 실천의 영역에서 초래하는 결과는 매우 부정적이라고 본다. 들뢰즈적인 정동(affectus)의 윤리학을 시도하고 있는 브라이언 마수미의 말을 빌려 이를 표현해 보자. 동일성과 재현의 사유는 근거가 없거나 아니면 매우 편협한 방식으로 정초된 "이데올로기적 지배자의 구조 속으로 미리 코드화" 되면서 억압당하게 만드는 사유라는 것이다.[3]

---

3) 브라이언 마수미 지음, 조성훈 옮김, 『가상계: 운동, 정동, 감각의 아쌍블라주』 (서울:

5

여기서 들뢰즈가 대안으로 대시하는 것은 플라톤주의의 전복, 칸트 선험철학의 뒤집기, 헤겔적 동일성의 사유에 대한 거부 등에 입각한 사유인데, 이를 현재 우리가 토론하고 있는 잠재성의 철학과 연계시키기 위해서 에가와 다카오(江川隆男)가 제시하는 개념은 〈반-효과화〉다. 〈반-효과화〉counter-effectuation란, 하나의 주체가 기존의 구조의 효과(effectuation)나 종속물로 여겨지면서, 단지 현상의 질서에 수동적으로 속박되는 것에서 벗어나기 위해 저항하는 태도를 말한다. 예를 들면 소수자인 한 인간이 다수자들의 억압과 횡포에서 벗어나기 위해 스스로 기존 질서의 구조를 자기 식으로 바꾸려 변혁을 시도하는 능동적 행위를 말한다.4) 그렇다면 이제 우리는 어떤 이유에서 잠재성의 철학이 중요하게 되는지를 쉽게 이해할 수 있다.

현재의 구조를 지배하고 있는 것이 통념이요, 그것이 동일성과 재현의 사유에 의해 유지된다면 자연스럽게 우리는 현실적인 것보다는 그 반대의 것에 관심하게 된다. 왜냐하면 현실적인 것은 통념과 현상의 질서를 따라가서는 자유로움과 반-효과를 노릴 수 없다. 이들은 모든 기존 구조에서 나온 효과요 결과이므로 그것을 전복시키기 위해서는 본래의 근거로 돌아가야 한다. 언제나 효과와 결과는 조건에서 나오는 것이므로, 우리는 조건에 좌우되는 것 혹은 조건 지워지는 것에서 벗어나 조건 짓는 것 혹은 조건 자체로 돌아가야 한다. 들뢰즈에게서는 그것이 바로 잠재적인 것이다.

이하에서 보다 설명되겠지만, 잠재적인 것(the virtual)이란 결코 추상적이고 현실에서 유리된 초월적 개념이 아니다. 그것은 초월론적(transcendental)이기는 해도 초월적(transcendent)이지는 않다. 들뢰즈에

갈무리 2011), 12.
4) 에가와 다카오 지음, 이유원 옮김, 앞의 책, 13.

게 잠재성이란, 그저 생성하는 자연 자체, 그 안의 사물 자체와 다르지 않다. 혹은 모든 종류의 외부적이고 초월적인 조건이 거부된 내재성 그 자체이다. 단 여기서 조심해야 할 것은 그런 모든 것들이 현실적인 것과는 구별된다는 것이다. 그리고 이런 정신을 가장 잘 반영하는 것이 들뢰즈에 따르면 프루스트의 공식인데, 그 공식에서 잠재적인 것이란 "실재적이면서도 현실적이지 않은, 이상적이면서도 추상적이지 않은 공명의 상태들…" 이라 한다.5)

여기서 잠재적인 것이 왜 현실적인 것에서 구별되어야 하는지 그 이유에 대해서는 이미 부분적으로 설명되었으나, "이상적이면서도 추상적이지 않은 공명의 상태들" 이라는 표현은 조금 더 설명이 필요해 보인다. 한마디로, 추상적이지 않다는 것은 잠재적, 내재적이라는 말인데, 이를 위해 여기서 우리는 들뢰즈의 설명을 직접 동원해 보자. 실제로 들뢰즈는 자신이 피력하고자 하는 바를 보다 압축적으로 설명하기 위해 다양한 철학적 설명들을 동원하는 데, 그 중 대표적인 것이 〈존재의 일의성〉univocity of being과 〈초월론적 경험론〉transcendental empiricism의 이론이다. 이 두 이론은 쉽게 다가오지 않는 난해한 개념으로 잘 알려져 왔다. 하지만 우리의 토론을 위해서는 이 두 개념에 대한 이해가 필수적이므로, 이하에서는 그것들에 대해 주로 살펴보자.

『차이와 반복』에 따르면, 서구철학에서 존재의 일의성은 둔스 스코투스, 스피노자, 니체를 통해서 발전되었다.6) 먼저 둔스 스코투스의 명제로 이를 표현하면, "존재는 모든 사물에 대해 하나의 의미로 언명된다" 이다. 물론 이 명제에 대해서는 여러 해석이 존재할 뿐만 아니라, 들뢰즈 스스로도 맥락에 따라 다양한 해석을 가한다. 그러나 현재의 토

---

5) 질 들뢰즈 지음, 김상환 옮김, 『차이와 반복』 (서울: 민음사, 2008), 450.
6) 같은 책, 109.

론주제와 연관시키기 위해 논자는 다음과 같이 이를 이해할 수 있다고 생각한다.

먼저 가장 쉬운 방식은 신학적으로 이해하는 것이다. 그 이유는 둔스 스코투스가 중세의 신학자로서 이 명제를 말한 것이 사실이거니와, 그가 아리스토텔레스 및 아퀴나스의 유비적이고 다의적인 존재론에 반대하기 위해 일의적 존재론을 내세운 것도 신학적 의도가 기본에 깔려 있었기에 신학적 해석은 가장 무리 없는 해석이 될 수 있다.

신학적인 해석을 따를 때, 존재의 일의성은 "신은 다수의 존재자들에 대해 (혹은 삼라만상의 자연과 관련해) 하나의 의미로 말해진다."로 바꾸어 볼 수 있다. 실제로 둔스 스코투스의 일의적 존재론은 그것의 신학적 입장과 반대되는 것, 특히 아퀴나스의 유비적 존재론에 대항 담론으로 형성되었는데, 유비적 존재론(혹은 다의적多義的 존재론)에 따르면 신과 자연 사이에는 넘을 수 없는 절대적이고 질적 차이가 있다. 그러기에 이런 입장에서 보면 인간이 신에 대해 어떤 방식으로 말해도 인간적 언명은 유비적인 한계를 넘지 못한다.

신이 자연의 사물을 통해 얼마든지 접근될 수 있다고 믿었던 스코투스는 따라서 이런 유비적 이해에 반대한다. 자연과 신 사이의 장벽은 인간의 언어가 지닌 의미로 얼마든지 돌파될 수 있다고 본 것이다. 이런 입장이 그로 하여금 언제나 신은 다수의 존재자에 대해 하나의 동일한 의미로 언급될 수 있다는 것을 주장하기에 이른다.

이를 존재론적으로 바꾸어 다시 표현해보면, 존재로서의 신은 다수로서의 인간과 사물에게 하나의 동일한 의미로 전달된다는 뜻이다. 즉, 인간도 사물도 모두 각각 다양하고 서로 다르지만 그들에게 신은 동등하게 하나의 의미로 전달되기에, 결국 존재론적으로 모든 존재자들의 의미적 관계는 동등하다는 뜻으로 해석될 수 있게 된다. 그런데 존재자들의 의미를 존재라는 근거를 통해서 가능하도록 한다는 것은 단일한 존재로서의 신이 다수의 존재자들의 개별성에 의미를 부여한다는 뜻으로 발전될 수 있다. 그리고 이렇게 하나인 존재가 다수 존재자들의 개별성에 의미를 부여한다는 일의적 존재론의 주장은 특히 스피노자의 실체와 양태의 관계에 대한 이론을 통해 더욱 강화된다.

스피노자의 실체/양태이론을 적용하면 일의적 존재론이 차이의 철학은 물론 잠재성의 철학과 어떻게 만나는지 쉽게 알 수 있게 된다. 즉, "신=자연=실체" 라는 독특한 철학적 해석을 견지하고 있는 스피노자의 관점에서 볼 때, "실체는 다양한 양태에 대해 하나의 의미로 말해진다" 는 일의적 존재론의 주장은, 또 다시 "양태로서의 다수의 사물들의 개별적 의미가 실체로서의 일자에 의해서 가능하게 된다" 는 주장으로 발전될 수 있다.[7] 말하자면, 존재자들의 개별적 의미에 대한 강조는 일의적인 실체/양태 존재론에 근거해 존재자들 사이의 차이와 차별성의 강화로 이어 질 수 있게 된다는 뜻이다. 존재가 개체화된 모든 존재자들에게 대해 나타날 때, 그것이 하나의 동일한 의미로 표현될 수 있다고 한다면, 결국 그 말은 비록 다양한 개체들이 있더라도 언제나 그들 양태 사이를 옮겨 다니면서, 동시에 동일하게 작용하는 선험적이고 내재적인 실체가 있다는 뜻이 되기 때문이다. 이는 결국 스피노자의 실체/양태 이론의 본래의 주장, 즉 "실체는 복수의 개체적 양태를 통해 표현된다." 는 명제의 재확인일 뿐일 테지만, 다른 한편으로 이 명제는 "현실적인 개체들은 잠재적인 어떤 것의 표현이다." 라는 또 다

---

7) 여기서 중요한 것은 존재자, 즉 사물들이다. 즉, 사물들은 미시적 차원의 미립자들도 포함된다는 것이다. 만일 우리가 양자역학을 비롯한 현대의 물리학을 적용해 해석하면, 일의적 존재론은 미립자를 포함한 모든 사건들이 동등한 역능, 동등한 가치를 지닌다는 입장으로 이어질 수 있으며, 이는 오늘날 범심론 (汎心論, panpsychism)과 만날 수 있다. 실제로 들뢰즈를 추종하는 많은 현대 사상가들이 최근 일종의 범심론을 주창하고 있다는 것은 이런 배경에서 기인한다.

른 명제, 즉 잠재성의 철학의 핵심 주장이 된다.

이제 우리는 위에서 처음에 들뢰즈가 언급했던 프루스트의 명제가 펼치려는 주장의 참 뜻이 무엇인지 알 수 있는 준비를 갖추게 되었다. 즉, 비록 인간의 경험적 차원에서는 우리에게 현실적인 것이 우선적인 것으로 보이는 것은 피할 수 없지만, 단지 그것만이 실재적인 것으로 파악되어서는 안 되고 오히려 현실적인 것보다 잠재적인 것이 더욱 실재적이라 생각해야 하며, 현실적인 것은 단지 잠재적인 것의 분화된 표현에 불과하다는 것이다.

이렇게 잠재적인 것을 강조하는 방식은 차이에 대해 오히려 적극적이고 긍정적인 강화로 이어진다. 왜냐하면, 다양한 사물들 사이의 차이는 실재로서의 잠재성에서 가능하게 되기 때문인데, 그것은 잠재적인 것이 마치 스피노자의 실체/양태의 관계의 경우처럼, 양태에게 존재의 조건이 되면서, 동시에 양태들 각자가 모두 신적이고 실체적인 의미의 존재가를 동등하게 지니게 되기 때문이다. 각각의 존재자들이 지니는 이런 의미의 동등한 존재가는 그들이 각각 본성적인 차이를 지니게 하는 이유가 되기도 한다. 이런 본성적인 차이는 잠재적인 것 내에서는 미분적인 차이(differentiation)로 존재하게 되는데, 이것이 현실적인 것으로 나타날 때만 분화(differenciation)로서의 차이로 보이게 되는 것이다.

이렇게 존재자 및 사물들의 사이의 차이가 다른 것에서 연원하지 않고 잠재성에서 근거한다는 들뢰즈의 주장이 스피노자의 일의적 존재론으로 강화된 것은 사실이지만, 그것은 또 다른 들뢰즈의 이론, 즉 초월론적 경험론이 이해될 때 보다 온전해진다. 왜냐하면 들뢰즈가 스피노자를 끌어들인 것은, 결국 잠재성의 세계를 통해 모든 개별적 차이가 실재적인 것의 표현이고 그러기에 세상의 사물에는 본성적이고 절대적

[화이트헤드와 함께]

인 차이가 있다는 주장을 펼치려는 것이었기 때문이다. 다시 말해 우리의 세계는 그것이 잠재/현실의 이원으로 구분되는 것이 아니라 오로지 하나의 세계 즉 내재의 세계뿐이며, 모든 개별자들에게 본성적인 차이가 존재하는 이유는 바로 그것들이 하나인 실재(혹은 실체)의 표현이기 때문이다.

하지만 초월론적 경험론을 다루기 전에 우선 이제 이제까지 논의한 일의적 존재론의 골자를 정리해 보자. 첫째, 사물들에게 본성적 차이가 있는데, 그 근거와 이유는 모든 존재자들이 단일한 존재, 혹은 신(실체)의 표현이기 때문이다. 둘째, 존재와 존재자의 사이의 차이는 구분은 되어도 결코 이분화 될 수 없는 실재적인 관계라는 것이다. 그런 의미에서 양자가 만나는 지점은 내재적이고 일의적인 장이지 결코 초월적인 것과 그렇지 않은 열등한 것의 다의적인 장이 아니다. 그렇다면, 이제 이하에서는 들뢰즈가 말하는 잠재성의 철학을 강화하는 초월론적 경험론에 대해 알아볼 차례이다.

결국 여기서도 문제는 잠재성의 철학이 진정한 의미의 차이의 철학, 즉 모든 사물들 사이의 차이가 본성적 차이라는 주장을 어떻게 설득력 있게 개진할 수 있는지가 관건이다. 왜냐하면 비록 실체/양태의 일원론적이고 일의적인 존재론에 근거한 스피노자의 철학이 새로운 의미의 차이의 철학을 말하게 한다는 것은 이해되지만, 어떻게 그것이 잠재적인 것만으로 가능하게 되는지는 충분하게 설명되지 않아 보이기 때문이다. 잘 알다시피, 범신론자였던 스피노자의 실체=자연=신의 등식은 초월적 근거로서의 신의 흔적을 지워버린다. 그러기에 실체/양태이론에 근거한 일의적 존재론에 따라서 아무리 존재자들의 개별적 차이를 주장한다고 하더라도, 그것의 근거는 초월적이지 않다. 실체로서의 신은 양태들에 의해서 표현되는 신일지는 몰라도 그것들에게 존재론적 근거가 되는 신이라는 주장은 아직 분명히 전개되지 않기 때문이다.

그러나 들뢰즈에 따르면, 사람들이 이런 질문을 던지면서 답답해하는 근본 이유는 다른 문제 때문이라 보는데, 초월론적 경험론의 골자를 이해하기 위해서는 이것부터 해소해야 한다고 본다. 즉, 잠재성의 철학이나 내재성의 철학이 설득력을 갖지 못한다고 생각하게 되는 근본 이유는, 대부분의 사람들이 잠재적인 것과 가능적인 것을 구별하지 못하고 혼동하기 때문이라고 본다.8) 여기서 가능적인 것이란, 아리스토텔레스의 현실태(완성태)-가능태 대비의 도식을 따라서, 언제나 가능적인 것은 완성과 목적, 그리고 형상을 향해 가는 도정에 놓여 있기에 아직 진정한 실재가 아니라는 주장이다. 한마디로 가능적인 것은 현실적이지 않고 실재적이지도 않다는 말이다.

들뢰즈는 가능태의 개념이 지닌 이런 한계를 인정하면서, 그러기에 가능태는 차이의 철학과 관련해 그 어떤 긍정적인 역할을 할 수 없다고 비판한다. 가능한 것은 "동일성의 형식에 의존존하고, …그 자체가 자신과 유사한 것의 이미지에 따라 소급적으로 조작된 것이다." 9)

그러므로 들뢰즈는 주장하기를, 바로 이런 한계를 감안해, 우리는 가능태에 입각한 사유를 펼칠 것이 아니라 잠재적인 것에 입각한 사유를 해야 한다고 강조하게 되는 것이다. 그런데 이렇게 들뢰즈가 가능태가 아니라 잠재태로 이동해야 한다고 주장할 때 한 가지 또 다른 질문이 가능하게 되는데, 우리는 그것부터 다루어야 한다.

말하자면, 또 다시 앞에서 제기한 것과 동일한 질문이 나올 수 있다는 것이다. 즉, 잠재적인 것은 어떻게 외부자나 초월자 없이 스스로가 실재적인 것이 되며, 차이를 본성적인 차이로 생산해 내는가?

---

8) "…유일한 위험은 잠재적인 것과 가능한 것을 혼동하는 데에 있다." 질 들뢰즈 지음, 김상환 옮김, 『차이와 반복』 (서울: 민음사, 2008), 455.
9) 같은 책, 456.

이에 대한 들뢰즈의 토론은 매우 전문적인 철학적 논의를 통해 진행되기에 매우 난해하다. 따라서 본 논문과 같은 작은 글이 다루기에는 매우 벅찬 주제이다. 그럼에도 불구하고 그것을 거칠게라도 요약해 보면 다음과 같이 짧게 요약할 수는 있겠다. 즉 언제나 진정한 차이는 강도적 다수성(intensive multiplicity)의 즉자적 차이이며, 이런 강도적 다수로서의 차이는 선험적인 장으로서 존재하면서, 잠재적인 것에서부터 현실화되기 위해 펼쳐져 나오는 과정을 거친다는 것이다.10) 바로 현실적인 차이로서의 분화적 차이들은 이런 강도적 차이의 효과인데, 이런 강도적 차이는 일종의 창조적 에너지로서의 잠재적인 것 안에 주름 잡혀 있다가 스스로를 밖으로 펼쳐내면서 발명해 내고 점점 복잡하게 생성해 간다. 이를 들뢰즈는 내-주름화implication의 상태로 주름 접혀 있던 차이들이 밖-주름화explication되어 자신을 펼쳐내는 과정을 거치면서 보다 온전한 겹-주름화complication로 발전해 간다고 표현한다.11) 이를 우리 식으로 표현한다면, 창조적 에너지로서의 잠재적인 것이 스스로를 본성적 차이로 머금고 있으면서 현실화의 과정을 통해 펼쳐간다 뜻쯤이 될 것 같다.12)

이제 우리는 잠재성의 철학이 진정한 본성적 차이와 즉자적인 차이에 대해 말할 때, 어떻게 외부의 초월자를 전제하지 않고서 설명하는지를 확인할 수 있다. 물론 충족이유율의 원리를 잘 알고 있는 들뢰즈로서는 하나의 존재가 진정한 존재로 탄생할 때 어떤 종류가 되든지 하나의 외부적인 원인에서 그 조건을 찾지 않는 한 충분한 이유를 제공할 수 없음을 잘 알고 있었다. 칸트가 이른바 선험적 감성론에 입각한

---

10) 같은 책, 532-537 참조.
11) 들뢰즈의 『차이와 반복』을 번역한 김상환은 이를 각각 안주름 운동, 밖주름 운동, 온주름 운동으로 번역했다.
12) 키스 안셀 피어슨은 『싹트는 생명』에서 이에 대해 보다 밀도 있게 토론하고 있다. 이정우 역의 『싹트는 생명』(서울: 산해, 2005), 304쪽을 참조하라.

초월론적 철학을 전개한 이유도 바로 이런 배경에 근거한다고 본다. 알다시피, 칸트는 감성과 지성에 입각한 우리의 경험이 어떻게 자신의 한계에서 벗어날 수 있는지에 대해 소위 〈초월론적 연역〉transcendental deduction을 통해 설명하려 애썼다. 들뢰즈에 따르면, 칸트의 이런 시도는 초월론적인 것의 중요성에 대해서 인식한 것에서는 옳았으나, 그것을 외부적인 것을 끌어들여 만족시키려 했기에 실패했다. 들뢰즈에 따르면, 실재적 경험의 조건은 외부에 머무르지 않고, 오히려 경험적인 것의 내부로부터만 표현될 수 있는 것이어야 한다. 들뢰즈의 이론이 경험론으로 불리는 것은 바로 이렇게 경험적인 것의 내부에서 조건이 마련되기 때문이다. 그리고 이렇게 경험계의 내부 혹은 내재면에서 찾아지는 조건이기에 초월론적이라 불릴 수 있는 것이다. 말하자면 어떤 차이가 잠재적인 것으로부터 표현될 때, 그것의 규정자는 외부에서 발견되는 것이 아니라 오히려 규정되고 조건지어지는 경험계 자체 내에서 발생된다는 뜻이다. 여기서 그것이 초월론적이라 불리는 이유는 조건지움과 규정자로서의 기능을 강조할 때이며, 동시에 그것이 경험론이라 불리는 이유는 그것이 피규정자와 조건지워짐의 기능을 강조할 때 염두에 둔 것이다. 그러므로 이미 여러 번 언급된 바대로, 비록 초월이라는 의미가 사용되어도 그것은 전통적인 의미의 초월, 즉 내재나 경험과 상관없는 초월이 결코 아닌 것이다. 들뢰즈는 이를 다음과 같이 기술한다. "표현이란 말을 통해서 우리가 이해하는 것은 언제나 표현하는 것과 표현되는 것 사이에서 성립하는 어떤 결합관계이다. ...표현되는 것은 표현하는 것의 바깥에서는 실존하지 않는다." [13]

이런 설명들로도 부족함을 느끼는 이들을 만족시키기 위해 들뢰즈는 다양체(multiplicity) 및 이념(Idee) 이론을 통해 잠재성의 철학에서 한 걸

---

13) 질 들뢰즈 지음, 김상환 옮김, 『차이와 반복』 (서울: 민음사, 2008), 549-550.

음 더 나아간다. 즉, 들뢰즈가 말하는 잠재적인 것과 그것이 만드는 차이는 다수성 혹은 다양체(multiplicity)의 이론과 이념의 이론으로 또 다시 강화된다.14) 한마디로 말해 이념(Idee) 혹은 다양체라 불리는 순수 다수는 잠재성 안에 내재하며, 동시에 이는 현실화를 통해 분화된다. 물론 여기서 잠재적인 것의 내용으로 존재하는 이념은 무규정자이며, 순수한 다수이기에 단지 현실화를 통해서만 분화된다. 말하자면 잠재적인 내용으로 존재할 때의 그것은 우리의 인식 대상 밖에 존재하는 것이다. 따라서 이념은 단지 문제로서만 존재한다. 혹은 달리 표현하면, 이념과 다양체들은 미분화될 때는 잠재적 문제의 지위를 획득하며, 단지 분화될 때에만 현실적인 것 안에서 완결된 것이 되고 이로써 일종의 해(solution)가 된다.15)

이를 들뢰즈는 다음과 같이 말한다. "…이념은 현실적인 것으로 분화되기에 앞서 그 자체 안에서 전적으로 미분화되어 있다." 16)

여기서 보듯이 이념은 결코 초월적이 아니다. 그것은 순수 다수로서 내재성의 평면에서 분화되기를 기다린다. 그렇다고 그것이 미리 존재하는 것은 아니다. 단지 논리상 선험적으로, 따라서 초월론적으로 존재한다는 뜻이다. 이미 앞에서 살펴 본대로, 여기서 초월론적이라는 것은 전통적인 의미의 초월의 색채를 배제한 채로, 현실적인 것의 가능 근거가 되는 것을 말한다.

---

14) 들뢰즈 철학에서 이데는 해(solution)가 아니라 문제(problems)로 분류되며, 따라서 문제와 이데는 동일하게 해석될 수 있다.
15) 들뢰지안들은 들뢰즈가 이념과 다양체를 특이성과 등치시켜 논한 것에 관심 갖기도 한다. 들뢰즈의 특이성은 특히 난해하기로 악명 높은데, 미분화/분화와의 관련 하에서 『들뢰즈 개념어 사전』은 다음과 같이 정리하고 있다. "특이성으로서의 두드러진 점이 분화이며, 특이성으로서의 특이점은 미분화이다." 아르노 빌라니·로베르 싸소 지음, 신지영 옮김, 『들뢰즈 개념어 사전』 (서울: 갈무리, 2012), 480-481쪽을 참조할 것.
16) 같은 책, 372.

이제 마지막으로 들뢰즈에게서 잠재적인 것과 현실적의 관계는 진정 무엇인지 살펴보자. 왜냐하면 솔직히 들뢰즈의 이 두 개념은 매우 혼동되는 것으로 보이기 때문이다. 들뢰즈에게서 둘의 관계는 모호한 것이 사실이지만, 그럼에도 굳이 무리하게 정리해 표현해 본다면 아마 다음과 같이 요약될 수도 있겠다. 들뢰즈 개념어 사건을 엮은 안 소바냐르그에 따르면, "현실적인 것과 관련해 현실적으로 되지 않는 잠재적인 것은 없다. 현실적인 것은 이와 같은 관계 하에서 잠재적인 것이 된다. 그것은 완벽히 가역적인 동전의 양면이다." 17)

여기서 논자가 소바냐르그를 인용하는 이유는 들뢰즈의 잠재성의 철학은 가끔 일원론적으로 해석되면서 비판 받아 왔기 때문이다. 그리고 논자의 생각에, 그런 비판이 제기되는 하나의 이유는 방금 보았듯이 잠재태와 현실태가 서로 역전이 가능한 동전의 양면이라고 기술되기 때문이기도 하다. 우리는 나중에 바로 들뢰즈의 이런 특징이 어떻게 화이트헤드의 잠재성의 철학과 대조되게 되는지를 보게 될 것이다.

Ⅱ-2. 화이트헤드와 잠재성의 철학

화이트헤드가 펼치는 잠재성의 철학에 대한 설명은 여러 각도에서 시도될 수 있다. 하지만 이글의 한 목적은 화이트헤드를 들뢰즈의 잠재성의 철학은 물론 차이의 철학과 비교하는 것에도 있으므로 우리는 이를 염두에 두고 화이트헤드의 잠재성의 철학을 시도해야 한다. 따라서 우리가 이하에서 다룰 화이트헤드의 잠재성의 철학의 내용들은 주로 그 철학이 어떻게 차이의 철학을 생산해 내는지의 문제와 연관된 이슈들에 집중될 것이다.

---

17) 같은 책, 461.

[화이트헤드와 함께]

따라서 논자는 이하에서 화이트헤드의 잠재성의 철학과 더불어 일의 성의 존재론과 초월론적 경험론을 함께 다루어 볼 것이다. 그런데 이런 개념들이 주로 들뢰즈의 이론적 용어들이지 화이트헤드적 용어가 아니라는 지적을 감안해야 하지만, 그렇다하더라도 이런 입장들을 다루기 위해 우리가 해야 할 작업은 그리 복잡하지는 않다. 왜냐하면 대부분의 다른 경우에서도 그러하듯이 화이트헤드의 철학은 하나의 체계를 지니고 있기 때문에, 모든 문제를 다룰 때 언제나 체계 내의 '범주'라는 편리한 도구를 가지고 접근할 수 있기 때문이다. 그러므로 이하에서 우리는 위에 언급된 이슈들을 차례대로 다루되, 그것이 화이트헤드 형이상학이 전제하고 있는 '범주'들에 의해서 어떻게 해명되어 가는지 보게 될 것이다. 이제 잠재적인 것이 화이트헤드에게서 어떻게 범주적으로 규명되는지를 하나 씩 살펴보자.

화이트헤드에게서 본성적 차이를 긍정하도록 만드는 것은 여럿이 방식이 있겠지만 무엇보다도 '객체적 다양성(Objective Diversity)'라는 범주를 활용하는 것이 가장 손쉬운 길이다. 이 범주는 객체적 '차이성' 혹은 객체적 '상이성'의 범주라고 해석될 수도 있거니와 그 이유는 바로 이 범주가 현실적 존재자들이 어떻게 서로 진정한 다양성과 차이를 지니게 되는지를 설명해주기 때문이다. 이에 대한 화이트헤드의 언급을 직접 인용해 보자.

"현실적 존재의 객체적 여건에 있어 각각의 요소에는 그 만족에 따르는 요소들의 기능에 관한 한 어떤 합체(합병,coalescence)도 있을 수 없다. 여기서 말하는 합체(합병)이란 여러 요소가 스스로의 상이성에 내재된 대비를 지니지 않은 채, 절대적으로 동일한 기능을 행사하는 각각의 요소를 의미하는 개념이다.[18]"

---

18) 화이트헤드 지음, 오영환 옮김, 『과정과 실재』 26/87. 여기서 '합병'이란 번역은 논자

이 문단은 매우 여러 개념들을 다루고 있는 듯이 보이지만, 우리의 주제와 관련해 여기서 주목할 것은 단 두 개의 개념, 즉 '상이성'과 '대조'이다. 왜냐하면 여기서 상이성과 대조란 바로 현실적 존재 사이의 '본성적' 차이를 지칭할 수 있게 만들기 때문이다. 말하자면, 하나의 집합이 있다고 할 때, 그 집합 내에서 항을 이루는 요소들은 대조(contrast)가 내재된 '서로 다름'을 지니고 있다는 것이다. 그러기에 그것들은 동일함과 유사성으로 합병된 상태의 집합과는 구별되어야 한다는 뜻이다. 이런 이유로 '대조가 내재된 상이성'은 본성적인 차이를 지칭한다고 볼 수 있다.

물론 하나의 질문이 제기될 수 있다. 즉 여기서 언급되고 있는 '객체적 다양성'의 범주는 현실적 존재자에 관한 기술이기에, 그렇다면 이 범주가 어떻게 들뢰즈가 말하는 잠재성의 범주와 동일한 수준에서 논의될 수 있느냐는 것이다. 특히 어떤 이들은 다음과 같은 날카로운 질문을 제기할 수 있겠으니, 즉, 현실적 존재자에 대해서 취급하고 있는 화이트헤드의 이 범주는 들뢰즈의 잠재적 세계에 내재된 이른 바, 미분적 차이(differentiation)에 대해서도 말할 수 있는가 하는 것이다. 나아가 그것은 들뢰즈가 현실적 차원의 특징으로 언급하는 '분화적' 차이(differentiation)와는 어떻게 구별되는가? 한마디로 전자는 잠재적이고 선험적인 장에서 발생하는 차이이고, 후자는 선험적이고 잠재적인 것의 현실화에 불과하다고 하면, 화이트헤드의 범주들은 이에 대해 어떻게 기술하는가?

사실 우리는 여기서 들뢰즈와 비교되는 화이트헤드 철학의 핵심 특징에 대해서 토론하고 있는 셈이다. 왜냐하면, 바디우나 그 밖의 들뢰즈 비평가들이 지적하는 것처럼, 들뢰즈의 잠재성의 철학은 베그르송의

가 추가한 것이다.

경우처럼 잠재성 일원론으로 해석될 수밖에 없는 것처럼 보이는데, 화이트헤드의 철학에서는 잠재성이 어떤 위치를 차지하고 있느냐는 것이다.[19]

이런 질문이 제기될 수 있는 이유는 일견 화이트헤드의 철학은 전혀 일원론적이지 않은 형이상학을 고수하고 있는 것처럼 보이기 때문이기도 하다. 실제로 화이트헤드는 비록 변증법적인 관계 속에서 규정되는 개념일 지라도 어쨌든 신과 세계를 구분하고 있으며, 특히 현실적 존재로 대변되는 현실태의 세계와 영원한 객체로 대변되는 가능태의 세계도 구분하며, 무엇보다도 범주 상에서도 궁극자의 범주와 현존의 범주를 구분하고 있다. 이런 특징 때문에 적지 않은 이들이 때때로 화이트헤드 철학에 대해 비판 하면서, 비록 유기적인 관계론에 입각해 있을 지라도 그의 형이상학은 일종의 이원론적 틀을 유지하고 있다고 주장하는 것이다.

나는 이하에서 위의 견해에 반대해 일차적으로는 화이트헤드의 철학이 들뢰즈의 철학과 유사한 일원론의 철학을 펼치고 있다고 해석하는 일군의 현대 사상가들에 대해 부분적으로 긍정하면서,[20] 그러나 동시에 화이트헤드의 범주이론은 결국 화이트헤드 형이상학을 들뢰즈의 것과 대조되게 만든다는 점을 지적해 낼 것이다. 먼저 이런 논자의 지적을 정당화하기 위해 여러 범주들 중에서 잠재성의 범주와 관련된 문제들을 탐구해 보자.

주지하다시피, 화이트헤드의 형이상학 내에서 잠재성의 세계를 다루는 범주적 개념들로는 창조성, 영원한 객체가 대표적이고 여기에 신의

---

[19] 들뢰즈를 잠재성의 일원론으로 몰아세우는 알랭 바디우의 주장이 담긴 책은 우리말로도 번역되어 있다. 알랭 바디우 지음, 박정태 옮김, 『존재의 함성』(서울: 이학사, 2001)을 보라.
[20] Steven Shaviro와 Keith Robinson 등이 이런 주장을 펼치는 대표적인 경우다.

원초적 본성을 더할 수 있겠으며, 어떤 경우 연장 연속체(extensive continuum)도 포함시킬 수 있다. 그러나 여기서는 너무 많은 지면을 요하는 연장 연속체의 개념에 대한 토론은 제외하고, 앞의 세 개를 주로 취급해 보자.

우선 창조성에 관한 것이다. 『과정과 실재』의 범주론은 우선 창조성이 일자, 다자와 더불어 궁극자의 범주에 속하는 것으로 기술하거니와, 창조성의 별명은 "보편자중의 보편자" 이다. 이 보편자로서의 창조성은 〈이접적 다자〉를 〈연접적 일자〉 형태의 현실적 계기로 만드는 궁극자로 묘사된다. 나아가 화이트헤드에 따르면, 이렇게 탄생된 현실적 계기는 "그것(현실적 계기)이 통일하고 있는 다자에 있어서의 어떤 존재와도 다른 새로운 존재이다." 21)

비록 짧게 인용되었을지라도, 우리는 위의 몇 가지 예시만으로도, 창조성이 차이를 (이곳에서는 새것을) 머금고 있는 보편자로 잠재해 있다가 현실적 계기를 만들어 내며, 이때의 현실적 계기는 본성적인 차이(과거의 "어떤 존재와도 다른" 것이라는 의미에서의 차이)를 만들어 낸다고 해석될 수 있다. 그런데 여기서 우리가 잊지 말아야 할 것은 비록 화이트헤드가 여기서 "보편자 중의 보편자" 라는 표현을 사용하면서 창조성을 전통적인 의미의 가능태/잠재태의 세계를 지칭하는 듯이 말하고 있지만, 잘 알려져 있다시피 그는 전통적인 플라톤 방식의 보편자/특수자의 이원적 구분을 피하려 했다는 것이다. 이런 점에서 우리는 들뢰즈의 경우처럼 화이트헤드에서도 현실적인 존재(계기)의 본성적 차이가 잠재적인 것으로서의 창조성에서 발생된다는 점을 쉽게 예상할 수 있다.

창조성과 현실적 존재의 비이원론적인 관계에 대해 보다 명확하게

---

21) 과정과 실재, 국역 78.

표현하고 있는 구절들 중 하나를 『관념의 모험』에서 직접 인용해 보자.

"최초의 상황은 활동성이라는 요인을 포함하고 있는데, 그 요인이야말로 저 *경험의 계기*가 발생한 최초 상태의 근거가 된다. 이 활동성의 요인을 나는 창조성이라고 불렀다. 이 창조성을 동반하고 있는 최초의 상황을 새로운 계기의 첫 상황(initial situation)이라고 부를 수 있을 것이다.22) 그것은 그 계기와 관계되는 현실세계라고 부를 수도 있다. 그래서 그것은 실재적 가능태(real potentiality)로 불릴 수 있다. 가능태는 *수동적 능력*과 관계되며 *실재적*이라는 용어는 *창조적 활동성*과 관계된다… 이러한 기본적인 상황, 이러한 *현실 세계*, 이러한 첫 상황, 이러한 실재적 가능태는 전체적으로 그것에 내속해 있는 창조성과 더불어 작용한다… 창조성이란 가능태를 현실화하는 것이다. 그리고 그 현실화의 과정이 곧 경험의 계기인 것이다."23) (* 이탤릭은 논자의 강조 표시임)

논자가 다소 길게 이를 인용한 이유는 독자들이 화이트헤드의 창조성의 개념이 들뢰즈의 잠재적인 것에 근거한 차이의 철학과 얼마나 유사한지를 파악하라는 의도에서다. 아니 보다 정확히 말하면, 조금 세밀하고 날카로운 분석력을 소유한 독자에게는 잠재성의 철학에 관한한 들뢰즈의 철학은 정확히 화이트헤드의 재해석판 중 하나라는 것을 쉽게 짐작할 수 있다는 것을 지적하기 위함이다.

---

22) 국역자는 이를 initial situation을 원초상이라 번역했다.
23) 화이트헤드 『관념의 모험』, 179/286.

이런 우리의 짐작이 결코 과장이 아니라는 것을 설명하기 전에, 토론을 명확히 하기 위해 여기에 추가할 것이 하나가 있다. 화이트헤드에게서 창조성은 추상적 잠재태(혹은 추상적 가능태, abstract possibility)라고도 불린다는 것이다.24)

단지 이 추가 사항만을 염두에 두고 위의 인용문에서 어떻게 화이트헤드적 잠재성의 철학이 전개되는지를 살펴보면서 그것을 들뢰즈의 것과 비교해 보자.

우선 이 논의가 전개되는 장은 현실적 경험계이다. 위에서 보듯이 여기서는 비록 창조성이 활동성이라 지칭되고 있지만, 그 잠재적인 것으로서의 활동성은 다른 곳이 아니라 경험의 계기가 발생하는 곳에서 작용한다. 이는 밑에서 화이트헤드의 잠재성의 철학 역시 초월론적인 경험론이라는 점을 확인 할 때 조금 더 자세히 논의될 예정이고, 여기서는 단지 창조성이 현실적 경험의 세계와 더불어 작용한다는 것만을 강조한다는 것에 집중하자. 이 점은 위의 문단에서 최초의 상황과 상태를 〈현실 세계〉라고 부를 수도 있다는 것에서도 확인된다. 이렇게 창조성은 비록 잠재적인 것이지만, 현실계 안에 있다. 단지 그것은 추상적으로 있을 뿐이며, 새것을 현실화시키기 위한 내적 조건으로 현실적 계기 내에 잠재해 있을 뿐이다. 또한 창조성은 비록 잠재적인 것이지만 가능적인 것과 달리 차이를 만들어 내는 데 있어서 능동성을 갖는다. "창조성이란 가능태를 현실화하는 것이다" 라고 말한 것은 바로 이런 뜻에서다. 가능태를 현실화하는 잠재태가 바로 창조성이라는 말이다.

그렇다면 여기서 화이트헤드가 말하는 잠재성의 철학의 중요한 두 번째 특징이 드러난다. 잠재적인 것의 카테고리에는 창조성만이 아니라 현실적 존재자도 포함될 수 있다는 것이다. 이것이 이른 바 위에서 언

---

24) 『과정과 실재』 221/401.

급된 '실재적 잠재태(real potentiality)'의 개념이다. 실재적 '잠재태' 역시 잠재태이지만, 그렇다고 그것이 현실세계에서 결코 유리된 것은 아니다. 그것 역시 현실세계에 속한 것이지만, 단지 그것이 원자화된 현실적 존재와는 달리 그것 자체로서는 "분할을 위한 가능태," 혹은 잠재태에 지나지 않는다.[25] 그러나 그것은 실재적인 것으로서 모든 현실적 존재의 규정 행위에 부분적으로 참여 한다고 볼 수 있다.[26] 물론 '실재적 잠재태'라고 해서 그것을 무조건 현실세계와의 연관 속에서만 이해하면 그것 역시 곤란하다. 하나의 잠재태는 물론 현실태와는 구별되어야 하고 그러기에 그것과 더불어 이해되어야만 한다. 그러나 동시에 잠재태는 다른 잠재태들, 즉 영원한 객체, 그리고 연장 연속체 등과 관련해 논의되어야 충분한 이해가 가능하다는 것도 분명하다.[27] 여기서는 단지 실재적 가능태가 비록 잠재태 혹은 가능태이지만 그것이 현실의 세계와 유리된 상태에 있는 것이 아니라는 점을 분명히 하는 것으로 만족하고, 그 외 다른 개념들과 연관된 문제들은 다른 기회에 다루도록 하자.

어쨌든 화이트헤드에게서는 현실적 경험계 내에서 과거로 있는 잠재태를 실재적 잠재태(실재적 가능태)라 칭하며, 그것을 현실화시키고 표현해 내는 잠재태를 추상적 잠재태로서 창조성이라 칭한다는 것을 요약해 볼 수 있다. 또 하나 강조해야 할 점은 여기서 비록 창조성이 〈추

---

[25] 『과정과 실재』, 156.
[26] Ibid. 이는 우리가 위에서 논의 한 바, 들뢰즈가 말하는 "잠재적인 것의 현실화"를 연상시킨다는 것을 알 수 있다. 물론 여기서 말하는 잠재태는 연장연속체를 의미하는 것인데, 그렇다고 연장 연속체 스스로가 원자화의 규정적 원리라는 말은 아니다.
[27] "이 연장적 연속체는 세계의 과정 전체를 꿰뚫고 있는 모든 가능한 관점의 연대성을 표현하고 있다. ...그것은 세계의 일반적인 성격에서 생기는 질서-즉 실재적 가능태-에 대한 최초의 규정이다.... 이 연장적 연속체는 현실 세계로부터 도출된, 그리고 동시적 현실 세계에 관련되어 있는 하나의 사실을 표현하기 때문에 실재적real이다." 『과정과 실재』 156.

상적〉인 것으로 명명될지라도 그것 역시 결코 현실계에서 유리된 플라톤적인 이원론의 것과는 아무런 상관이 없는 경험계 내의 것이라는 점이다. 이는 화이트헤드의 잠재성의 철학이 어떤 면에서 경험계라는 일원적 차원에서 전개되는 것임을 확인하게 할 수 있다. 한마디로 말해, 본성적 차이로서의 새 것은 경험계의 장 내에서 일어나되 그것의 근거는 잠재적인 것이다. 그리고 이는 창조성이 〈궁극자〉의 하나라고 지칭되는 이유이기도 하다.

여기서 또 다른 하나의 잠재태는 순수 잠재태이며 이것이 바로 영원한 객체(eternal objects)이다. 말할 것도 없이 이는 앞에서 들뢰즈를 다룰 우리가 언급했던 들뢰즈의 또 다른 잠재태, 들뢰즈의 이념에 해당하는 것이다. 여기서 영원한 객체가 들뢰즈의 이념과 비슷한 의미의 잠재태라는 것은 다음과 같이 해석될 수 있다. 즉, 화이트헤드의 철학에 따르면, 주관적 종으로서의 영원한 객체는 개별적 독특성을 구성하고 분화(differenciation)시킨다. 반면 객체적 종으로서의 영원한 객체는 다른 영원한 객체들과 더불어서 관계성과 양립성을 구성한다. 그리고 이를 통해 세계의 연대성을 구축한다. 이 후자는 들뢰즈식으로 말하면, 수학적인 미분화(differentiation)을 말한다고 볼 수 있다. 이미 앞에서 보았듯이 들뢰즈에게서는 잠재적인 것이 미분적인 것으로서 있으면서 그 안에 순수한 다수가 내재해 있는 것으로 기술되기 때문이다.

여기서 영원한 객체와 들뢰즈의 이념을 조금 더 상세하게 비교하는 것은 매우 많은 지면을 요한다. 따라서 그저 화이트헤드 도식을 따라서 영원한 객체는 현실적 존재의 한정자로 존재하지만, 이념은 한정자라기보다는 문제(problem)라는 것을 지적하는 것으로 그치고 이 역시 본격적인 토론은 다음 기회로 미루도록 하자.

화이트헤드에게 또 다른 잠재태의 후보로서 거론할 수 있는 개념으로는 신의 원초적 본성이 있다. 신의 원초적 본성은, 영원한 객체를 정신적으로 파악하고 있는 신의 특성이다. 화이트헤드에 따르면 신의 원초적인 본성은, "신이 절대적으로 풍부한 잠재태의 무제한적인 개념적 실현"임을 말해준다.28) 한마디로 신은 아직 실현되지 않은 영원한 객체의 장이라고 표현할 수 있는 것이다. 영원한 객체가 현실적 존재에게 이상적인 것을 일으키는 원천이 된다고 볼 때, 그것이 없다면 현실적 존재가 경험하는 것은 단지 과거의 반복이 될 것이다.29)

하지만 화이트헤드의 신 개념은 화이트헤드 철학 내에 독특한 내재적 특징을 부여하는 또 다른 사유를 들여온다. 왜냐하면 현실적 존재로서의 신은 자신의 주체적 지향을 통해서 영원한 객체를 주관적으로 파악할 수 있는 능력이 있기 때문이다. 결과적으로 이는 세계에 우연성을 들여올 수도 있게 된다.30) 신이 영원한 객체를 늘 같은 것으로 고정되게 보유하고 있는 것이 아니기 때문이다. 물론 현실적 계기들이 주체적 지향을 통해 합생하는 과정에서 초기의 이상적인 목표를 제시하기는 하며, 이를 통해 세계에 질서를 가져오는 근거가 되기도 한다.31) 그러나 주체적 지향의 최종적인 완수자는 현실적 계기에게 달려 있기에 세계는 결코 신의 예정에 의해서 결정론적으로 운영되지 않는다.

그렇다면 이제 이런 잠재성의 개념들을 들뢰즈의 잠재성의 철학의 근간이 되는 일의성의 존재론 및 초월론적 경험론과 비교하면 어떤 해석이 가능할 것인가? 일의적 존재론부터 살펴보자.

위에서 우리는 비록 들뢰즈의 일의적 존재론이 난해한 것처럼 보여

---

28) 『과정과 실재』 597.
29) 『사고의 양태』 103.
30) 이런 주장을 보기 위해서는 문창옥의 논문을 보라. "창조적 전진: 베르그송과 화이트헤드" 『철학연구』 61집. 136.
31) 영원한 객체 역시 불변의 요소를 지니기도 한다. 이것이 소위 화이트헤드가 말하는 바, 실현의 투명성의 원리이다. 『과학과 근대세계』 251을 보라.

도 그것이 전하는 메시지의 핵심은 단순히 두 개라고 했다. 첫째, 사물들에게 본성적 차이가 있는데, 그 근거는 존재자들이 단일한 존재, 혹은 신(실체)의 표현이기 때문이라는 것이며, 둘째, 존재와 존재자의 사이의 차이는 구분은 되어도 결코 이분화 될 수 없는 실재적 관계라는 것이다. 특히 들뢰즈는 스피노자의 도식 실체/양태을 적용해 신=존재=자연이라 할 때, 양태로서의 사물들은 실체의 표현이지만, 동시에 실체는 양태에 의해서 표현된다는 것도 맞기에 그렇다면 양자는 존재론적으로 서로를 제약하는 조건이 될 수 있다는 해석을 내렸다. 물론 이는 어떤 면에서 볼 때 일원론적 존재론으로 해석 될 수 있기에 바디우 같은 철학자들의 비판의 표적이 될 수 있으나, 일원론적 존재론과 일의적 존재론은 다르다고 보아야 하니, 들뢰즈는 분명히 양자 사이가 비록 분리는 되지 않아도 구분될 수 있다고 말할 것이기 때문이다.

화이트헤드는 여러 면에서 들뢰즈와 비슷한 종류의 일의적 존재론을 펼친다. 다만 화이트헤드는 다양한 범주 체계를 지니고 있기 때문에, 일의성의 존재론이 일원론적 존재론을 빠질 수 있는 모호성에서 들뢰즈보다는 더욱 쉽게 빠져 나올 수 있는 장치를 지닌 것으로 보인다. 그리고 이는 이른바 화이트헤드의 유명한 존재론적인 원리를 분석해 보면 극명해진다. 화이트헤드는 모든 존재의 이유는 그것이 무엇이든 현실적 존재에서 찾아야 한다고 주장하는데. 이것이 존재론적 원리의 핵심 내용이다. 이는 얼핏 보기에, 단지 존재론적인 이유로는 현실적 존재가 전부라고 주장하는 '현실적 존재' 일원론처럼 비쳐진다. 하지만 화이트헤드의 존재론이 결코 그렇게 해석될 수 없는 이유는 현실적 존재에서 모든 존재론적 근거와 이유가 찾아져야 함은 틀림없지만, 그렇다고 해서 화이트헤드의 철학이 그저 단순한 의미의 현실태 일원론은 아니기 때문이다. 현실적 존재로 존재의 이유를 찾는 과정에서 우리는 그것보다 더 궁극적인 범주의 노릇을 하는 창조성, 일, 다는 물론, 거기에 신의 두 본성에 대해서도 다루어야 하며 이는 화이트헤드의 존재론을 다중적으로 만들기 때문이다.

　이미 살폈지만 우선 창조성부터 다시 보자. 우리가 앞에서 수차례 본 바대로 현실적 존재와 창조성은 명백히 범주적으로 구분된다. 비록 창조성이 현실세계 내에서 활동하는 것은 맞지만 그것은 결코 규정자가 아니며 미규정자로서의 잠재태이다. 한마디로 그것은 현실적 존재와 영원한 객체를 통해서 규정되지 않으면 안 되는 활동성에 불과한 것이다. 이런 면에서 보면, 창조성은 존재의 근거가 될 수 없다. 다시 말해서, 현실적 존재가 잠재태로서의 창조성에서 표현되고, 그것에 의해서 본성적 차이가 발생한다고 말할 때의 창조성은 존재의 하나의 근거이기는 하다. 그러나 그것은 충분한 근거가 될 수 없으며, 충분한 근거는 언제나 현실적 존재에서 찾아져야만 한다. 그러나 현실적 존재만으로도 모든 존재론적 이유가 온전히 설명될 수 있는 것도 아니다. 언제나 화이트헤드 체계 내에서는 현실적 존재와 창조성, 현실태와 잠재태등이 상호의 존재를 조건적으로 제약하고 있기에 따라서 결코 일원론에 빠질 수 없는 것이다.

　그리고 이런 다중적 존재론의 사실은 화이트헤드 체계 내에서 유일한 현실적 존재라고 불리는 신과 궁극자 중의 하나인 창조성의 관계를 점검해 보면 더욱 분명해진다. 신은 비록 현실적 존재이지만 동시에 창조성의 피조물이라고 표현되기 때문이다. 심지어 신은 창조성의 원초적인 비시간적인 우발성으로 표현되기도 한다.[32] 이는 아무리 신이 현실적 존재자라 할지라도 그는 기껏해야 창조성의 우발적 표현에 불과하기에 결코 존재론적으로 일원론적 지배력을 행사할 수 없다는 의미가

---

32) 『과정과 실재』 7/59.

된다.

 그리고 이는 화이트헤드의 철학이 들뢰즈의 초월론적 경험론과 어떻게 대비되는지를 분명하게 보여준다. 화이트헤드의 철학은 철저히 경험론에서 출발한다는 것을 이미 보았거니와, 또한 경험세계가 가능하도록 만드는 근거, 특히 그것에서 본성적 차이가 발생하도록 만드는 근거를 잠재적인 것에서 찾는다는 점에서 들뢰즈의 것과 비슷하다고 말했다. 이런 유사점에도 불구하고, 화이트헤드의 경험론은 그것의 가능 근거가 단순히 범주적으로 잠재적인 것 하나에서만 찾아지지 않는다는 점이 들뢰즈와 다르다는 점이라는 것이다. 화이트헤드의 범주에서는 잠재태가 다양한 각도에서 조명되고 있으니, 추상적 잠재태인 창조성에 덧붙여 실재적인 잠재태로서인 과거의 현실적 존재, 그리고 현실적 존재에게 한정을 가함으로써 본성적 차이로서의 새것이 발생하도록 만드는 순수한 잠재태로서의 영원한 객체가 바로 그것인 것이다. 이렇게 본다면 화이트헤드는 경험계에서 본성적 차이가 가능하도록 만드는 근거로서의 초월론적이고 선험적인 근거가 그야말로 전통적인 의미의 초월자에게서 찾아지는 것이 아니라, 경험 현실계의 내부의 다양한 장치들에서 찾아진다는 점에서 진정한 의미의 초월론적 경험론이라 해석될 수도 있다.

 여기서 물론 우리는 일의적 존재론이 일원론적으로 해석될 수 있는 위험에 직면했던 것처럼, 들뢰즈의 초월론적 경험론 역시 같은 위험에 빠질 수 있지만 화이트헤드는 그렇지 않다는 식으로 일방적으로 말할 필요는 없다. 화이트헤드가 비록 신의 원초적 본성과 같은 전통적 의미의 초월적 향기가 품기는 철학적 개념들을 갖고 있는 것은 사실이지만, 그의 신 역시 창조성의 피조물에 불과하다고 이미 지적된 바 있기 때문이다. 신이라는 초월적 존재가 창조성이라는 잠재적이고 내재적인 것의 표현으로 여겨지고 있기에 어찌 보면 이것도 일종의 잠재성 일원론이라 해석될 수도 있기 때문이다. 그러나 바로 이런 점으로 인해 화이트헤드의 철학은 항간의 오해에도 불구하고 철저하게 경험론적인 철학이라 할 수 있다. 단지 차이가 있다면, 일의적 존재론을 해석할 때 밝혀진 것처럼 화이트헤드에게 경험계를 가능하게 하는 근거는 들뢰즈의 것 보다는 매우 다양하고 분명한 범주적 장치를 따라서 초월론적으로 기술되고 있다는 점만은 분명해 보인다.

Ⅲ. 나가는 말

논자는 이제까지 주로 잠재성의 철학 및, 일의적 존재론과 초월론적 경험론의 문제와 관련해 들뢰즈와 화이트헤드를 비교했으며 그로부터 내려진 우선적인 결론은 양자가 매우 비슷한 이론을 전개하고 있다는 것이다. 심지어 논자가 이미 말했듯이, 화이트헤드의 활동시기가 들뢰즈보다 약 30년-40년 정도 앞서서 활동했던 것을 기억한다면, 들뢰즈의 잠재성의 철학은 화이트헤드에게서 적지 않은 아이디어를 얻고 있음을 알 수 있다. 이런 이유로 들뢰즈는 『차이와 반복』에서 화이트헤드의 『과정과 실재』를 "현대의 가장 위대한 철학 책들 중 하나"로 솔직히 평가하고 있는지도 모른다.[33]

양자가 잠재성의 철학과 관련해 비슷한 길을 걸어가게 된 배경에는 양자가 철저하게 모든 철학적 토론을 현실 경험계에 뿌리를 둔 상태에서 출발하면서도 현실적 존재가 지니는 분화와 다양함에 대해서 인정한 것에 있다. 이는 특히 스피노자의 철학과 비교하면 분명해진다. 들뢰즈의 경우에는 스피노자의 존재/존재자의 일의적 존재론을 따라 가면

---

33) 들뢰즈 『차이와 반복』 595.

서도 스피노자의 인과론과 결정론적 세계관에서 벗어나는 존재론을 펼치고 있는데, 이는 그가 베르그송이나 니체의 영향 하에서 그 자신의 철학 안으로 생성, 미분적인 차이 등을 들여 온 것에 있다. 스피노자의 natura naturan, 즉 능산적 자연으로서의 신에 입각한 일의적 존재론은 철저히 실체 개념에 기초해 있기 때문에, 흐름과 생성과 차이가 양태나 현실성의 영역에 속하게 될 수는 있어도 잠재성의 영역에 속하지는 않게 된다.34) 이것이 들뢰즈의 잠재성의 개념을 독특하게 만들고 있는 것이다. 그럼에도 들뢰즈의 잠재성의 개념이 현실적인 것과 유리된 상태에서 진행되는 것은 결코 아니다. 이미 보았듯이 현실적인 것과 잠재적인 것은 서로를 조건지우고 있기 때문이다.

이점까지도 화이트헤드와 들뢰즈 사이에는 큰 차이가 보이지 않는다. 화이트헤드에게서도 현실적인 것과 잠재적인 것이 서로를 변증법적으로 상호 전제하고 있으며, 상호에게 존재론적 조건과 이유를 제공하기 때문이다.

그럼에도 양자 사이에는 약간의 미세한 차이가 엿보이는데, 이는 아마 화이트헤드가 과감한 방식으로 자신의 형이상학 안으로 범주적 체계를 허락했기 때문으로 보인다.35) 즉, 들뢰즈가 흔히 저지른 것으로 비판 받는 일원론으로의 타락, 다시 말해서 일의적 존재론이 종종 일원

---

34) 카스 안셀 피어슨 지음, 이정우 옮김, 『싹트는 생명: 들뢰즈의 차이와 반복』 (도서출판 산해, 2005), 30.
35) 다시 말하지만 여러 면에서 화이트헤드와 들뢰즈는 매우 유사하다. 적어도 들뢰즈의 경우 『차이와 반복』에 나타난 것까지를 비교하면 특히 그러하다. 그러나 『앙티오이디푸스』와 『천 개의 고원』에서 가타리를 만나면서 전개된 들뢰즈의 철학은 화이트헤드의 것과 더욱 상이한 내용을 보이는 것 같다. 특히 잠재성의 철학이 추구하는 일원론과 다원론의 중계는 여기서부터 포기되는 듯이 보인다. 래디컬한 들뢰지안인 일본의 지바 마사야는 이를 다음과 같이 읊고 있다. "모든 것이 엉망진창이다. 이제 요구되는 것은 지식인(재현)과 마약중독자(엉망진창과 분열증) 사이에서 중도(노마디즘)를 걸어가는 것뿐이다." 자비 마사야 지음. 김상운 옮김, 『너무 움직이지 마라』 (서울: 바다출판사, 2019), 14-39.

[화이트헤드와 함께]

론적 존재론의 하나로 의심 받는 배경에는, 명백히 구분되어야 할 개념들이 때로 서로 혼동을 일으키는 들뢰즈의 철학적 경향과 그로 인한 애매모호함 때문인데, 이는 그가 매우 수준 높은 내용의 잠재성의 철학을 구축하면서도 여전히 칸트적 의미의 범주를 혐오했기 때문으로 보이기도 하다. 범주와 개념이 모호하면 우리는 언제나 합리성에서 멀어질 수밖에 없는 철학적 사유를 하게 되는 것이 하나의 운명이기 때문이다. 물론 범주를 좋아하지 않는 들뢰즈 나름대로의 이유는 분명하다. 조금 전 인용했던 『차이와 반복』에서 들뢰즈는 화이트헤드에 대한 찬사 직후, 자신이 어떤 의미에서 '범주' 이론을 좋아하지 않는지를 밝히고 있는데 이를 한마디로 정리하면, 많은 경우 범주는 정착적 분배를 가져옴으로써 유목적 분배의 삶을 방해하기 때문이라고 한다. 『차이와 반복』에서 이에 대해 언급하는 들뢰즈를 직접 인용하는 것으로 이글을 마감하도록 하자.

"...범주들에 의한 정착적 분배와 환상적 기초 개념들에 의한 유목적 분배가 서로 대립하고 있다." [36]

---

[36] 들뢰즈, 『차이와 반복』, 596. 하지만 이는 결코 들뢰즈가 모든 종류의 범주 이론을 혐오한다는 뜻은 아니다. 그는 화이트헤드 식의 경험론적 범주이론에는 좋은 모험적 시도라 보았으며, 그 스스로도 『천개의 고원』의 결론 부분에서는 일종의 들뢰즈식의 범주이론을 펼치고 있는 듯이 보인다.

[참고 문헌]

문창옥, "창조적 전진: 베르그송과 화이트헤드" 『철학연구』 61집, 서울.
다카오, 에가와. 『존재와 차이: 들뢰즈의 선험적 경험론』. 이규원 역, 서울: 그린비, 2019.
들뢰즈, 질. 『경험주의와 주체성』. 한정헌·정유경 역, 서울: 난장, 2012.
_____ 『의미의 논리』. 이정우 역, 서울: 한길사 1999.
_____ 『차이와 반복』. 김상환 역, 서울: 민음사, 2008.
_____ 『안티 오이디푸스』 김재인 역, 서울: 민음사, 2014.
_____ 『천개의 고원』. 김재인 역, 서울: 새물결, 2003.
마사야, 지바. 『너무 움직이지 마라』. 김상운 역, 서울: 바다출판사, 2019.
마수미, 브라이언. 『가상계: 운동, 정동, 감각의 아쌍블라주』 조성훈 역 (서울: 갈무리 2011)
바디우, 알랭. 『존재의 함성』. 박정태 역, 서울: 이학사 2001.
빌라니, 아르노. 『들뢰즈 개념어 사전』. 신지영 역, 서울: 갈무리, 2008.
피어슨, 카스 안셀. 『싹트는 생명: 들뢰즈의 차이와 반복』. 이정우 역, 서울: 도서출판 산해, 2005.
화이트헤드, 알프레드. 『과정과 실재』, 오영환 역, 서울: 민음사, 1997.
_____ 『과학과 근대세계』. 오영환 역, 서울: 서광사, 1995.
_____ 『관념의 모험』. 오영환 역, 서울: 민음사, 2005.

· 화이트헤드와 함께 2

노자와 화이트헤드는 상대론자인가[*]

이태호[†] 씀

Ⅰ. 시작하는 말
Ⅱ. 상대론자(相對論者)는 어떤 사람인가?
　1. 상대(相對)와 절대(絶對)는 무엇을 기준으로 구분하
　　 는가?
　2. 상대론에는 어떤 것들이 있는가?
　3. 절대성을 인정하는 존재론, 인식론, 가치론
　　　(1) 절대성을 인정하는 존재론
　　　(2) 절대성을 인정하는 인식론
　　　(3) 절대성을 인정하는 가치론
Ⅲ. 노자와 화이트헤드는 상대론자인가?
　1. 노자의 상대론적 관점
　2. 화이트헤드의 상대론적 관점
Ⅳ. 맺는 말

---

[*] 이 글은 한국동서정신과학회, 『동서정신과학』제21권 12호(2018)에도 실려있습니다.
[†] 교신저자 : 이태호/통청아카데미 원장/(42474) 대구광역시 남구 대명로 145 용마맨션
　　나동 408호

[화이트헤드와 함께]

[국문초록]

이번 논문에서 논자는 노자와 화이트헤드가 상대론자임을 보다 정확하게 알기 위해서 상대와 절대의 개념을 일반적, 사전적, 전문적 의미로 분석했다. 이때의 전문적 의미는 철학적 의미로 상대성과 절대성을 말한다. 이 철학적 의미인 상대성과 절대성을 존재론적, 인식론적, 가치론적 의미로 분석하였다. 상대성의 개념은 두 개의 대등한 존재자가 상호영향을 미치는 관계가 필요하다는 것이고, 절대성 개념은 두 개 중 한 쪽이 완전하거나 완전에 가까울 정도라서 상대자와의 상호영향을 미치는 관계가 필요 없다는 것이다. 이때의 완전하거나 완전에 가까워서 대등한 상대자를 필요로 하지 않는 자를 절대자라고 한다. 노자에게 두 상대자는 무와 유이며, 화이트헤드에게 두 상대자는 신과 세계이다. 노자에게 무와 유는 상호 대등하면서 영향을 주고받는 상대자이다. 화이트헤드에게 신과 세계도 상호 대등하면서 영향을 주고받는 상대자이다. 그러므로 노자와 화이트헤드는 둘 다 상대론자이다. 왜냐하면 둘 다 절대자를 인정하지 않고, 우주의 근원을 상대자로 보기 때문이다.

[주제어] 상대, 절대, 상대자, 절대자, 상대론, 절대론, 노자, 화이트헤드, 존재론, 인식론, 가치론

Ⅰ. 시작하는 말

우리는 일상에서도 절대와 상대라는 말을 사용한다. "나는 그런 일은 절대 하지 않는다" 든지, "그것은 상대적이야" 등으로 말한다. "절대하지 않는다" 는 말은 어떤 상황에 처해져도 그런 상황과 관계없이 하지 않는다는 의미이다. 여기서 중요한 것은 '관계없이' 라는 단어이다. 이것에 비해 "상대적이야" 라고 말할 때는 상황에 따라 다를 수 있다는 의미이다. '상황에 따라 다르다는 것' 은 '상황이 관계있다' 는 말이다. 시험평가를 할 때 절대평가와 상대평가가 있다. 절대평가는 나의 시험 점수가 같이 시험 친 학생들의 점수와 '관계없다' 는 것이고, 상대평가는 그들과 '관계있다' 는 말이다.

절대와 상대의 의미를 사전적으로 살펴보면 다음과 같다. 영어로 absolute가 절대이다. absolute는 그 자체로 완전하거나 완전에 가깝기 때문에 상대자를 필요로 하지 않는다는 의미를 갖고 있다. 즉 상대자와 관계없이 그 자체로 존재한다는 것이다. 그래서 한자어(漢字語)로 번역할 때 상대자와 관계가 끊어져 있다는 의미로 절대(絶對)이다. 영어로 relative가 상대이다. relative는 관계하다, 관련이 있다, 상대가 있다는 단어인 relate의 변형이다. 즉 그 자체로 완전하지 않고 상대가 있어야 비로소 완전하게 된다는 의미를 갖고 있다. 그래서 한자어로 번역할 때 상대자와 마주쳐 있어야 자신도 존재한다는 의미로 상대(相對)이다.

이제 일상적 용법과 사전적 의미를 넘어서 보다 깊은 전문적 언어의 정의(definition)로 들어가 보자. 절대와 상대라는 용어를 존재론적으로, 인식론적으로, 가치론적으로 살펴보고자 한다. 그렇게 해야 절대론자와 상대론자의 구분을 확실히 할 수 있다. 그렇게 한 다음에 노자와 화이트헤드를 상대론자라 할 수 있는지, 할 수 있다면 그 이유는 무엇인지

[화이트헤드와 함께]

를 밝힐 수 있을 것이다.

II. 상대론자(相對論者)는 어떤 사람인가?

상대론자는 이 세상에 실재하는 것은 대등한 두 개 이상의 관계항으로 이루어져 있으며, 이들이 서로 영향을 주고받으면서 존재한다고 생각하는 자이다. 이것에 비해 절대론자는 이 세상에 실재하는 것은 대등하지 않은 두 개 이상의 관계항으로 이루어져 있을 수 있으나, 이들 중에 우월한 쪽이 완전하기 때문에 열등한 쪽으로 영향을 주기만 하고 영향을 받지는 않는 상태로 존재한다고 생각하는 자이다. 이때 일방적으로 영향을 주고 받지는 않는 자를 절대자라고 부른다. 따라서 절대론자들은 절대자의 존재를 인정하고 있는 자이다. 여기에 비해 상대론자들은 이러한 절대자의 존재를 인정하지 않는 자이다.

II-1. 상대(相對)와 절대(絶對)는 무엇을 기준으로 구분하는가?

상대와 절대는 절대자의 존재를 인정하는가 하지 않는가에 달려 있다. 절대자는 앞에서 언급했듯이 완전하거나 완전에 가깝기 때문에 마주하고 있는 상대보다 우월한 지위를 가진 자로서 일방적으로 영향을 주기는 하지만, 열등한 지위를 가진 상대로부터 영향을 거의 받지 않는 자이다. 예를 들어 절대군주는 우월한 지위를 지닌 자신이 열등한 지위를 지닌 백성에게 지대한 영향을 까치기는 하지만 백성들에 의해 영향을 거의 받지 않는다고 생각하는 자이다. 왜냐하면 절대군주는 자신의 이러한 절대 권력을 완전한 존재인 하늘로부터 부여받은 것으로 생각하지 불완전한 백성으로부터 부여받은 것으로 여기지 않기 때문이다. 그러나 상대론적 관점을 가진 선각자들은 절대군주라는 사고방식은 문제가 있음을 지적하면서 '민심(民心)이 천심(天心)'이라는 말을 한다. 이 말은 민심을 잃어버리면 천심을 잃게 되고, 천심을 잃게 되면 왕으로서의 권위도 잃게 된다는 말이다. 민심을 투표라는 현실적 행위로 드러낸 것이 민주주의이며 민주주의는 절대군주를 부정한다. 상대론적 관점에서 보면 군주나 백성은 서로 영향을 주고받는 대등한 자들이다.

부모와 자식의 관계에서 우월한 지위를 지닌 부모가 열등한 지위를 지닌 자식에게 절대자의 지위에서 절대 권력을 일방적으로 휘두른다면 자식은 처참하게 된다. 그러나 부모 중 현명한 자는 자식과의 관계가 사랑으로 결합된 대등한 지위를 지닌 상대적인 관계로 인식해서 자식을 훌륭하게 키워낸다. 그러나 부모 중 보모와 자식의 관계를 잘못 설정했기 때문에 실패한 경우도 많다고 에리히 프롬은 『사랑의 기술』[1] 에서 지적하고 있다. 그런데 부모와 지식의 관계는 세월이 흐르면 역전된다, 자식은 장성해지고 부모는 늙는다. 그러면 자식이 강자가 되고, 부모는 약자가 된다. 그래서 종합적으로 보면 평형을 이룬다. 이러한 전체를 보지 못하고 단편적으로 보고 절대 권력을 휘두르면서 절대자로서 행사하면 문제가정이 발생된다. 정상적인 가정에서 가지는 상대론적 관점에서 보면 부모와 자식은 서로 영향을 주고받는 대등한 자들이다. 사회에서 말하는 갑을관계도 부모와 자식관계와 마찬가지로 시간과 공간의 폭을 넓히면 상대적인 관계이다. 즉 갑을관계는 일시적이며 지엽적이다.[2] 그런데도 갑의 위치에 있는 사람이 절대강자인 것으로 잘

---

[1] 에리히 프롬(Erich Fromm)저, 황문수 옮김, 『사랑의 기술』(The art of Loving), 문예출판사, 2012.6. pp.72~76 참조.
[2] 실업자가 많을 때는 고용주가 갑이고 피고용인이 을이 될 수 있다. 그러나 인력난에 허덕일 때는 피고용인이 갑이고 고용주가 을이 된다. 관료제에서 상급자와 하급자가 갑을관계로 생각될 수 있으나, 사실은 그렇지 않다. 하급자의 지속적이고 적극적인 도움을 받으려면 상급자가 하급자와 대등한 인간적인 관계를 유지해야 한다. 상급자가 힘으로 하급자를 누를 것이 아니라 대등한 관계에서 보조성(補助性)의 원리(하급자가 맡은 일을 책임지고 자발적으로 하고, 도움을 요청할 때만 상급자가 도와주는 방식의

[화이트헤드와 함께]

못 인식하여 소위 갑질을 하고 있으면 나중에 몰락하게 된다.

　절대자의 존재를 인정하는 경우 중 하나는 창조주와 피조물의 관계이다. 종교 특히 크리스트교에서는 창조주가 피조물에 비해 절대 우위의 관계를 유지한다고 생각한다. 창조주의 능력에다 완전성(完全性)을 부여하면서 생긴 일이다. 완전성을 부여받은 유일신은 이제 전지전능(全知全能)하게 되었다. 완전성을 부여받기 전(前)의 신(神)들은 영원성(永遠性)만 지니고 있었다. 인간을 비롯한 피조물들은 영원하지도 않으며, 완전하지도 않다. 크리스트교 신은 완전성을 지녔기 때문에 자신이 존재하기 위해 타자의 도움을 필요로 하지 않는 절대자(The Absolute)이다. 이러한 절대자의 존재를 인정하는 크리스트교는 절대론을 지지하고 있다. 그러나 화이트헤드의 신(god)은 절대자가 아니다. 화이트헤드의 신학을 과정신학(過程神學)이라고 부르는데 신도 세계와 마찬가지로 서로 영향을 주고받는 창조의 과정을 밟고 있다. 상세한 것은 '화이트헤드는 상대론자인가?'에 가서 논의하겠다. 이와 함께 노자의 사상에도 절대자는 없다. 노자의 사상에 왜 절대자가 없는지에 대해서는 '노자는 상대론자인가?'에서 하겠다. 이들의 논의를 돕기 위해 절대자를 인정하지 않는 존재론, 인식론, 가치론 등의 상대론을 좀 더 깊이 검토하고자 한다.

Ⅱ-2. 상대론에는 어떤 것들이 있는가?

　상대론은 상대성 이론의 약자이다. 버트란드 러셀(Bertrand Russell)은 상대성 이론을 이해하기 어려운 이유가, "먼 조상 아마도 인류발생 이전부터 물려받아 왔으며, 우리들 모두가 어릴 적에 배운 심상(心像)의

경영원리)를 작동시켜야 한다.

변화가 쉽지 않기 때문이다" 3)고 하였다. 우리들은 무의식적으로 절대론의 심상을 갖고 있어 이것의 타파 없이는 상대론을 이해하기 어렵다는 것이다. 팡리지가 "과학은 믿되 유아시절부터 품어 온 생각들을 버려야 한다." 4)고 말했다. 그러면서 절대성의 오류를 타파해 가는 과정을 자신의 저서 『뉴턴 법칙에서 아인슈타인의 상대론까지』에서 서술하고 있다.

우리가 살고 있는 땅이 둥글다(地球)는 사고가 가능하기 위해서는 상하좌우라는 방향이 절대적으로 정해져 있다는 절대론이 타파되어야 한다. 위와 아래라는 방향이 절대적으로 정해져 있다면 배를 타고 멀리 나갔을 때, 어느 지점을 넘으면 아래의 낭떠러지로 떨어질 수 있기 때문이다. 그런데 땅이 둥글어서 어느 지점에 가더라도 떨어지지 않는다는 것은 위와 아래의 방향이 고정되어 있지 않다는 것을 의미한다.5) 이런 상대론적 발상을 한 사람들이 새로운 역사를 열어왔다.6)

---

3) 버트란드 러셀(Bertrand Russell) 지음, 김영대 옮김, 『상대성 이론의 참뜻』(The ABC of Relativity), 사이언스 북스, 1997.12. p.11. 참조.
4) 팡리지·추 여오콴, 『뉴턴 법칙에서 아인슈타인의 상대론까지』(From Newton's Law to Einstein's Theory of Relativity), 이정호·하배연 옮김, 전파과학사, 1998, p.29.
5) 논자는 이것을 '방향 상대성'이라고 부른다. 상하좌우라는 방향이 어떤 절대자의 시각에 의해 정해진 것이 아니고 지구표면의 어느 위치에 있는 자라 할지라도 그 자의 자리에서 상하좌우의 방향 즉 좌표가 결정된다는 것이다. 즉 지구에는 절대좌표 하나만 있는 것이 아니라 수많은 좌표가 있게 된다. 우리가 지구표면에 위도와 경도라는 하나의 좌표를 표시해서 사용하는 것은 편의를 위한 약속일뿐이다. 화이트헤드는 자신의 철학 속에 이 수많은 좌표를 '입각점'이라는 말로 표현했다.
6) 최초로 땅이 둥글다는 것(지구)을 발견한 사람은 B.C.265년 무렵 고대 그리스의 에라토스테네스이다. 그리고 아리스타르코스(B.C.310~ B.C.230)는 태양중심설(지동설)을 주장했다. 그러다가 코페르니쿠스(1473~1543)가 지동설을 뒷받침 했다. 그리고 부르노(1548~1600)는 태양중심설뿐만 아니라 무한우주론을 주장함으로써 우주에 중심위치가 따로 없다는 위치상대성을 발견하였다. 사토 후미다카, 마쓰다 다쿠야 지음, 김명수 옮김, 『상대론적 우주론』, 전파과학사, 1994.10. pp.108 ~130. 참조.
운동의 상대성이라는 문제를 관성의 법칙으로 거론한 것은 근대과학의 아버지 갈릴레이(1564~ 1642)이고 이것을 좌표계로 완성한 사람은 데카르트(1596~1650)이다. 후쿠시마 하지메 지음, 손영수 옮김, 『상대론의 ABC』, Blue Blacks 한국어판, 1997.4., pp.18~22. 참조.

물리학에서 사용하는 상대성 이론, 사회학에서 사용하는 문화상대주의, 윤리학에서 말하는 도덕적 상대주의, 교육학에서 말하는 상대주의 교육설[7] 등도 절대성을 인정하지 않는 면에서 상대론이라 할 수 있고 이렇게 주장하는 자들을 상대론자라 할 수 있다. 이번 글에서 말하고자 하는 상대론은 개별 학문에서 사용하고 있는 용어가 아니라 상대성(相對性, relativity)에 해당하는 일반용어를 말한다. 굳이 한 학문으로 지칭해야 한다면 철학에서 말하는 상대성이라고 할 수 있다. 물리학 분야에서 아인슈타인이 말하는 상대성이론은 시간과 공간이라는 절대성을 인정하지 않는 것이다. 시간과 공간의 절대성은 시간과 공간이 사물의 크기나 움직임(속도)에 영향을 받지 않는 절대적인 성질(절대성)을 지니고 있다는 것이다. 그러나 아인슈타인에 의해 시간과 공간이 사물의 크기와 움직임(속도)에 영향을 받는다는 것(상대성)이 밝혀지게 되었다.[8]

문화상대주의도 지역이나 시대에 따라 다양한 문화가 존재하는데 어느 것이 열등한 문화이며, 어느 것이 우수한 문화인지를 결정할 기준, 혹은 잣대가 되는 절대성이 없다는 것이다. 산업혁명 이후 그 성과를 일찍 흡수한 백인들이 세계를 지배하게 되면서 백인의 문화가 우월하다는 백인우월주의가 나타나기도 했지만, 이제는 그것을 주장하는 사람들은 문화상대주의를 이해하지 못하는 자로서 사고의 깊이가 약한 사람으로 평가받게 된다. 윤리학에서 말하는 도덕적 상대주의도 선과 악

---

[7] 목영해 지음, 『현대상대주의 철학과 교육』, 교육과학사, 1998.7. 머리글 p. iv, "한국의 병리적 학교교육을 치유하기 위해서는 보편적 객관주의에 입각한 교육은 그만두고, 상대주의에 입각한 교육을 하여야 한다는 것이 본인의 신념이다. 학습자의 능력, 적성, 흥미는 모두 다르며, 그것의 우열을 평가할 수 있는 보편적 기준이 없다는 전제아래 교육이 이루어져야 하는 것이다." 이 책에서 저자가 말하고 있는 보편적 객관주의나 보편적 기준은 그 근저에 절대성이 놓여있다. 그래서 저자는 상대성이 놓여 있는 상대주의 교육을 해야 한다고 주장한다.
[8] 아인슈타인에 의해 상대성이 알려지기 전의 시간과 공간을 '절대 시공간'이라고 불린다.

을 구분하는 절대적 기준을 찾기 어렵고, 시대와 장소, 상황에 따라 그 당시의 사람들에 의해 결정되는 상대적 기준밖에 없다는 것이다. 따라서 이런 입장에서 보면, 자신이 알고 있는 기준을 절대적이라고 주장하는 것은 오히려 도덕에 있어 가장 큰 폐가 된다고 할 수 있다.

어떤 분야이든 그 분야에서 절대적 기준, 절대적 잣대, 절대자를 인정하는 것이 절대성을 인정하는 것이며, 이러한 절대성을 인정할 수 없다는 것이 상대성이다. 어떤 한정된 영역 안에 있는 모든 것을 상대성의 입장에 서서 보는 자를 상대론자라 한다.9) 이렇게 어떤 한정된 영역 안에 있는 모든 것을 상대성의 입장에서 본다면 그들은 그 영역 안에서 궁극적 존재자인 절대자를 인정하지 않는 존재론10)이 있다고 주장하고 있다. 뿐만 아니라 이들은 같은 맥락에서 절대자를 인정하지 않는 인식론과 가치론을 함께 주장하고 있다. 이러한 상대론자들의 주장을 자세히 밝히기 위해서, 역으로 절대성을 인정하는 존재론, 인식론, 가치론을 먼저 알아보고 이들의 문제점도 살펴보고자 한다.

II-3. 절대성을 인정하는 존재론, 인식론, 가치론

모든 존재자들의 총체를 우주라고 한다면, 우리들은 우주의 생성과 소멸의 원인을 말할 때, 그 원인이 되는 것은 생성 소멸하지 않아야 되지 않을까라는 생각을 하게 된다. 왜냐하면 그 원인이 되는 것조차 생

---

9) 여기서 '어떤 한정된 영역 안에' 라는 단서를 붙이는 이유는 방향에 있어서 상대론자라 하더라도 위치에 있어서는 절대론자일 수 있고, 방향과 위치에 있어 상대론자라 하더라도 시공간에 있어서 절대론자라 할 수 있기 때문이다. 나아가 아인슈타인은 시공간에 있어서까지 상대론자라 하더라도 중력과 빛의 속도에 있어서 일정성을 인정하는 절대론자이다. 여기에 비해 화이트헤드는 중력과 빛의 속도에 있어서 절대성까지도 부정하는 상대론자이다.
10) 존재론의 정의(定義)에 대해서는 여러 가지가 있으나, 여기서는 궁극적 존재(궁극자)와 현실적으로 구체화된 존재자들의 관계와, 그들의 생성과 소멸의 원인을 밝히는 이론으로 정의하고자 한다.

[화이트헤드와 함께]

성과 소멸을 한다면 지속적인 생성과 소멸을 해낼 수 없다는 생각이 들기 때문이다. 이러한 생각을 표면화시킨 사람 중에 아리스토텔레스는 '부동의 원동자(unmoved mover, 不動의 原動子)'라는 말을 하였다. 이 부동의 원동자는 '자신은 움직이지 않으면서 모든 타자들을 움직이게 하는 자'이다. 부동의 원동자는 자신이 타자들을 움직이게 하지만, 자신이 타자에 의해 움직여지지는 않는 자이다. 따라서 이 부동의 원동자는 절대자이다. 이러한 그리스의 사상은 후대에 히브리 사상에 접목되어 크리스트교의 절대신을 표현하는 수단중 하나가 된다.[11]

Ⅱ-3-(1) 절대성을 인정하는 존재론

절대성을 인정하는 존재론은 몇 가지 특징을 갖고 있다. 그 중 하나는 궁극적 존재자인 궁극자의 '완전함'이다. 즉 궁극자가 불완전하면 절대성을 지닐 수 없다는 것이다. 그리고 완전하기 때문에 궁극자가 아닌 타자의 기준과 잣대가 되며, 타자로부터 도움을 받을 필요가 없이 절대성이 확보된다. 다른 하나는 궁극자가 지닌 불변의 '영원함'이다. 궁극자가 영원하지 않고 변화하거나 소멸된다면 절대성을 지닐 수 없다. 모든 타자를 변화시키는 변화의 근원이 될 수 있기 위해서는 자신이 변화되어서는 안 된다. 궁극자가 영원하다는 것은, 궁극자는 궁극자가 아닌 타자와 같은 시간 안의 존재자[12]가 아니라는 것이다. 그는 시간 밖의 존재[13]이기 때문에, 시간 안의 존재자의 원인은 될 수 있지

---

11) 토마스 아퀴나스가 '신존재 증명'을 할 때 '우주론적 증명방법' 중 하나로 부동의 원동자를 '운동에 의한 증명방법'으로 사용하고 있다.
12) 시간 안의 존재자는 시간이 흘러가면서 소멸되어 가는 존재자를 말한다. 화이트헤드에게 있어서는 현실적 계기(actual occasion)이고, 노자에게 있어서는 만물(萬物)에 해당한다.
13) 시간 밖의 존재자는 현실적 시간과 무관하게 존속하는 존재자를 말한다. 화이트헤드에게 있어서는 영원한 대상(eternal entity)과 신(god)을 말한다. 노자에게 있어서는 복명(復命)인 상(常)이며, 만물의 근원인 도(道)를 말한다.

만 결과는 되지 않는다. 즉 시간 안의 존재자의 영향을 받지 않고 자기 원인에 의해 작동한다. 여기서 작동한다는 것의 의미는 궁극자가 단순히 관념적인 존재가 아니라 구체적인 현실적인 존재자라(실재한다)는 것14)이다.

절대성을 인정하는 존재론의 근저(根底)에는 궁극자를 궁극자가 아닌 존재자보다 우월한 존재로 보는 존재론적 지위를 인정하고 있다. 크리스트교의 유일신인 창조신도 피조물보다 우월하며,15) 절대군주도 백성보다 우월하다. 절대평가를 하는 시험 채점자는 수험자에 비해 우월하다. 관료제는 이런 우월한 힘을 이용하여 조직을 유지하고 있지만 그 조직은 오래 지속될 수 없다. 물론 절대성을 인정하지 않(상대성을 인정하)는 존재론은 절대자의 우월적인 존재론적 지위가 없고 대등하게 마주쳐(상대하고) 있다고 주장한다.

Ⅱ-3-(2) 절대성을 인정하는 인식론

서구에서는 고대로부터 시작한 인식론16)이 근대 이후 활발해졌다. 그러나 여기서는 동서고금과 관계없이 절대성과 관련된 인식론을 총체적으로 살펴보고자 한다. 인식론을 살펴보기 위해서는 몇 가지 기본적인 인식구조를 알아야 한다. 첫째, 인식하는 주체가 누구냐(who)이다. 둘째, 인식되는 대상이 무엇인가(What)이다. 셋째, 그 주체가 그 대상을 어떻게(how) 인식하는가이다.

---

14) 관념적인 것은 우리의 머리 속에서만 존재하는 용어일 뿐이지만, 플라톤에게 있어서 이데아(Idea)는 진정한 실재이다. 플라톤은 우리들 감각에 포착되는 구체적이고 현실적인 존재자들은 그 실재를 닮아 있는 모형(模型)에 불과하다고 말한다.
15) 화이트헤드 과정신학에서의 신은 세계와 동등한 지위를 가진다. 로마황제 같이 권력을 휘두르는 신이 아니라 피조물들을 조용하게 설득하는 신이다.
16) 인식론도 철학사적으로 자세히 살펴보면 복잡하다. 그러나 여기서는 단순화시켜서 '인식하는 주체가 인식대상을 어떻게 인식하며, 인식한 것을 참이라고 어떻게 믿을 수 있는가에 대한 이론'으로 정의해서 살펴보고자 한다.

[화이트헤드와 함께]

　　절대성과 관련해서 인식하는 주체를 살펴보았을 때, 도대체 누가 (who) 주어진 대상을 있는 그대로 정확하고 완전하게 인식(全知)할 수 있는가? 이런 자가 있다면 그자는 바르게 인식하는데 있어 오류가 없는 절대자이다. 히브리 사상에서 보면 이 자는 유일절대신17)이며, 크리스트교에서는 그 신의 독생자인 예수이다. 그리고 불교에서는 석가이며, 석가를 깨달은 자(覺者)라고 하면서 부처라고 말한다. 그리고 이슬람교의 무함마드, 유교의 공자, 도교의 노자 등도 그의 신도들은 모두 인식론상의 절대자라고 말한다. 신도가 아닌 일반인들도 이들을 성인(聖人)으로 존경하면서 이들이 지니고 있는 인식은 진리에서 크게 벗어나지 않는다고 생각한다. 이 성인의 반열에 진리의 스승인 소크라테스를 넣기도 한다. 그런데 문제는 이런 성인들이 모두 정확하고 완전하게 인식한 것이 동일한 대상일 수 없다는 것이다.

　　절대성과 관련하여 인식되는 대상을 살펴보았을 때, 무엇이(what) 정확하고 완전하게 인식되었다는 말인가? 궁극적 존재인 진정한 실재(實在, reality, res vera)이다. 그리고 이 진정한 실재를 드러낸 현상(現象, appearance)과 실재와 현상의 관계까지 제대로 인식되었다는 것이다. 진정한 실재는 우리의 감각기관에 나타나지 않는다. 우리의 감각기관에 나타나는 것은 현상뿐이다. 그런데 어떻게 앞에서 말한 성인들은 진정한 실재를 인식할 수 있으며, 그들이 인식한 것을 어떻게 참이라고 믿을 수 있는가? 각 종교의 교도들이나 학파의 추종자들은 교주나 스승을 존경하는 마음으로 믿을 수 있겠지만, 어느 쪽에도 속하지 않은 학

---

17) 유일절대신에 비해 그리스-로마 신들은 인식에 있어 오류가 없는 절대신이 아니다. 유일절대신이나 그리스-로마 신들은 모두 가사적(可死的) 존재인 인간이 아니라 신이기 때문에 불사(不死)인 영원함을 지니고는 있지만, 유일절대신만 완전함(absolute)을 지니고 있어서 완전한 앎인 전지(全知)가 가능하다. 히브리 사상의 전통을 이어받은 종교(유대교, 크리스트교, 이슬람교 등)의 신자들은 유일절대신의 전지(全知)를 믿는다.

자나 일반대중들은 냉담할 수 있겠다. 왜냐하면 성인들이 인식했다고 말하는 궁극적 존재인 진정한 실재가 각각 다를 수 있기 때문이다. 궁극적 실재가 동일할진데, 각각 다르게 인식했다면 그들 중 누군가는 바르게 인식했을 가능성이 있지만, 다른 자들은 잘못 인식했을 가능성이 크다.

절대성과 관련하여 인식되는 방법(how)을 살펴보았을 때, 어떤 방법이 제대로 궁극적 존재인 진정한 실재를 인간에게 알도록 하는가? 인식하는 절대자를 성인이라 하더라도, 성인들은 감각적 경험으로 드러나지 않는 진정한 실재를 어떻게 인식할 수 있는가? 종교에서는 신에 대한 강한 믿음을 통해 신의 계시를 받거나 명상을 통한 직관을 사용했고, 학파에서는 이성적 추론을 통해서 도달하는 방법을 사용하고 있다. 이들이 어떤 방법을 사용하였든지, 진정한 실재가 있다는 사실과 그것을 신이 아닌 인간도 알 수 있으며, 알아낸 진리가 올바르다면 그것은 절대적 진리이며, 어떤 방법으로 도달했든지 제대로 앎에 이른 것은 동일하다는 신념을 지니고 있다는 것은 공통점이다. 그리고 또 하나의 중요한 인식방법은 그것이 계시든, 명상이든, 이성적 추리이든 언어를 통해 인식되고 전달된다는 점이다. 그렇지 않으면 그 절대자의 인식을 믿을 수 없고, 더군다나 후대로 가면서 오류에 빠지지 않는다고 장담할 수 없다. 따라서 절대적 인식방법에는 언어에 대한 신뢰가 있다,

이것에 비해 상대론자들은 진정한 실재가 있는지 없는지 잘 모르고, 설사 실재가 있다고 해도 알 수 없으며, 혹시 누군가 실재를 알고 있다고 해도 그것을 다른 사람에게 제대로 알리기 어렵다고 본다. 왜냐하면 결국 인식방법은 언어를 통해 알아내고 전달되어야 하는데, 상대론자들은 언어가 진정한 실재를 파악하는데 한계가 있다고 보기 때문이다. 따라서 인식론적 상대론은 회의주의에 빠지기 쉽다. 만약에 회의주의에

[화이트헤드와 함께]

빠지지 않고 극복했다고 하더라도 자신이 인식한 진리가 부족할 수 있음을 인정해야 한다. 따라서 후대에 가면 자신보다 더 깊고 큰 진리를 알아가는 자가 나올 수 있다는 열린 사고를 지녀야 한다.

Ⅱ-3-(3) 절대성을 인정하는 가치론

절대성을 인정하는 가치론[18)]의 입장에서는 절대자가 우주만물의 가치서열을 매기며, 그렇게 가치서열을 매긴 순서대로 우주가 질서 잡혀 있다고 생각한다. 우리들은 인생을 살면서 각자의 생각대로 가치서열을 매기(가치평가 하)면서 자신이 결정한대로 산다고 생각한다. 그러나 사실은 많은 부분에 있어서 자신들이 살고 있는 사회의 풍토에 영향을 받으면서 가치관이 형성되어 있다. 그래서 그 가치관에 따라 자신이나 남을 평가한다. 평가해서 자신이 좋지 않으면 위축되고, 남이 좋지 않으면 멸시할 수 있다. 평가해서 자신이 좋으면 우쭐대고, 남이 좋으면 부러워하기도 한다. 문제는 그런 가치평가의 기준이 과연 있으며, 기준을 세워서 가치평가 하는 주체는 어떤 것인가 이다.

가치론의 주제로 많이 등장하는 것은 윤리학에서 다루는 선과 악의 문제, 경제학에서 다루는 이익과 손해 문제, 예술학(미학)에서 다루는 미와 추의 문제이다. 선과 악의 문제 있어 절대선과 절대악이 있는가? 있다면 그것들은 무엇인가? 이러한 추론은 이해(利害)와 미추(美醜)에도 해당한다. 만약에 절대선(絕對善), 절대이(絕對利), 절대미(絕對美) 혹은 절대악(絕對惡), 절대해(絕對害), 절대추(絕對醜)가 있다면, 그것들은 시대와 장소와 관계없고 평가주체와 관계없이 객관적이고 절대적인 것인가?

---

18) 가치론(價値論, theory of value, axiology)도 여러 학파의 이론으로 복잡하지만, 여기서는 '살아가는 주체가 주체 앞에 놓인 여러 대상들을 평(評)해서 체계화시키는 기준을 어떻게 설정하는가에 대한 이론'이라고 정의한다.

우리들의 삶은 판단의 연속이다. 그런데 판단의 상당수는 가치와 관련된 판단이다. 우리에게 주어지거나 주어질 여건에 대해 가치판단을 해야만, 그것을 수용할지 배척할지를 결정할 수 있고, 다른 여건과 비교하여 중요도에 따른 우선순위를 매겨야 선택적 상황을 해결할 수 있다. 인생은 이러한 선택적 상황에 직면했을 때 좋은 선택을 하려고 노력한다. 그렇지만 자신이 내린 가치판단에 대해 자신할 수가 없다. 그것은 인생경험의 부족 때문이기도 하지만, 원천적으로 한계가 있기 때문이다. 원천적인 한계는 가치평가에 대한 절대기준이 있을 수 있는가에 대한 회의이다.

가치평가의 기준에 대해 회의적인 상대론자들은 자신의 한계를 느끼고 대화를 통해 상대보다 비교적 좋은 기준을 가지기 위해 노력한다. 그리고 그렇게 결정된 기준이라 하더라도 당연히 미래에 바뀔 수 있다고 생각한다. 여기에 비해 절대론자들은 가치평가의 변하지 않는 기준이 있다고 생각한다. 따라서 그 기준을 아는 자의 말을 따르는 것이 정의(正義)이며, 따르지 않는 것은 불의(不義)라고 주장한다. 이것은 이데올로기에서 가장 잘 드러난다. 어떤 이데올로기를 갖게 되면 그 이데올로기적 시각으로 세상의 가치서열을 동반한 가치평가가 이루어진다. 이데올로기를 지닌 사람이 다른 가치서열을 동반한 가치평가를 지닌 사람과 만났을 때 충돌이 일어난다. 이데올로기를 지닌 사람은 그 이데올로기를 실현하는 일이 자기 목숨보다도 더 소중한 가치를 지닌다는 가치서열을 믿게 된다. 그래서 탈이데올로기 시대가 오기 전 이데올로기 시대에는 상대진영을 적으로 여기면서 극심한 열전(熱戰)이나 냉전(冷戰)을 겪었다. 그리고 종교전쟁은 절대론자들이 일으킨 것으로 지금도 원리주의자들을 중심으로 지속되고 있다.

[화이트헤드와 함께]

Ⅲ. 노자와 화이트헤드는 상대론자인가?

노자와 화이트헤드를 상대론자라고 하려면 우선 그들은 절대자 혹은 절대 우월자의 존재를 부정해야 한다. 그리고 절대자의 시각에서 생긴 절대 우월적 인식을 부정해야 한다. 나아가 절대 우월적 인식 중 절대자가 평가한 가치서열과 기준을 부정해야 한다. 이러한 부정이 이루어진 결과로 쌍방이 대등한 근원적 존재자들로 우주가 구성되어 있어야 한다. 그리고 쌍방 중 어느 하나가 없으면 다른 하나도 인식될 수 없어야 한다. 즉 인식이 성립되기 위해서는 대등한 쌍방이 있어야 한다. 마지막으로 이 쌍방에 대한 가치평가가 어느 한쪽으로 기울어지지 않아야 한다. 즉 쌍방 중 어느 하나를 높이 평가하거나 낮게 평가해서는 안 된다. 과연 노자와 화이트헤드는 이러한 관점을 지니고 있는지 살펴보자.

Ⅲ-1. 노자의 상대론적 관점

노자의 상대론적 관점이 가장 잘 드러나는 곳은 『도덕경』 2장[19]이다. 2장에서 유무상생(有無相生)을 말하고 있다. 유무상생은 유와 무가 서로 생기게 한다는 의미로 모든 유는 무로 돌아가고, 무는 다시 유로 생겨나온다는 말이다. 노자에 있어서 유의 시작은 천지(天地)이며, 천지는 만물(萬物)을 생기게 한다. 그런데 만물은 다시 무로 돌아간다, 이 이치를 억지로 이름 붙인다면 도라고 할 수 있는데, 이 도는 다시 억지

---

[19] 여기서의 도덕경(道德經)은 통행본(通行本)을 말한다. 통행본은 죽간본(竹簡本)이나 백서본(帛書本)과 달리 81장으로 정리되어 있고, 1장~37장까지를 도경(道經), 38장~81장까지를 덕경(德經)이라고 한다. 이하 제시되는 장은 모두 통행본의 순서에 따른다. 통행본의 2장은 죽간본 9장에 있으며, 백서본 68~70장에 있다.

로 해설하면 대(大)라 할 수 있고, 대는 서,원,반(逝,遠,反)이다.20) 이때 서(逝)는 멈춰 있지 않고 움직여 간다는 의미이다. 원(遠)은 멀리 끝까지 움직여 간다는 의미이다. 반(反)은 되돌아간다는 의미이다. 서원반을 전체적으로 보면, 무에서 유로 움직여 가는데 유는 끝까지 가면 다시 무로 되돌아간다. 노자는 세상의 모든 존재는 이렇게 움직여 가기에 이것을 도라고 했고, 이것보다 더 큰 일은 없다는 의미에서 대(大)라고 표현했다.

노자에게 있어서 가장 근원적인 것은 도이다. 그러나 그 도가 서양철학에서 말하는 실재(實在, reality)이긴 하지만, 실체(實體, substance)는 아니다. 아리스토텔레스가 말하는 실체는 그 자체로 존재하는 것이며, 자신이 존재하기 위해서 타자를 필요로 하지 않는 자이다. 그러나 노자에 있어서 도는 그 자체로 존재하는 자가 아니다. 무와 유의 상호관계에 의해 존재하는 자이다.21) 따라서 도는 절대자가 아니라, 상대자들인 쌍의 움직임이다. 그리고 노자에 있어서 무와 유는 쌍방으로 묶여 있기 때문에 한쪽의 우월한 위치가 아니라 대등하다. 흔히 노자의 존재론을 말할 때 무가 유보다 우월한 지위에 있는 것처럼 말하지만 그렇지 않

---

20) (개별화되기 전의) 만물이 뒤섞인 채(chaos, 혼돈상태)로 이루어진 것이 있는데, (그것은) 하늘과 땅보다 먼저 생겼고, (소리 없이) 고요하도다! (형체 없이) 공허하도다! (對比 없이) 홀로 있고 (逝, 遠, 反의 일정성이) 바뀌지 않으며, (모든 곳에) 두루 가(미치)면서도 (만나는 모든 것들을) 위태롭게 하지 않으니 가히 천하의 어머니(만물을 낳는 모체)라 할 수 있겠다. 나는 그 이름을 알지 못하므로 그냥 도라고 부르겠다. 억지로 이름하여(그 이유를 설명하면) 그것은 크다고 할 수 있고, 크다는 것은 끊임없이 나아가는 것이라 할 수 있고, 끊임없이 나아가는 것은 멀리 근원(根源)에 이르는 것이라 할 수 있고, 근원에 이른다는 것은 다시 되돌아가는 것이라 할 수 있다.(有物混成, 先天地生, 寂兮廖兮. 獨立不改, 周行而不殆, 可以爲天下母. 吾不知其名, 字之曰道. 強爲之名曰大. 大曰逝, 逝曰遠, 遠曰反. 故道大), 25장 앞부분 참조
21) 이 점에 대해서는 서강대학교의 최진석 교수가 그의 책(노자 강의)의 3강(유와 무로 완성한 노자의 사상)과 4강(가짜에 속지 않는 법, 관계론)에서 잘 설명하고 있다, 『노자』, 생각하는 힘 노자인문학, EBS 〈인문학특강〉 최진석교수의 노자강의, 최진석 지음, 위즈덤하우스,

[화이트헤드와 함께]

다. 어떤 해설가는 무와 유가 쌍으로 묶인 경우를 상대무(相對無)라고 하고, 묶여 있지 않는 우월한 무를 절대무(絶對無)라고 주장하기도 하는데, 이것은 노자의 존재론에 절대자의 지위를 부여하는 부동(不動)의 원동자로서의 존재자를 인정하게 되는 오류에 빠지게 된다.

이렇게 오류에 빠지게 되는 것은 제40장에 나오는 "천하 만물은 유에서 나오고 유는 무에서 나온다"(天下萬物生於有 有生於無)는 말에 의거하는 것 같다. 생성되는 순서대로 하면 무 → 유 → 만물이 되고, 근원으로 돌아가는 순서대로 하면 만물 → 유 → 무가 된다. 즉 무가 가장 근원적인 존재이고, 그 다음이 유이며, 만물이 가장 근원에서 먼 존재가 된다. 그렇기 때문에 존재론적 지위에 있어 무가 제일 높으며, 그 다음이 유이고, 마지막이 만물로 생각된다. 이렇게 보면 존재에 있어 노자의 무는 우월적인 지위를 차지하는 것으로 생각된다. 그러면 2장의 유무상생(有無相生)과 정합성(整合性, coherence)에 문제가 발생한다. 2장에서는 유무가 서로 생긴다고 하였고, 40장에서는 유가 무에서 생긴다고 하였기 때문이다.

이것을 해결하기 위해서는 노자의 도(道)를 살펴보아야 한다. 40장의 첫구절에서 "되돌아가는 것이 도의 움직임"(反者道之動 弱者道之用)이라고 했다. 노자의 존재론적 방향은 일직선이 아니다. 반드시 되돌아간다. 즉 원을 그리고 있다. 원에는 존재론적 지위의 높고 낮음이 없다. 제42장의 "도는 하나를 낳고 하나는 하늘과 땅 둘을 낳고 하늘과 땅은 충기를 낳아 셋이 되고 셋은 만물을 낳는다. 만물은 음기를 등에 지고 양기를 끌어안으며 충기로 조화를 이룬다(道生一 一生二 二生三 三生萬物 萬物負陰而抱陽 沖氣以爲和)는 말과 25장의 "사람은 땅을 본받고 땅은 하늘을 본받고 하늘은 도를 본받고 도는 자연을 본받는다(人法地 地法天 天法道 道法自然)는 말에서 도(道)는 존재론적 지위가 가장 높은 것처럼 보인다. 하지만 25장에서 만물은 음기와 양기라는 유(有)와 충기라는 무(無)가 조화를 이룬 것이라고 말하며, 도는 결국 저절로 이루어지는(自然의) 과정일 뿐이라고 말한다. 결국 유와 무의 조화는 유무상생이며, 유무상생의 움직임이 저절로 이루어진다고 노자는 말한다.

그리고 2장에서는 유무의 존재론적 지위에 있어 상대론적 입장을 나타낼 뿐만 아니라 모든 것이 상대적으로 쌍을 이루고 있음을 지적하고 있다. "있음과 없음은 서로 낳고, 어려움과 쉬움은 서로 이루며, 길고 짧음은 서로 비교되고, 높고 낮음은 서로 기울며, 음표와 소리는 서로 화합하고, 앞과 뒤는 서로 따른다."(有無相生 難易相成 長短相較 高下相傾 音聲相和 前後相隨) 노자는 이 세상에 존재하는 것은 그것이 물리적으로 존재하든 관념적으로 존재하든 모두 쌍을 이루어야만 우리에게 인식됨을 지적하고 있다. 그리고 그렇게 인식되는 쌍들로 이루어진 대상들 중 어느 한쪽을 우리들이 좋다거나 싫다고 말하면서 가치우열을 가리는데 그것이 잘못되었음을 지적하고 있다. "세상 사람들은 (자신들이 좋아하는) 인위적인 아름다움을 아름다움으로 알고 있다. (그러나) 그 아름다움은 이미 (자신들이 싫어하는) 추함이 전제(前提)되어 있다. 세상 사람들은 (자신들에게 좋은 행위인) 인위적인 착함을 착함으로 알고 있다. (그러나) 그 착함은 이미 (자신들에게 좋지 못한 행위인) 착하지 못함(악함)이 전제되어 있다."(天下皆知美之爲美 斯惡已 皆知善之爲善 斯不善已) 자연에는 차별이 없다. 고슴도치가 못났고 공작이 잘났다고 말하는 것은 자연에 위배된다.[22] 존재자들을 가치평가해서 차별을 두는 것을 인위적이라고 말하면서 노자는 무위할 것을 권하고

---

22) 노자의 뜻을 잘 이해한 장자는 제물론(齊物論)에서 만물은 가지런하다고 말한다. 여기서 가지런하다는 말 속에는 가치우열(價値優劣)이 없다는 말도 포함된다.

있다. "이 때문에 성인은 무위(無爲)의 일에 머물며 말없는 가르침을 행한다."(聖人處無爲之事 行不言之敎)

　말을 하게 되면 이분법에 빠지게 되며 가치평가를 하기 쉽다. 말은 의미를 한정해야만 그 기능을 나타낼 수 있는데, 실재 세계는 그렇게 분명하게 한정되지 않는다. '하늘'이라고 말을 하게 되면 하늘이 아닌 것하고 구분이 되어야 그 의미를 이해할 수 있다. 하늘이 아닌 것은 '땅'이다. 하늘과 땅은 쌍으로 우리에게 인식된다. 우리는 편의적으로 하늘과 땅을 경계지우면서 이분법으로 구분한다. 그리고 하늘을 높게 평가하고 땅을 낮게 평가하기도 한다. 혹은 남성과 양지(陽地)를 높게 여성과 음지(陰地)를 낮게 평가하기도 한다. 그러나 자연은 원래 구분되지 않으며 평가되지도 않는다. 우리는 언어를 통해 사물이나 사태를 있는 그대로 드러낼 수가 없는 한계를 지니고 있다.23) 언어 이전의 세계로 돌아가면 모든 것이 섞여 있을 뿐이다. 이것이 하늘과 땅보다 먼저 생긴 유물혼성(有物混成, 뒤섞여 있는 어떤 것)이다. 여기에 언어로 하늘과 땅을 구분하고, 하늘을 다시 구름과 별로 땅을 바다와 육지 등으로 분리해서 이름을 계속 붙여 가면 만물이 생기게 된다. 유물혼성 상태나 만물로 구분된 상태나 사실은 동일하다. 이름 붙이고 붙이지 않은 차이뿐이다. 이름 붙인 상태가 유이며, 이름 붙이지 않은 상태가 무이다.24) 바로 유무상생이다. 따라서 노자는 상대론적 관점을 지닌 상대론자이다.

---

23) 『장자』의 「지북유(知北遊)」 변론은 침묵만 못하고 도는 들을 수 없다.(辯不若黙 道不可聞). 도는 볼 수 없으니 말하면 도가 아니다.(道不可見 見而非也) 지극한 말은 말을 버리고 지극한 함은 함이 없다.(至言去言 至爲無爲) 『노자강의』, 야오간밍 지음, 손성하 옮김, 김영사, 2016.9., 1판9쇄, P.327.
24) 무는 천지의 시원에 대한 이름이오, 유는 만물의 어미에 대한 이름이다. … 이 두 가지는 같은 곳에서 나와서 이름이 다른 뿐이다.(無名天地之始 有名萬物之母 … 此兩者同出而異名)

Ⅲ-2. 화이트헤드의 상대론적 관점

화이트헤드는 자신의 주저(主著)인 『과정과 실재』(Process and Reality)에서 자신은 '어떤 경우에도 상대성의 견해를 채택할 것'이라고 언명했다.

> "기묘하게도 이러한 형이상학적 논의의 초기 단계에서조차 현대물리학의 <상대성 이론>은 중요한 영향을 준다. … 나는 어떤 경우에도 상대성의 견해를 채택할 것이다. 그 이유의 하나는 그것이 유기체 철학에 전제되어 있는 일반적인 철학적 상대성 이론과 더 잘 들어맞는 것으로 보이기 때문이며, 또 하나의 이유는 간혹 예외가 있긴 하지만 고전적 이론이 상대성 이론의 특수한 사례로 간주될 수 있기 때문이다."[25]

여기서 언급된 '현대물리학의 상대성 이론'은 아인슈타인의 상대성 이론이며, '고전적 이론'은 뉴턴의 절대 시공간 이론이다. 화이트헤드가 보기에 뉴턴의 절대 시공간 이론은 아인슈타인의 상대성 이론의 특수한 사례에 불과하다고 말한다. 뉴턴은 바둑판의 줄처럼 반듯하게 잘 그어진 절대공간과 정확하고도 일정하게 흐르는 시간 안에 각각의 사물은 단순하게 정위치를 차지하고 있다고 보았다. 이것을 화이트헤드는 단순정위(單純定位, simple location)의 오류임을 지적했다. 아인슈타인과 화이트헤드는 모두 사물이 우선적으로 존재하며 시공간은 파

---

[25] A. N. 화이트헤드 지음, 오영환 옮김, 『과정과 실재』(process and reality), 민음사, 1991.9. p.155. 이하 pr로 생략 기재함.

[화이트헤드와 함께]

생된 것이라고 말했다. 이들은 이 순서가 뒤바뀌면서 시공간이 사물에 영향을 받지 않는 절대성을 갖게 되어 절대시공간이 되었다는 것이다. 이 절대시공간은 각각의 사물이 만들어내는 시공간 중 특수한 한 시공간에 불과하다는 것이 이들의 주장이다. 화이트헤드는 나아가 아인슈타인이 자신의 상대성 이론이 성립되기 위해 필요한 빛과 중력의 절대성을 인정하였다. 그러나 화이트헤드는 절대성을 지닌 아인슈타인의 빛과 중력도 하나의 특수한 사례로 간주한다는 것을 암묵적으로 말하고 있다.

화이트헤드는 아인슈타인이 절대성을 부여한 빛과 중력은 사물의 절대성에서 비롯되었음을 알았다. 여기서 말하는 사물의 절대성이란 각각의 사물이 존재하기 위해서는 타자를 필요로 하지 않는 절대자인 것이다. 이것은 개별실체가 존재자의 중심에 있고, 이것에 여러 속성들이 결합되어 사물을 이룬다는 실체철학의 관점이 들어가 있는 것이다. 화이트헤드의 유기체 철학에서는 이렇게 존재하는데 있어 중심역할을 하면서 지속되는 실체가 없다. 그에게 있어 중심역할을 하는 실체로서의 주체는 자신을 둘러싼 주변 대상들을 수용하여 자기 것으로 만들자마자 만족(satisfaction)에 이른 후 주체로서의 존재는 곧 소멸하고, 대상적 불멸성(objective immortality)을 획득한 후 연이어 일어나는 새로운 주체의 대상이 된다. 이것은 주체와 대상을 쌍방으로 본 것이다. 주체가 중심이고 대상이 주변인 관계가 아니고 대등한 관계이다. 이것을 화이트헤드는 내적 관계(내적 관계, internal relation)라 하고, 모든 현실적인 존재자들은 이러한 내적 관계를 통해 존재한다는 원리를 '보편적 상대성 원리'로 명명하고 있다.

"보편적 상대성 원리(principle of universal relativity)는 <실체는

다른 주체에 내재하지 않는다>는 아리스토텔레스의 언명을 정면에서 파기한다. 그와는 반대로 이 이 원리에 따르면 현실적 존재자는 다른 현실적 존재자에 내재한다. 사실 우리가 다양한 정도의 관련성 및 무시할 수 있는 관련성을 참작한다면 모든 현실적 존재자는 다른 모든 현실적 존재자에 내재한다고 보아야 한다. 유기체 철학은 <다른 존재자에 내재한다>는 관념을 명확하게 밝히려는 작업에 주력하고 있다."(pr, p.130)

화이트헤드의 현실적 존재자는 주변 대상들을 자신의 존재 속으로 받아들여 자신을 완성하자마자 초월적 존재자가 되어 다른 주체의 대상이 되는 존재자이다. 현실적 존재자는 개별실체처럼 존속되지 않고, 생성되자마자 소멸하는 존재자이다. 아리스토텔레스의 개별실체들은 다른 개별실체에 내재할 수 없지만, 화이트헤드의 현실적 존재자의 생성에는 대상으로 주어진 다른 현실적 존재자들이 내재한다. 내재하기 때문에 한 현실적 존재자 속에는 모든 현실적 존재자들이 정도 차이는 있어도 함께 존재(공재, togetherness)한다. 모든 현실적 존재자가 서로 간에 공재(共在)하기 때문에 화이트헤드는 보편적 상대성 원리라고 말한다. 화이트헤드는 이렇게 공재하고 있는 현실적 존재자를 떠나서 더 이상의 근원적인 존재자가 없다고 말하면서 이것을 존재론적 원리라 하였다. "존재론적 원리(ontological principle)는 현실적 존재자(actual entity)를 떠나서는 아무것도 없고, 단지 비존재(non- entity)가 있을 뿐이며, 남아 있는 것은 침묵뿐일 것이기 때문이다." (pr, p.116) 그리고 화이트헤드의 공재는 공통세계(common world)라는 관념을 갖게 한다.

"공통세계(common world)라는 관념은, 분석을 위해 그 자체만을 취한 각 현실적 존재자의 구조 속에 예증되고 있어야 한다는 것이다. 왜냐하면 현실적 존재자는 공통세계가 그 존재자 자신의 구조의 구성요소가 되고 있다는 의미에서만 그 공통세계의 일원이 될 수 있기 때문이다. 그러므로 이로부터 다른 모든 현실적 존재자를 포함하여 우주의 온갖 사항(item)들이, 임의의 한 현실적 존자자의 구조 속에 들어 있는 구성요소가 되고 있다는 결론이 나온다. 이 결론은 이미 <상대성 원리>라는 명칭으로 활용되어 왔던 것이다. 이 상대성 원리는 존재론적 원리가 극단적인 일원론으로 귀결되는 것을 방지하기 위한 공리이다."(pr, p.286)

존재론적 원리는 대상들을 내재시키는 주체로서의 한 현실적 존재자에게 초점이 맞추어 있어 일원론적 시각을 갖게 된다. 여기에 비해 화이트헤드의 보편적 상대성 원리는 주체로서 대상들을 내재시켜 완성된 현실적 존재자들은 모두 새롭게 일어나는 현실적 존재자들에게 대상이 되는 구성요소에 초점이 맞추어져 있는 원리이다. 어떠한 현실적 존재자도 타자의 내적 구조 속에 들어갈 수 있는 대상이 된다는 것이다. 그래서 보편적 상대성 원리는 다원론적 시각을 갖게 된다. 화이트헤드는 자신의 유기체 철학이 일원론과 다원론의 균형을 유지하려고 한다. 화이트헤드는 사물인 현실적 존재자까지도 상대성으로 보려고 한다. 즉 현실적 존재자가 주체로서 일원성을 확보하면 절대자의 지위에 오를까 봐 현실적 존재자의 대상성을 강조하면서 존재론에 있어서 절대적 지위를 인정하지 않는다.

화이트헤드에게 있어서 근원적인 존재가 될 수 있는 신(God)은 절대자가 아니다. 신은 세계와 더불어 상대적인 관계를 유지한다. 신도 세계를 받아들이고 세계도 신을 받아들인다. 즉 신과 세계는 서로 영향을 주고받는 상대자이다. 신과 세계는 이러한 영향을 주고받는 과정(過程, process)에 있다. 그래서 화이트헤드의 신학을 과정신학이라고 한다.

"신은 항구적이고 세계는 유동적이라고 말하는 것은, 세계는 항구적이고 신은 유동적이라고 말하는 것과 마찬가지로 참이다. 신은 일자(一者, one)이고, 세계는 다자(多者, many)라고 말하는 것은, 세계는 일자이고 신은 다자라고 말하는 것과 마찬가지로 참이다. 세계와 비교할 때 신이 탁월하게 현실적이라고 말하는 것은, 신과 비교할 때 세계가 탁월하게 현실적이라고 말하는 것과 마찬가지로 참이다. 세계가 신에 내재한다고 말하는 것은 신이 세계에 내재한다고 말하는 것과 마찬가지로 참이다. 신이 세계를 초월한다고 말하는 것은 세계가 신을 초월한다고 말하는 것과 마찬가지로 참이다. 신이 세계를 창조한다고 말하는 것은 세계가 신을 창조한다고 말하는 것과 마찬가지로 참이다. 신과 세계는 대비된 대립자이다." (pr, pp.597~598)

화이트헤드는 근원적 존재자와 관련하여 절대자를 인정하지 않는다. 그리고 진리를 추구하는데 있어서도 환원주의를 반대하면서 점진적으로 진리에 다가가는 방법을 택한다. 가치판단에 있어서도 절대적 기준을 인정하지 않는다. 따라서 화이트헤드는 상대론자임이 분명하다.

Ⅳ. 맺는 말

노자와 화이트헤드는 상대론자이다. 둘 다 절대자의 존재를 인정하지 않는다. 노자에게 있어서 도는 실체가 아니다. 무와 유의 상호작용과정

[화이트헤드와 함께]

을 지칭했을 뿐이다. 화이트헤드에게 있어서 신은 실체가 아니다. 세계와 끊임없이 영향을 주고받는 상대자이다. 노자와 화이트헤드는 둘 다 과정을 중시하고 있다. 노자는 서원반의 과정을 도라고 했고, 화이트헤드는 신도 세계와 영향을 주고받는 과정을 겪는다고 말했다. 동양의 고대철학인 노자와 서양의 현대철학인 화이트헤드가 지닌 큰 공통점은 둘 다 우주의 근원에 상대성이 놓여 있음을 지각하고 있었다는 점이다. 2천 몇 백 년 전의 노자철학이 현대에 와서 많이 읽히는 것은 노자철학 속에 우리들의 무의식 속에 남아 있는 절대성이 많이 타파되었기 때문이다. 키튼이라는 철학자는 화이트헤드의 철학이 사람들에게 제대로 알려지려면 25세기가 되어야 할 것이라고 했는데, 이것도 우리들의 무의식 속에 남아 있는 절대성이 타파되지 않고 남아 있어서 그런 것이 아닌지 모르겠다. 두 철학자의 상대론을 검토하면서 절대성이 조금이라도 더 타파되었으면 하는 바람을 가져본다.

[참고 문헌]

에리히 프롬(Erich Fromm) 지음. 황문수 옮김(2012). 『사랑의 기술(The art of Loving)』. 서울: 문예출판사.

버트란드 러셀(Bertrand Russell) 지음. 김영대 옮김(1997). 『상대성 이론의 참뜻(The ABC of Relativity)』. 서울: 사이언스 북스.

팡리지·추 여오콴 지음. 이정호·하배연 옮김(1998). 『뉴턴 법칙에서 아인슈타인의 상대론까지(From Newton's Law to Einstein's Theory of Relativity)』. 서울: 전파과학사.

사토 후미다카, 마쓰다 다쿠야 지음. 김명수 옮김(1994). 『상대론적 우주론』. 서울: 전파과학사.

후쿠시마 하지메 지음. 손영수 옮김(1997). 『상대론의 ABC』. 서울: Blue Blacks 한국어판.

목영해 지음(1998). 『현대상대주의 철학과 교육』. 서울: 교육과학사.

A. N. 화이트헤드 지음. 오영환 옮김(1991). 『과정과 실재(process and reality)』. 서울: 민음사.

A. N. 화이트헤드 지음. 오영환 옮김(1989). 『과학과 근대세계(Science and Modern World)』. 서울: 서광사.

A. N. 화이트헤드 지음. 전병기 옮김(1998). 『자연인식의 원리』, 서울: 이문출판사.

A. N. 화이트헤드 지음. 전병기 옮김(1998). 『상대성 원리.』 서울: 이문출판사.

A. N. 화이트헤드 지음. 이태호·안형관·전병기·김영진 옮김(1998). 『자연의 개념』. 서울: 이문출판사.

이태호(2001). A. N. 화이트헤드의 상대성 원리와 범주도식. 대구가톨릭

대학교 대학원 박사논문

A. 아인슈타인 지음. 김종오 옮김(1996). 『상대성 이론. 』서울: 미래사.

Richard J. Bernstein 지음. 정창호·황설중·이병철 옮김(1996). 『객관주의와 상대주의를 넘어서』, 서울: 보광재.

헤르만 본디(Hermann Bondi) 지음. 박승재·조향숙 옮김(1999). 『상대성 이론과 상식의 세계』. 서울: 전파과학사

베르나르 베르베르 지음. 이세욱 옮김(1998). 기욤 아르토 그림. 『상대적이며 절대적인 지식의 백과사전』, 서울: 열린책들.

노자 지음. 김학묵 옮김(2000). 『노자도덕경과 왕필의 주』. 서울: 홍익출판사.

임헌규(2005). 『노자도덕경 해설(왕필본, 백서본, 죽간본 분석)』. 서울: 철학과 현실사.

최재목 역주(2013). 『노자(곽점초묘죽간본)』. 서울: 을유문화사.

김학주 역해(1992). 『노자』. 서울: 명문당.

최진석 지음(2017). 『노자(생각하는 힘 노자인문학)』. EBS 〈인문학특강〉 최진석 교수의 노자강의. 경기도 고양시: 위즈덤하우스.

야오간밍 지음. 손성하 옮김(2016). 『노자강의』. 경기도 파주지: 김영사.

[Abstract]

In this paper, the writer analyzed the concept of "relation" and "absolute" in general, dictionary, and technical meaning to find out more accurately that "Laotse" and "whithead" are relativists. The technical meaning of this time refers to relativity and absoluteness of philosophical meaning. Relativity and absoluteness meaning of this philosophical meaning were analyzed in the sense of ontological, epistemological and axiological. The concept of relativity is that a relationship mutually effected on between two equal beings is necessary. The concept of absoluteness is that a relationship mutually effected on between two beings is not necessary. Because one of them is complete or proximity to perfection, it be not affected by the other one. Those who do not need an equal opponent because of their perfection or proximity to perfection at this time are called the absolute. To Laotse, the two partners are Nothing and Being ; to Whitehead, the two are God and the World. To Laotse, Nothing and Being are counterparts who are equal and affect on each other. To Whitehead, God and World are counterparts who are equal and affect on each other. Laotse and Whitehead are therefore both relationists. This is because both do not accept the absolute person and see the origin of the universe as a counterpart.

[Key Words]

relation, absolute, a counterpart. the absolute, relativism,

[화이트헤드와 함께]

absolutism, Laotse, Whitenhead, ontology, epistemology, axiology

• 화이트헤드와 함께 3

화이트헤드의 인식론과 그 수학적 배경[*]

김영진[†] 씀

> Ⅰ. 들어가는 말
> Ⅱ. 흄은 뉴턴에게 어떤 영향을 받았는가?
>   : 단순정위와 단순 인상
> Ⅲ. 점에서 선으로 : 부분과 전체
> Ⅳ. 의미관련과 연장적 결합
> Ⅴ. 나가는 말

---

[*] 이 글은 새한철학회,『철학논총』제100집·제2권(2020)에도 실려있습니다.
[†] 대구대학교 창조융합학부

[국문초록]

이 논문은 화이트헤드의 수학적 배경을 통해 인식론의 전개 과정을 살펴보는 것이다. 그의 철학을 유기체 철학 혹은 과정철학이라고 부를 때, 그것은 근대의 헤겔 철학을 연상시키는 경우가 종종 있다. 그러나 화이트헤드의 유기체 철학은 비계량 기하학에 해당하는 사영 기하학 및 위상학을 통해 자신의 인식론을 전개하고 있다. 이와는 달리 데카르트와 뉴턴을 통해 인식론을 전개한 흄의 인식론은 계량 기하학을 초석으로 삼은 점과 대조를 이룬다. 근대 과학의 추상성은 일상과 과학을 분리하는 방향으로 나갔음을 흄의 인식론은 통해 명확히 밝혀진다. 흄의 인식론적 회의는 계량 기하학의 한계를 보여준다. 그 대안으로 우리는 화이헤드의 인식론을 제시하였다. 화이트헤드는 자신의 인식론의 전제가 되는 사영 기하학과 위상학을 통해 일상 경험과 과학을 화해시키려는 노력을 전개하였다. 화이트헤드는 자신의 감각 경험을 보여주는 의미관련이론과 시공간이론을 제시하는 연장적 결합을 통해 일상과 과학에 대한 이분법적 구도를 극복하고 인과성의 정당성을 확보한다. 이 글에서는 그런 매개적 지점을 찾는데 초점을 두었음을 밝힌다.

[주제어] 화이트헤드, 의미관련, 연장적 결합, 사영 기하학, 위상학

[화이트헤드와 함께]

1. 들어가는 말

정치인들이 가장 빈번하게 사용하는 단어 중에 하나는 국민과 '함께' 할 것이라고 하는 구호이다. '함께'는 달리 말해서 연대하자는 것이다. 연대와 소통은 이 시대의 중요한 덕목이자 화두이다. 오늘날 우리 사회는 경제와 교육, 및 사회 전반에서 소통의 중요성을 강조하지만, 극단적인 대립이 더 심화되고 있는 것을 목격하고 있다. 그것은 우리 사회뿐만 아니라 강대국들 간에서도 발생되고 있다. 환경문제와 경제문제라는 두 극단의 대립은 어느 하나도 소홀하게 다루는 것이 쉬운 일이 아니다. 중앙과 지방이라는 이분법도 여전히 우리 사회를 지배하고 있는 중요한 지점이기에, 과연 '함께'라는 단어를 사용하는 것이 가능한지를 묻지 않을 수 없다. 그렇다면 철학적 사유에서 '함께'라는 부사를 사용할 수 있는지를 생각해보아야 한다. 철학은 언제나 현실 속에서 사유되어야 한다는 점에서 그것은 우리에게 주어진 일종의 강제적인 과제라고 할 수 있다. 따라서 이 글의 목적은 화이트헤드의 '의미관련'(significanc)과 '연장적 결합'(extensive connection)이라는 개념을 통해 그와 같은 연대와 소통의 의미가 주어질 수 있는지를 살펴볼 것이다.

화이트헤드(A. N. Whitehead)의 인식론과 수학적 배경은 모든 존재들이 상호 의존적 관계, 즉 양태의 입장에서 볼 수 있음을 전개한다. 물론 현대 유럽 철학에서 대두된 현상학, 비판이론, 구조주의 역시 양태 혹은 관계의 입장을 주장하였다. 특이하게도 화이트헤드는 다른 철학자들과 달리 수학과 논리학 및 물리학을 철저히 섭렵한 후에, 자신의 철학적 사유를 전개하고 있다는 점이다. 우리는 그런 철학자를 찾아보기는 결코 쉽지 않다. 그는 철저한 수학 및 논리적 연구 후에, 자신의 사변철학을 전개한다는 점에서 다른 여타의 철학자들이 갖지 못한 독특한 특이성을 갖고 있다. 이것이 후학들에게는 그의 철학이 매우 어렵게 다가오게 하는 것이며, 계승하기도 쉽지 않다. 그의 이런 철학적 접근을 이해하는 방법은 화이트헤드 자신이 연구했던 초기의 작업과 후기의 연구의 관련성을 짚어보는 것이다. 우리는 이 글에서 화이트헤드의 인식론의 논의가 어떤 수학적 배경을 갖고 있는지를 검토해 볼 것이다.

화이트헤드는 서구에는 두 가지 우주론이 지배했다고 본다. 하나는 플라톤의 우주론이며, 다른 하나는 뉴턴의 우주론이다. 흥미로운 점은 양자 모두 수학 및 물리학과 밀접한 관련성을 띄고 있으며, 이를 비판하는 화이트헤드 역시 수학과 과학에 대한 철저한 논거를 통해 자신의 유기체 우주론을 제시하고 있다는 것이다. 그가 자신의 유기체 철학을 새로운 20세기의 우주론이라고 주장할 때, 그 배경에는 수학의 전개 과정과 맞물려 있다. 화이트헤드의 수학적 배경은 사영 기하학에 있으며, 그 이후에 전개되는 위상학과도 밀접한 관련이 있다.

그런 까닭에 화이트헤드의 철학적 개념, 특히 인식론과 그 기초가 되는 지각이론은 이해하는 것이 쉽지 않다. 그 이유 중의 하나는 그가 전개하는 논리학 및 수학적 배경을 잘 모르기 때문이다. 특히 그는 명사적인 사고 방식의 전형인 아리스토텔레스와 양을 중시하는 데카르트 및 뉴턴의 방식과는 다른 논리학 및 수학을 제시한다. 우리는 명사적 사유에 익숙하다. 명사는 일종의 대상이나 존재를 말하며, 그것은 대단히 정태적인 방식으로 사유하게 한다. 이에 반해 화이트헤드는 명사와 명사를 연결하는 접속사나 전치사의 사유를 주장하며, 그것은 매우 동태적인 양태적 방식이다. 따라서 이 글에서 우리가 화이트헤드의 수학적 배경을 다루는 것은 바로 그와 같은 동태적인 인식론적 사유의 구

[화이트헤드와 함께]

조의 조건을 이해하기 위함이다.

II. 흄은 뉴턴에게 어떤 영향을 받았는가?: 단순정위와 단순 인상

상화이트헤드에 의하면, 어떤 시대의 철학을 조망할 때는 그 사상가의 논조에만 집중해서는 안 된다고 한다. 왜냐하면 그 시대에 활동한 다양한 사상의 지지자들 전부가 무의식적으로 주장하는 근본 전제가 있으며, 그 전제는 너무나 명백해서 어떤 의심도 할 수 없다는 것이다. 다시 말해서 철학자들은 자신이 무엇을 전제하고 있는지도 모르면서 자신의 철학적 체계를 세운다는 것이다.[1] 화이트헤드가 근대를 뉴턴의 우주론이라고 부를 때, 그것은 뉴턴이 전제한 사유를 무의식적으로 수용한다는 것이다. 우리는 인과성에 대한 회의를 가져온 철학자인 흄 역시 그 예에 해당한다고 볼 수 있다. 칸트 역시 흄에 의해서 '독단의 선잠'에서 벗어났다는 점에서 예외가 될 수 없다.

흄은 자신의 『인성론』의 주제 중의 하나는, "이성의 실험적 방법을 도덕적 주제에 도입하려는 시도"라고 하며, 그는 인간의 본성은 "외부 물체의 본질과 마찬가지로 정신의 본질도 알 수 없다고 여기기 때문에, 신중하고 정확한 실험 그리고 상이한 여건과 상황으로부터 유래하는 개별적 실험 결과들에 대한 관찰 등을 제외한 다른 방식으로 정신의 능력과 성질에 관한 어떤 개념도 형성할 수 없다고 생각한다."[2] 이것은 결코 가설을 세우지 않고 오직 실험과 관찰을 통해서 추론을 전개한다는 뉴턴의 입장을 정신의 탐구에 그대로 적용한 경우라

---

1) 화이트헤드 지음, 오영환 옮김, 『과학과 근대세계』, 서광사, 1989, (이하에서 SMW로 약칭함), 71쪽.
2) David Hume, *A Treatise of Hume Nature*, Analytic Index by Lewis Amherst Selby-Bigge, with text revised and notes Peter H. Nidditch, Oxford: Clarendon Press, 1978.[2nd edition](이하 'T'로 약칭함), p. xvii.

고 할 수 있다.

> 흄의 철학적 프로그램이 뉴턴에게 지대한 영향을 받았다는 것은 일반적으로 인정되고 있다.…흄에 대한 뉴턴의 영향이 무엇인가를 이해하는 일은 흄의 철학을 전체적으로 이해하는 열쇠가 된다.…또한 그것은 흄이 『인성론』을 그러한 방식으로 구성하게 되었는가를 설명해줄 수 있을 것이다. 마지막으로 그것은 흄의 철학에 관한 여러 가지 오해를 바로잡기 위한 기초가 될 것이다.3)

그렇다면 흄은 뉴턴에게 어떤 영향을 받았는가? 그것은 흄의 철학을 전체적으로 조망하는데 중요한 열쇠가 된다. 흄은 뉴턴의 물질 세계의 개념인 물질, 시간, 공간을 그대로 수용하며, 그것은 수리-논리적으로는 시간의 순간(instants), 공간의 점들(points), 물질의 입자들(particles)로 구성된다. 화이트헤드는 이것을 '고전 개념'(classical concept)이라고 부르며, 그 개념들의 근원은 "그리스에서 도출된 기하학이며, 공간의 단순 요소들은 점이며, 과학은 점들 사이의 관계의 연구"4)라고 부른다. 이 고전 개념에서 공간의 점, 물질의 입자, 시간의 순간은 상호 배제적인 존재들이다. 화이트헤드는 이 물질 세계의 개념은 "점적 개념"(Punctual concepts)이라고 한다.5) 뉴턴의 우주론은 상호 무관한 이 세 가지 개념에 의해 구성된 것이다.

---

3) Nicholas Capaldi, *David Hume: the Newtonian Philosopher*, Boston: Twayne, 1975, p. 49.
4) A. N. Whitehead, "On Mathematical Concepts of the Material World", *Philosophical Transactions of The Royal Society of London*. Ser. A, 205(1906), 465-525. (이하 'MC'로 약칭함), p. 467.
5) 'MC', p. 475 참조.

"점들은 이 관계들의 장의 구성원으로 나타난다. 이때 물질(공간을 점유한 궁극적인 질료)은 그 최종적인 분석에서, 비록 그것이 연속적이라고 하더라도, 입자라고 불리는 존재들로 구성되며, 이것은 한 입자가 점을 점유한다고 표현된 관계들에 의해 점들과 결합한다. 따라서 물질은 단지 이 점유관계의 구성원의 일부로서 나타나며, 다른 부분은 공간의 점과 시간의 순간들로 구성된다. 따라서 '점유'는 물질의 입자, 공간의 점, 시간의 순간 사이에서 각각의 특수한 사례를 유지하는 삼중적인 관계이다. 이 물질 세계의 개념에 따르면, 우리는 이것을 고전개념이라고 부르며, 궁극적인 존재자들의 클래스는 상호 배제적인 세 개의 클래스 구성된다. 즉 공간의 점들, 물질의 입자들, 시간의 순간들이다."[6]

이와 같은 뉴턴의 우주론이 아름다운 논리적 구성물이라고 하더라도, 그것을 통해서는 **변화**를 충분히 설명할 수 없다. '시간의 순간'으로는 변화나 관계를 충분히 논증할 수 없는 한계가 있다는 것이 화이트헤드의 입장이다. 그것은 과학과 일상적 경험을 모두 만족시킬 수 없다는 것이다.

"우리가 오직 공간의 불변하는 세계의 고려에만 한정한다면, 고전 개념보다 더 아름다운 것은 없다. 불행하게도 그것은 그 완전한 개념이 적용되어야 할 곳은 변화하는 세계이며, 이 단계에서 변화를 제공할 필수적인 요소를 고전 개념에 도입하면, 조화롭고 완전한 전체는 손상당할 것이다. 시간의 순간이 본질적인 관계의

---

6) 'MC', p. 467.

전체의 구성원들이 아니기 때문에 시간관계와 본질적인 관계는 어떤 접촉점도 없다."7)

"우리의 유일한 목적은, 현재 우리의 감각 지각에서 참인 것으로 받아들여지는 제한된 명제의 수의 일부와 일관되지 않은 개념들을 드러내는 것이다."8)

화이트헤드는 뉴턴에 의해 제시된 '공간의 점'과 '시간의 순간'을 '단순정위'(simple location)라고 부른다. 즉, 뉴턴은 각각의 독립된 물질은 다른 물질 부분과의 관련없이 충분히 기술될 수 있다고 본다. 예컨대 돌은 과거나 미래와 연관하지 않고도 충분히 기술하고 있다는 것이다. 즉 "그것은 전적으로 현재의 순간 속에 구성되어 있는 것으로 충분하고도 완전하게 파악될 수 있다" 9)는 것이다. 그것은 데카르트에게서 비롯되는 실체적인 주관의 사유를 물리학에 그대로 전환한 것이다.

한편 흄에게 인식론의 출발점은 '단순 인상'과 '단순 관념'이며, 이를 통해 복합 관념이 파생되는 것이다. 그에 따르면, "단순 관념들은 단순 인상들로부터 유래하고, 이 단순 인상들은 단순 관념들에 대응하며, 단순 인상들을 정확하게 재현한다는 명제" 10)라고 한다. 그는 우리의 모든 경험의 출발점은 그와 같은 단순 인상과 관념에서 비롯된다고 본다. 그렇다면 원인과 결과를 설명하는 인과성, 즉 관계라는 관념은 인상에서 나올 수 있는 것인가? 그것은 근대 과학의 중추적인 역할

---

7) 'MC', p. 469.
8) 'MC', p. 468.
9) 화이트헤드 지음, 오영환 옮김, 한길사, 1996, p. 156.
10) 'T', p. 4.

을 한 귀납적 추론의 정당성에 관한 물음이라고 할 수 있다. 흄은 다음과 같이 주장한다.

"이와 같이 원인과 결과에 있어서 본질적인 것은, 인접과 계기라는 두 관계를 발견하거나 가정한다면, 나는 내가 원인과 결과라는 단 하나의 사례를 고찰하는 데서 멈추고 더 이상 고찰할 수도 없다는 것을 깨닫는 것이다. 어떤 물질의 운동은 다른 물체의 운동 원인의 충격으로 간주된다. 주의력을 최대한 집중하여 이 대상들을 고찰해보면 우리가 발견할 수 있는 것은 하나의 물체가 다른 물체에 접근하여, 그 물체의 운동은 다른 물체의 운동에 대해 감지할 수 있는 간격도 없이 선행한다는 것뿐이다."11)

따라서 연기와 불꽃의 관계는 흄의 실험적 추론을 통해서는 공간적인 인접과 시간적인 계기에 지나지 않는 것이며, 단지 항상적 결부에 따른 결과이다. 흄은 필연적인 원인은 있을 수 없으며, 단지 "과거의 인상을 단순히 반복하는 것에서, 또 무한히 반복하는 것에서조차도 필연적 연관 같은 새로운 근원적 관념은 결코 발생하지 않을 것이다." 12) 라고 주장한다. 따라서 우리가 두 대상의 항상적 결부를 통해 믿게 되는 인과적 결합은 단지 인간의 상상력에 따른 부수적인 흔적이라고 한다.

"정신이 한 대상의 관념이나 인상으로부터 다른 대상의 관념이나 신념으로 이행할 수 있는 것은 이성에 의한 것이 아니라, 그것들

---

11) 'T', pp. 76-77.
12) 'T', p. 77.

을 상상력 속에서 연합시키고 연결시키는 어떤 원리에 의한 것이다."13)

그는 원인과 결과라는 인과적 필연성은 "전적으로 과거의 모든 사례들에서 둘 이상의 대상들의 결합을 경험한 영혼에 속해 있다"14)고 주장한다. 그래서 그는 우리가 하는 모든 추론은 "오직 습관에서 발생하며, 습관은 거듭된 지각들의 결과일 뿐이므로, 습관과 추론을 지각의 넘어서 확장하는 것"15)은 잘못이라고 본다. 그렇다면 흄이 도달한 인식론과 귀납적 추론의 출발점은 어디인가? 그것은 흄이 절대적으로 믿고 있는 감각인 '단순 인상'이다. 그것은 물질을 재현하는 가장 기본적인 경험의 출발점이다. 그가 재현하는 물질은 그 순간에 머물고 있는 것이며, 화이트헤드가 뉴턴의 시공간이라고 보는 '단순정위'된 것이다. 흄은 뉴턴이 전제한 이와 같은 시공간을 전적으로 확신했다. 따라서 흄은 단순정위된 물질을 재현하는 것을 단순인상이라고 부르는 것이다. 흄은 다음과 같이 단순정위에 해당하는 시간을 자신의 책에서 상세하게 진술한다.

"시간은 공존하지 않는 부분들로 구성되어 있다. 그런데 변치 않는 대상은 공존하는 인상을 낳을 뿐이다. 그러므로 불변의 대상은 시간관념을 제공할 수 있는 그 어떤 것도 낳지 않는다. 따라서 시간 관념은 가변적인 대상들의 계기에서 오는 것임이 틀림없다. 또 시간이 처음부터 이러한 계기와 무관하게 출현한다는 것은 전적으로 불가능하다."16)

---

13) 'T', p. 92.
14) 'T', p. 166.
15) 'T', p. 98.

[화이트헤드와 함께]

　　이것은 물질 조각이 어떤 한정된 점과 같은 순간에 있음을 의미한다. 20세기 프랑스의 철학자 베르그손(Bergson)이 근대 철학은 실재를 '공간화' 했다는 비판은 바로 이와 같은 사유와 관련이 있다. 이것은 흄이나 뉴턴의 방식만은 아니라 바로 근대 철학의 시작을 알리는 데카르트 역시 존속을 "순간적인 사실들의 단순한 계기" 17)에서 보았다.

> "사물의 지속의 본성이나 시간의 본성은 다음과 같다. 시간이나 지속의 부분들은 서로 의존해 있지 않으며 또 결코 동시에 존재하지도 않는다. 따라서 만일 어떤 원인, 즉 당연히 우리를 처음 만들었던 바로 그 원인이 우리를 마치 재창조하듯이 계속 보존하지 않는 한 우리가 지금 존재하는 것으로부터 우리가 눈 깜박할 사이의 최단 시간 후에도 계속 존재하게 된다는 것이 귀속되지 않는다." 18)

　　그렇다면 데카르트, 뉴턴, 흄이 이와 같은 방식으로 시간이나 운동을 볼 수밖에 없었던 이유는, 역설적으로 그 시대에 항해나 포의 운동을 설명하는데 핵심적인 역할을 한 데카르트가 창시한 좌표 기하학에서 비롯된다. 좌표 기하학은 모든 운동을 수를 통해 대체할 수 있기 때문에, 각각의 수는 모든 운동을 정확한 좌표에서 순간적으로 포착할 수 있다. 예컨대, 원의 반지름이 5라고 하자. 점 P는 곡선상의 임의의 점이며 x와 y가 그 좌표가 된다고 하자. 그러면 유클리드 기하학의 피타

---

16) 'T', p. 36.
17) 화이트헤드 지음, 오영환 · 문창옥 옮김, 『열린 사고와 철학』, 고려원, 1992, p. 199.
18) 데카르트 지음, 원성역 옮김, 『철학의 원리』, 아카넷, 2002, p. 23.

고라스의 정리에 따르면, 직각 삼각형의 두 변의 제곱의 합은 빗변의 제곱의 합과 같다. 따라서 다음과 같은 공식이 성립된다. $x^2+y^2=25$. 이 관계는 곡선상의 모든 점에 적용된다. 다시 말하여 각 점의 x와 y는 $x^2+y^2=25$가 된다. (3, 4)의 좌표를 가진 점은 원 위에 있게 되는데, $3^2+4^2=25$이기 때문이다. 그 이외의 좌표의 수는 그 등식을 만족시키지 못하기에 성립되지 않는다.[19]

이것은 원을 수를 통해서 이해할 수 있는 획기적인 발견이며, 이를 통해 전체를 부분으로 쪼개서 환원해서 볼 수 있게 된다. 차후에 이것은 외적 관계를 통해 운동을 성립하는 방식이 되며, 기계론 철학의 핵심적인 근거로 자리를 잡는다.

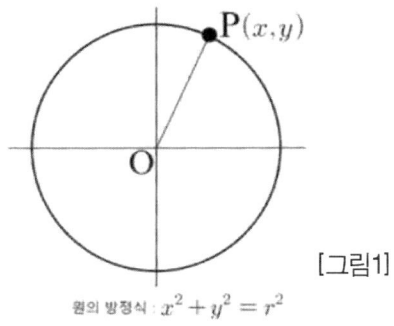

[그림1]

원의 방정식 : $x^2+y^2=r^2$

따라서 데카르트 좌표 기하학은 뉴턴의 미적분에 의해 완성되면서 양을 통해 모든 운동과 시간을 측정할 수 있는 사유가 탄생하게 된다. 사실 흄은 뉴턴이 완성한 시공간에 대한 이해를 경험 세계에 그대로 적용한 것이라고 할 수 있다. 화이트헤드가 말한 추상성을 구체성으로 오인한 잘못을 저지르게 된다. 그 결과 인과성이라고 하는 것은 인간의

---

[19] 모리스 클라인 지음, 박영훈 역, 『수학, 문명을 지배하다』, 경문사 2016, pp. 241-242.

[화이트헤드와 함께]

상상력에서 비롯된 것이라는 주장이 나온다. 화이트헤드에 따르면, "물리학에 적용된 데카르트적 주관주의는, 단지 외적 관계만을 갖는 개체적 존재로서의 물체에 관한 뉴턴의 가설"[20]이 되었다. 이것이 '외적 관계'로 사물을 보는 실체주의라는 유령이 근대에 출몰하게 되는데 결정적인 역할을 한다.

역설적으로 흄은 근대 수학과 물리학을 경험 세계에 적용했을 때, 어떤 문제점이 발생하는지를 정확하게 이해한 것이다. 다시 말해서 뉴턴이 제시한 단순정위된 시간이론을 경험의 출발점인 단순 인상에 적용했을 때, 인상들 사이의 어떤 관계도 설명할 수 없다는 어려움에 봉착한다는 것을 그는 이해한 것이다. 이것이 칸트를 '독단의 선잠'에서 깨우고, 선험철학으로 독일관념론이 진행하는 시작점이 된다. 화이트헤드에 따르면, 흄의 인식론은 데카르트에서 시작해서 뉴턴으로 완성되는 근대 수학과 물리학의 정량적 방식을 계승한 것이라고 할 수 있으며, 화이트헤드는 흄이 뉴턴의 광학을 통해 자신의 인식론을 구성한 것을 다음과 같이 표현한다.

"흄은 이렇게 쓰고 있다. '그러나 감관이 나에게 전해주는 것은 어떤 특정한 방식으로 배치되어 있는 채색된 점들의 인상에 지나지 않는다. 만일 눈이 그 이상의 어떤 것을 느낀다면, 내게 그것을 지적해 주기 바란다.' 그리고 또 다음과 같이 쓰고 있다. '광학의 저자들이 널리 승인하고 있는 바와 같이, 언제나 눈은 동일한 수의 물리적 점들을 보고 있으며, 산의 정상에 있는 사람의 감관에 나타나는 심상은 그가 지극히 비좁은 마당이나 거실에 유폐되어

---

20) A. N. Whitehead, *Process and Reality*, eds, David Ray Griffin · Donald W. Sherburne, New York: The Free Press, 1978.(이하 PR로 약칭함), p. 309.

있을 때의 심상과 똑같은 크기를 갖는다.'"21)

따라서 흄의 인식론은 당대의 물리학, 특히 뉴턴의 과학철학을 적극적으로 수용한 결과라고 할 수 있다. 결국, 감각 경험을 출발점으로 삼는 흄의 경험론 역시 뉴턴 물리학의 전제를 무의식적으로 수용해서 빚어진 인식론을 통해 인과성에 대한 회의에 도달할 수밖에 없었다. 이것은 운동이나 변화를 설명할 수 없는 '점'을 전제로 하는 수학을 근거로 하기 때문에 발생하는 것이다.

그러나 화이트헤드에 따르면, "우리가 '점'에서 사는 것이 아니라, 지속 속에서 살고 있다" 22) 한 순간에 존재하는 '철'과 '생물학적 유기체'는 존재하지 않으며, 기능하기 위해서는 반드시 일정한 주기의 시간이 필요하다. 다시 말해서, "한 순간에 있는 철과 같은 것은 없다. 철이라는 것은 한 사건의 성격" 23)이다. 마찬가지로 추상적인 물리학에서도 어떤 입자 P가 한 점 Q에 있다고 가정해보자. 단순정위로 표현하면, 점 Q에 P는 P이다. 이것은 동일성의 철학에서는 자명한 말이다. 그러나 단순정위된 P와 같은 물질은 없다. P가 의미를 갖기 위해서는 P가 다른 입자들 P′, P″ 등등과 어떤 관계를 가지고 있는 것이다. 그것은 점 Q에 관계 군으로 자리를 잡는 가능태이다.24) 물질은 사건 입자의 궤도에서 한 순간에서 차지하는 위치일 뿐이라는 것이다. 우리는 현대 물리학이 물질을 버리고 사건(시공간물질의 통합)으로 전환된 것을 잘 알고 있다.

---

21) 'PR', pp. 237-238.
22) A. N. Whitehead, *Interpretation of Science*, eds, A. H. Johnson, New York: Bobbs-Merrill Co, 1961, p. 93.
23) A. N. Whitehead, *An Enquiry Concerning the Principles of Natural Knowledge*, Cambridge: Cambridge University Press, 1919,(이하에서 PNK로 약칭함), p. 23.
24) 'PNK', pp. 4-5.

[화이트헤드와 함께]

"현대 물리학은 '단순히 위치를 점한다'는 학설을 포기하였다. 별, 행성, 물질의 덩어리, 분자, 전자, 양자, 에너지의 양자 따위로 부르는 물리적 사물이라는 것은, 각각 그 전 영역에 걸쳐 시공 속의 변용으로 이해되어야 한다. …물리학에 있어 사물 자체는 그 사물이 행하는 것에 지나지 않으며, 그 사물이 행하는 것은 이처럼 발산하는 영향의 흐름인 것이다. 또한 그 초점적 영역은 외적 흐름과 분리될 수 없다. 이는 순간적 사실로 간주되기를 한사코 거부한다.…만일 문제의 물리적 사물의 존재의 완전한 사례를 생각해 보고자 할 때, 우리는 공간의 일부분이나 시간의 한 순간만으로 한정시킬 수 없는 것이다. 물리적 사물이란 공간들과 시간들의, 또 그러한 시간들 속의 공간들에 있어서 조건들의 어떤 조정이며, 그러한 조정은 수학적 관계로 표현될 수 있는 어떤 일반적 규칙의 한 예증사례라는 것이다."25)

따라서 화이트헤드에게는 우리가 에너지를 물질의 기초 개념으로 삼는다면, "근원적 요소 하나하나는 진동하는 에너지 흐름의 유기적인 체계가 될 것"26)이며, 이 요소들 하나하나는 "일정한 주기"27)가 있으며, "더 이상 분할 될 수 없는 어떤 최소량의 에너지"28)가 있다는 것이다. 그것은 마치 음악에서 음색이 순간이 아니라 주기를 통해 표현되는 것과 마찬가지이다. 그렇다면 화이트헤드는 물질 세계를 이해하는 '수학적 관계'로 어떤 것을 염두에 두고 있을까? 화이트헤드는 점이

---

25) 화이트헤드 지음, 오영환 역, 『관념의 모험』, 한길사, 1996, pp. 256-257.
26) 'SMW', p. 53.
27) 'SMW', p. 53.
28) 'SMW', p. 188.

충분히 운동을 설명할 수 없는 수리-논리적인 개념이라면, 새로운 개념을 찾을 필요가 있다고 본다. 그는 관계 및 연결을 설명하기 위해서 사영 기하학을 통해서 이루어진 '선'의 정의를 추구할 필요가 있다고 생각했다.29)

III. 점에서 선으로: 부분과 전체

수학이란 무엇인가? 화이트헤드에 따르면, 수학은 인간 정신의 가장 독창적인 산물이며, 이성을 통해서 사물들 사이의 관계를 명확히 이해하는데 핵심적인 역할을 한다.30) 화이트헤드는 그런 점에서 수학 연구는 "인간 정신의 신적 광기"31)에 가까우며, 셰익스피어의 비극 작품 중의 하나인 『햄릿』의 여주인공인 '오필리아'의 역과 거의 비슷하다고 본다. 하지만 그런 광기와 같은 몰입을 요구하는 수학 역시 시간의 흐름과 함께 변화해 갔다. 수학 역시 근대 수학의 중심적인 연구영역이었던 수, 양, 기하학에서 '질서'와 '논리적 관계'32)의 연구로 확장된다. 이것은 매우 중요한 방향 전환이다. 흄에 의해 제기된 '점' 혹은 '양적' 수학의 한계를 비판적으로 극복할 수 있는 단초를 제공하는 것이다. 우리가 이 장에서 다룰 '점'에서 '선'으로 가야하는 근거를 제시하는 것이다.

우리는 화이트헤드의 '사영 기하학'33) 논문과 '물질 세계의 수학적 개념들에 관해서'(MC)에 주목할 것이다. 특히 MC는 사영 기하학의 공

---

29) 'MC', p. 477.
30) 'SMW', p. 47.
31) 'SMW', p. 48.
32) 'SMW', p. 52.
33) A. N. Whitehead, *The Axioms of Projective Geometry*, Cambridge Tracts in Mathematics and Mathematical Physics, Cambridge: Cambridge University Press, 1906, New York: Hafter Publishing Co, 1971.(이하에서 APG로 약칭함)

리를 변화하는 물질 세계에 적용하기 위해서 몇 가지 개념을 추가한다. 특히 그는 MC의 논문에서 '교점 이론'(inter-points)을 통해 사영 기하학의 단점을 보완하는 공리를 제시한다. 우리는 이를 통해서 화이트헤드가 자연철학과 형이상학 시기에 제시하는 인식론의 기초가 되는 지각론과 인과성에 대한 그의 입장을 이해할 단초를 얻을 수 있다.

한편 계량적인 방식이 아니라 비계량적인 방식으로 수학을 연구한 대표적인 인물이 라이프니츠였다. 그는 정량적 입장이 아니라 정성적 혹은 성질의 관점에서 수학을 연구했다. 그것은 화이트헤드가 앞에서 말한 '질서'와 '논리적 관계'의 방식이라고 할 수 있다. 원 운동에 대한 데카르트의 방식과 어떤 점에서 다른지를 간단히 검토한 후에, 화이트헤드의 선에 대한 입장으로 넘어가보자. 이것은 '부분'과 '전체'에 대한 유기체의 입장을 보여주는 수학적 배경이라고 할 수 있다.

라이프니츠는 『보편 수학』에서 정량적 수학과 구별된 정성적 수학을 탐색했다. 그는 정량적인 크기나 수보다는 결합이나 연결 형성이 더 원초적이라고 보았다. 이것은 기하학의 전개과정과 밀접한 관련이 있다. 그는 데카르트의 좌표 기하학과는 다른 방식으로 기하학의 질서를 표현하고자 했다. 데카르트에게 원함수는 $x^2+y^2=r^2$을 의미하며, 피타고라스 정리를 사용해서 원 운동을 외부에 존재하는 좌표계를 통해 양적으로 환원할 수 있었다.

그러나 라이프니츠는 원함수는 ABC 8 ABY를 의미하며, 이는 거리 관계들이 점들을 매개로 내적으로 결정될 수 있다고 한다. 그것은 외부의 좌표계를 끌어들이지 않고서 고정되고 변화하는 점들의 합동을 통해 충분히 결정될 수 있다. 예컨대, 줄의 양 끝을 각각 A와 B라고 할 때, 이들은 줄의 길이를 통해 서로 고정된 거리 관계를 유지하고, 줄의 정중앙인 점 C를 손가락으로 잡아 약간 바깥쪽으로 끌어내면, 점 C는 점 A와 B각각에 대해 고정된 거리 관계를 맺는다. 이제 점 C를 움직일 수 있는 범위 내에서 움직여 보면, 우리는 그 움직임이 점 AC와 BC의 거리가 고정된 상태에서 단지 원의 형태에서만 움직일 수 있음을 확인할 수 있다. 그러면 점 C는 주어진 조건에서 단지 원의 형태로 움직이며, 그 줄은 여러 위치로 움직이지만, 결국 그 관계들은 점 C의 운동 가능성에 의해 제한받는다.34)

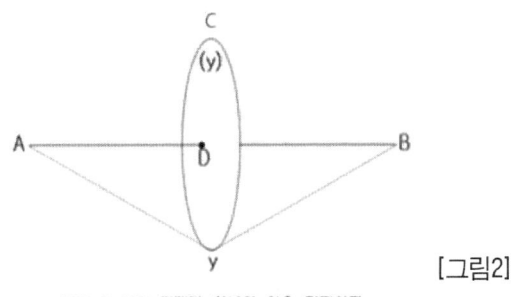

[그림2]

ABC 8 ABY 관계가 하나의 원을 결정한다.

라이프니츠는 점들의 위치 관계가 내적인 관계에 의해 결정되는 것으로 본다. 이 기하학은 운동의 가능성을 공간의 관계 전체에서 말할 수 있게 되며, 그것은 점들 자체의 내적 관계에 의해 제한되는 운동을 보여준다. 이와 같이 그는 자신의 '위치 분석'을 통해 '선형적인 인과 관계'가 아니라 '전체적 배열 관계'를 내포하는 유기체적 국면을 제시한다.35) 우리는 라이프니츠의 이런 원운동에 대한 설명을 어린 시절 여자 아이들의 고무줄 놀이를 통해서 볼 수 있다. 두 명의 아이가 양 끝을 잡고 있고, 한 아이가 중앙에서 고무줄을 늘이고 줄이는 과정

---

34) 슈테판 귄첼 엮음, 마리-루이제 호이저 지음, 이기흥 역, 『토폴로지』, 에코리브르, 2010, p. 249-252 참조.
35) Ibid., p. 250-251 참조.

을 통해서 무제한의 원운동을 만들어 내는 것을 엿볼 수 있었다. 구경하는 아이들은 그 고무줄 놀이를 어떤 방향에서 보든, 일정한 원 운동이 지속되고 있음을 볼 수 있다. 이것은 화이트헤드가 의미하는 '사영성'(projectivity)의 정의와 거의 동일하다.

"두 도형이 단 하나의 사영에 의해서 하나가 다른 하나로 도출될 수 있을 때, 그것들은 '전망'(perspective) 속에 있다고 말할 수 있으며, 두 도형이 전망적 변환의 유한 계열에 의해 하나에서 다른 하나로 도출될 때, 그것들은 '사영적으로' 관계된다고 말할 수 있다."36)

17세기 우주론은 외연량에 의해 측정된 시공간 관계를 '구체적인 경험'을 설명하는 유일한 방식으로 보았으며, 그런 까닭에 고립되고 분리된 점을 통해 운동을 설명할 수밖에 없었다. 화이트헤드가 볼 때, 고대와 근대 우주론에서 진리의 보증 수표는 유클리드 기하학의 공리들이다. 유클리드 기하학에서 가장 원초적인 존재는 '점'이다. 이 '점'은 모든 공리가 도출되어 나오는 근본적인 것이며, 근대 우주론, 특히 뉴턴이 시공간을 외연량으로 본 것에 결정적인 역할을 한다. 하지만 미분과 적분을 통해 운동과 시간을 측정하는 '외연량'은 하나의 구성물이라는 사실이 오늘날 밝혀졌다.37) 여기서 외연량은 측정과 연관되며, 그것은 어떤 체계에서 '합동'(congruence)이론을 사용함에 따라 달라진다. 화이트헤드는 측정과 무관한 비계량이 계량에 앞서 존재하는 것을 주장한다. 이것은 수학의 역사가 유클리드 기하학, 아핀 기

---

36) 'APG', p. 16.
37) 카르납 지음, 윤용택 옮김, 『과학철학입문』, 1993, pp. 229-238 참조.

하학, 사영 기하학, 위상학으로 전개되는 것과 관련이 있다. 근대 우주론을 대표하는 뉴턴의 물리학이 계량적인 속성에 초점을 맞춘 것이라면, 화이트헤드의 유기체 우주론은 비-계량적인 특성에 의해 전개되었다고 할 수 있다.38)

"기하학이 계량과 아무 관계 없이-따라서 거리와도 아무 관계 없이, 그리고 점의 위치를 수량적으로 가리키는 좌표와도 아무런 상관없이-전개될 수 있다는 것은 잘 알려진 사실이다. 이렇게 전개되는 기하학은 '비계량 사영 기하학'이라고 불린다. 다른 곳에서 나는 '교차 분류학'이라고 이름을 붙인 바 있다. 아리스토텔레스의 분류학은 유, 종, 아종으로 분류하는데, 이것은 서로 배제시키는 분류법이다."39)

화이트헤드가 언급하는 '교차 분류학'(cross classification)이라는 개념은 "사영 기하학의 공리"(The Axioms of Projective Geometry)에서 적고 있다. 그는 이 논문에서 "점들은 존재들의 클라스를 형성"40) 하며, 즉 사영 점(projective point)을 직선들의 다발로 간주하는 공리를 제시하며, 점이 곧 직선이며, 직선이 곧 점이라는 방식을 전개한다. 특히 점들의 순서를 보존하는 조화 공액(harmonic conjugates)에 대한 사영 기하학의 특성을 밝힌다. 게다가 화이트헤드가 연장적 결합에서 "선형적 신장에서 점들의 순서에 대한 개념은 '사이' 개념의 정의를 통해서 정교화될 수 있다"41)고 하면서 위상학의 특성 역시 언급을

---

38) 김영진, "칸트와 화이트헤드의 시간론", 『화이트헤드 연구』, 제 13집, 2006, pp. 109-111.
39) 화이트헤드 지음, 오영환 옮김, 『관념의 모험』, 한길사, 1996, pp. 230-231.
40) 'APG', p. 7.
41) 'PR', p. 301.

한다. 예컨대 다음과 같은 예를 생각해 보자.

예를 들자면, 두 가지 결합된 점들 사이의 거리 관계는 (ABCD)에서 (A'B'C'D')까지 비일정하다. 즉 (AB)≠(A'B'), (CD)≠(C'D')이다. 유클리드 기하학에서는 길이, 각, 형태가 동일해야 똑같다고 하지만, 이 삼각형들은 각과 길이가 동일하지 않다. 그러나 그 그림에서 보면, 크기, 길이나 비율은 다르지만 크기와 유형에 관계없이 등가적인 사영 기하학의 특성이다. 여전히 그것은 점, 선, 면이 등가적으로 연관되어 있다. 특히 구조적으로 (ABCD)는 (A′ B′ C′ D′)에서 B는 A와 C사이에 있듯이, B′는 A′와 C′ 사이에 여전히 있으며, A′는 B′와 D′ 사이에 있으며, A′는 직접적으로 B′와 D′ 양자와 결합되어 있다.[42] 이것은 위상학의 이중연속적인 변환과 밀접한 관련이 있다.

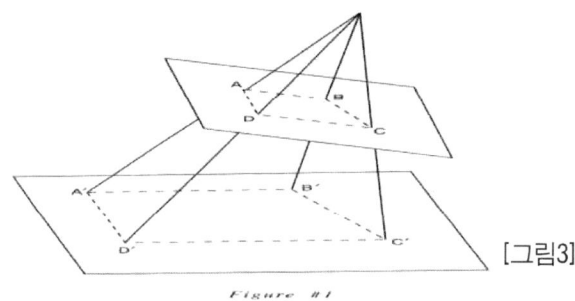

[그림3]

이와 같은 사영 기하학의 연구와 더불어 화이트헤드는 "물질 세계의 수학적 개념들에 관해서" (MC)의 논문을 발표한다. 이 논문은 사영 기하학의 공리를 넘어서 위상학의 공리와 매우 가까운 측면을 드러낸다. 이 논문은 I-V로 구성되어 있다. I-IIIb는 점이 기본적인 관계항의 역할을 하는 것을 분석하며 주로 뉴턴의 시공간에 대한 비판을 담고

---

42) 키튼 지음, 김영진 옮김, 『느낌의 위상학』, 이문, 2018, p. 53 참조.

있다면, VIa-V의 내용은 선이 관계항의 역할을 하는 것으로 사영 기하학의 공리와 벡터 공리를 더한 새로운 이론을 전개한다. 점이 아니라 선에서 출발한다는 것은 세계가 이미 관계되었다는 것을 전제로 하는 것이기에, 관계를 어떻게 할 것인지에 대한 인식론적 어려움에 봉착하지 않는다. 이것은 우주론의 차이를 만든다.

MC의 개념 VI와 V의 공통적인 특성은 선형적이며, 점들은 단순한 선형적 존재들의 집합이며, 그것은 선을 통해서 물리적 실재를 찾는 것이다. 화이트헤드는 본질적 관계는 R:(abcdt)라고 정의하며, 이것을 하나의 통일된 단위라고 본다. 즉 "a는 순간 t에서 b, c, d 교차하는 것"[43])으로 정의된다. 그래서 점 a와 다른 점들의 관계들은 집합 혹은 직선들의 다발로서 기술될 수 있으며, 그 관계들은 점 a와 다른 점들 간의 결합 혹은 연결로 표시한다.

하지만 이 관념은 앞에서 설명한 사영 기하학의 관념에서 사용된 것이다. 사영 기하학에서 사영 점은 직선들의 클래스로 보기 때문에, 점과 선은 순환적이다. 이 정의는 사영 기하학에서는 전혀 문제가 없는 공리이지만, 물질 세계에서 운동을 이해하는데는 어떤 문제가 생겨난다. 그것은 고전 개념(점)에서 선을 점으로 분석할 수 있듯이, 운동을 하나의 통일체로 보는 것이 아니라 쪼개어서 볼 수 있다는 환원론적 입장에 빠질 수 있다. 화이트헤드는 이런 문제점을 벗어나기 위해서 "교점이론"(the theory of interpoints)을 MC에서 제시한다. 교점 이론에서 제시하는 네 가지 공리는 이후의 자연철학과 형이상학에서 운동과 변화를 설명하는데 중요한 열쇠를 가진다. 우선 네 가지 공리를 설명하기 전에, 1.41의 공리를 살펴보면,

---

43) 'MC', p. 41.

[화이트헤드와 함께]

"1.41 Intpnt HρR.은 만약 A가 순간 t에서 교점이며, a가 A의 구성원이라면, A는 R:(a???)의 구성원이다. 기호로는 Intpnt HρR. =: A∈ intpntRT . a ∈A. ⊃a. A. t . A ∈ R:(a ??? t) Df."[44]

이 공리는 모든 존재가 선형적 다발로 구성되어 있음을 밝히는 것이다. 예컨대, 만약 A가 시간 t에서 교점이라면, a가 A의 구성원이며 임의의 존재라면, A는 교점 관계 R:(a???t)의 구성원임을 의미한다. 직선의 다발로 구성된 A는 그 중의 하나를 a라고 부를 수 있다. 이 모든 직선들은 교점 A에서 발생한다. 이것은 직선들이 점들로 구성되어 있다는 개념에 이른다. 우리는 직선에서 임의의 점을 고를 수 있으며, 그것을 직선의 대표로써 사용할 수 있다. 화이트헤드는 한 점은 언제나 직선들의 다발이라고 본다. 운동이 교점에서 수행될 때, 교점을 구성하는 선형 존재들이 중요하다.

우리가 대상이나 사물이라고 부르는 것은 책상을 A라고 하자. 하지만 그것은 하나의 한정된 점과 같은 요소가 아니라 직선들의 다발로 한정된다. 책상은 만들고, 사고, 파는 다항적 느낌의 맥락이다. A는 그 다발 속에 있는 각각의 직선들에 의해 나타나는 방향의 연접 혹은 결합이다. 점 A는 그 다발의 구성원들 중의 어떤 것에 의해서도 표현될 수 있다. 왜냐하면 각각의 구성원이 A를 포함하기 때문이다. 우리가 A에 이르기를 원한다면, 그 직선들의 다발 속에 있는 임의의 개별적인 직선 중에 하나만을 골라도 어떤 '장소'에서 A와 마주할 수 있다. 책상을 파는 사람은 만든 사람과 산 사람을 알 수 있다. 이때 점과 같이 보이는 책상은 직선들의 다발이다. 이와 같이 방향이 정해진 책상과 같은 선형 존재들은 교점이다. 선형 존재 a라는 직선은 일정한 수렴의

---

44) 'MC', p. 22.

방향을 갖는다. 다시 말해서 a는 다른 세 가지 선형 존재들 b, c, d를 교차한다고 말할 수 있다. 따라서 R:(a???t)는 각각의 존재는 동등성과 위치를 의미하며, 각각의 선형 존재는 교점에서 방향이 정해진 행로를 갖고 있다고 말할 수 있다. 이것은 사영 기하학이 갖는 점과 선의 순환성을 극복하는데 중요한 기능을 한다. 다음에 교점이론의 네 가지 공리는 다음과 같다.

"1. 51 αHρR. 은 a가 R(a,·,·,·,t)의 구성원이 아니다. 기호로는, αHρR=. (a, t). a∞∈ R:(a, ...t) Df. 1.52 βHρR.은 R:(abcdt). ⊃. R:(adcbt)을 함축하는 진술이다. 기호로는 βHρR = . :(a, b, c, d, t) : R:(abcdt). ⊃. R:(adcbt)   Df. 1.53 γHρR.은 R:(abcdt). ⊃. ∞R:(acdbt) 일관적이지 않다는 진술이다. 기호로는 γHρR= . :(a, b, c, d, t) : R:(abcdt). ⊃. ∞R:(acdbt)   Df. 1.54 δHρR.는 R:(abcdt)가 b와 d가 별개라는 것을 함의하는 진술이다. 기호로는 δHρR= . :(a, b, c, d, t) : R:(abcdt). ⊃. b≠d   Df."[45]

각각의 공리를 간단히 정리해 보면, 1. 51공리에서 "a라는 것은 R:(a???t)의 구성원이 아니라고 한다." 'a'는 대표치를 의미하지, 결정된 방향성을 말하지는 않는다는 것이다. 그는 a보다는 그 이후에 전개된 b→c→d 사이의 결합성을 정초하기 위한 것이다. 이 방향은 유클리드가 의미하는 직선과는 무관하다. 그런 점에서 A속의 a는 대표가 아니다. 그것은 A의 하나의 구성원일 뿐이다. 그래서 화이트헤드는 'a∞' 라고 한다.

---

[45] 'MC', pp. 22-23.

[화이트헤드와 함께]

    1.52의 공리는 조화 공액(harmonic conjugates)의 의미한다. 이것은 사이성의 존재를 의미하는 사영기하학에 대한 정의라고 할 수 있다. 사영 직선에서 점들의 순서는 두 개(혹은 한쌍)의 점들의 존재에 의해서만 확고하게 결정된다. 사영 직선은 무한대로 뻗기 때문에 거리나 양과는 무관하다. 그것의 일정성은 상호 관계에서 주어진다. 여기서 b와 d는 조화공액이며, 이중 연속적인 관련성을 보여준다. 다시 말해서 b→c→d와 d→c→b는 동일하다는 것이다. 우리는 어떤 끝점에 도달하기 위해서는 이 양자는 c를 거쳐야 한다는 것이다. c는 개별적임에도 불구하고 b와 d사이에 있다. 다시 말해서 b, c, d의 관계는 b와 d사이에서 이중-연속적이며, 그것은 언제나 선형 존재 c를 경유한다는 것이다. 이에 b와 d는 조화공액이며, 관계 R:(abcdt)≡ R:(adcbt)는 동치라고 할 수 있다.

    이에 반해 1.53의 공리는 1.52와는 달리 선형 존재들 사이에 조화 공액이 성립하지 않는다. R:(abcdt)≠ R:(acdbt) c는 b와 d사이에 있지 않다. 이것은 이중 연속적인 변환을 허용하지 않는 것이다. 1.54는 선형 존재 b와 d가 완전히 별개의 것이라는 점을 지적한다. 상대성이론에서 말하듯이, 물질과 시공간은 분리되지 않는다. b와 d는 이미 시공간의 위치에서 차이가 나기 때문에 결코 동일한 대상이 될 수 없다. 각각 별개의 존재라고 할 수 있다.46)

    이것은 연장적 결합이라는 화이트헤드의 중요한 개념으로 넘어가는 실마리를 찾을 수 있다. 모든 존재는 일정한 방향성이 있으며, 그것은 결코 변경될 수 없지만, 그것은 뒤집어 볼 수 있는 이중-연속적인 특성이 존재한다. 예컨대, 아버지와 어머니 사이에 내가 존재한다고 할 때, 어머니와 아버지 사이로 바꿔어도 나라는 존재가 그 사이에 있음은 변

---

46) 키튼 지음, 김영진 옮김, 『느낌의 위상학』, 이문, 2018, pp. 93-102 참조.

경되지 않는 것과 같다. 하지만 누구에게나 태어날 때, 그 아버지와 그 어머니라는 유일한 결합에 따라서 생겨나는 '나'라는 선형적 존재는 결코 변경되거나 바뀔 수 없는 유일한 방향과 연장이 있다고 할 수 있다. '나'라는 존재는 어머니를 생각하면 아버지라는 존재와의 관계 속에서 언제나 고려할 수 있다는 것이다.

정리하자면, 교점 순서 공리에서 1.51은 방향성의 공리이며, 1.52와 1.53은 결합의 상이성과 순서에 대한 공리이며, 1.54는 결합의 분리성과 동일성에 대한 공리이다. 교점이론의 공리를 통해서 선형 대상적 실재는 부분으로 나눌 수 없는 통일된 하나의 선이 된다. 화이트헤드에 따르면, "상호 결정된 운동들이 고려될 때, 이 선형적 대상적 실재들은 힘의 선들의 양상을 가정"[47]한다. 이것은 선형적 실재를 단 하나의 단위로 이해하면서 사영 기하학의 점과 선에 대한 정의를 넘어선다. 왜냐하면 방향이 있다는 것은 비가역성을 의미하기 때문이다.

이 방향에 대한 관념은 '운동의 유일성'을 결정한다. A에서 B로 가는 방향은 유일하다는 것이다. 이와 같이 하나의 직선에 방향이 있다는 사유는 그의 전 사유의 영역에서 결정적인 역할을 한다. 이것은 화이트헤드의 자연 철학에서 연장 및 사건 개념에 중요한 의미로 자리를 잡는다.

> "직선의 기초를 이루는 일자로 통일이라는 관념은 일상적인 언어와 전적으로 별개의 것은 아니다. 비유클리드 기하학에서 각각의 선은 그 자신만의 독특한 방향을 가진다는 의미에서, 방향의 관념은 하나의 단위로서 받아들여진 선형으로 인식될 수 있다. 하지만 이러한 고찰들은 논리학의 주제와 아무런 관련이 없기 때문

---

[47] 'MC', p. 19.

에 자세하게 다룰 필요가 없다."48)

앞에서 잠깐 언급했듯이, 화이트헤드의 MC에서의 작업은 이후에 위상 수학과 밀접한 관련이 있음이 밝혀졌다. 위상 수학은 사영 기하를 넘어서 모든 도형에서 선을 자르거나, 구멍의 개수를 바꾸지 않는 변형은 모두 같은 모양으로 취급한다. 예컨대, 중간에 구멍이 있는 도넛과 손잡이가 있는 컵은 같은 모양으로 보는 것이다. 위상 기하는 거리 개념이 완전히 배제된다. 보다 구체적으로 말하면, 위상학은 공간의 위치 관계를 연구하는 학문이며, 그것을 공간상에 있는 하나의 점(point)을 집합에 있는 하나의 원소(element)로 해석하는 것에서 시작한다. 각각의 점은 위상공간(topological space)이라는 전체 집합에 대한 정보가 주어지는 요소이다. 이것은 MC의 1.41의 공리를 연상시키는 정의이다. 다시 말해서 하나의 점은 그 집합이 놓여 있는 위상공간 전체를 이해할 수 있는 것이며, 부분과 전체의 관계로 볼 수 있다. 따라서 위상학은 양, 크기, 거리와는 관계없이 오로지 위치 및 순서를 통해서만 연구하는 학문이다.

팔터(R. Palter)는 화이트헤드의 연장 이론을 "위상학적 성격"을 지니고 있다고 보는데, 그 이유는 위상학에서 다루는 '이중 연속적인 변환'은 MC의 공리와 연장적 결합에서 동일하게 사용되고 있기 때문이다.49) 멩거(K. Menger) 역시 "점들이 없는 위상학"에서 화이트헤드의 수학 및 과학철학의 연구가 위상학에 대한 선구적인 작업이라는 사실을 밝히고 있다.50) 크라우스(E. Kraus)도 화이트헤드의 연장적 결합은

---

48) 'MC', p. 19.
49) Palter Robert, *Whitehead's Philosophy of Science*, Chicago: University of Chicago Press, 1960. pp. 110–111.
50) Karl Menger, "Topology Without Points", *The Rice Institute Pamphlet*, 27, January, 1940, p. 84.

위상학과 밀접한 관련성이 있음을 밝히고 있다.

"이와 같이 화이트헤드의 영역 개념은 매우 분명하게 위상학적인 것처럼 보인다. 즉 영역들은[위상동형사상이라 불리는 이중연속적인 변환] 위상학적 변환의 관점에서 불변하는 바로 그 성질들을 띠고 있다.…사영 변환이라는 보다 일반적인 클라스를 경험하게 될 것이다. 그러나 위상학적 변환은 앞의 어떤 변환들보다 심지어 훨씬 더 일반적인 것이다. 대략적으로 말하자면, 구변을 잡아 찢지 않고, 떨어져 있는 점들을 일치시키려고 하지 않는 기하학적 존재(구면)에 대한 어떤 변형이 위상학적 변환이다.…위상학적 변환은 일 대 일이며, 연속적이다. 계량적 변환, 아핀 변환 및 사영 변환은 모두 위상학적 변환의 특수한 경우들이다."51)

위상학은 결국 사이성만 변경되지 않는다면, 동일한 도형이라고 보는 것이다. 연장되는 사건들이 동일한 결합을 보인다면, 그것은 동치라고 할 수 있다. 예컨대, 앞에서 언급한 위치들의 순서가 (ABCD), (BCDA), (CDAB), (DABC) 하나의 방향으로 계속해서 진행된다. 여기서 B가 A와 C사이에 있는 것은 결코 바뀌지 않는 것이다.

따라서 근대 우주론을 대표하는 데카르트와 뉴턴은 계량적 관계를 다루는 유클리드 기하학을 전개하였다면, 화이트헤드의 우주론은 비계량적인 사영 기하학과 위상학을 통해 우주론이 탐구된다는 것이다. 유클리드 기하학에서 등가는 두 삼각형의 각 변들이 같은 길이를 가질 때 등가적이다. 다시 말해서 두 원추 단면들(원들, 타원들, 포물선)이

---

51) Elizabeth N. Kraus, *The Metaphysics of Experience*, New York: Fordham University Press, 1979, pp. 143-146.

크기 및 유형이 같은 경우에 등가적이지만, 사영 기하학에서 등가적인 것은 그것들이 크기와 유형에 관계없는 경우이다. 위상 기하학은 새로운 점을 만들거나 기존의 점을 융합해서 변형을 만들지 않는 이상은 등가적인 도형이라고 본다. 삼각형, 사각형, 원 등은 모두 등가라고 할 수 있다. 따라서 위상 기하학은 기존의 유클리드 기하학에서 불연속적 형식들이 연속적 형식으로 취급할 수 있게 만든다.

취아라비글리오(L. Chiaraviglio)는 화이트헤드의 인식론의 출발점인 느낌 이론을 "집합 이론 위상학"(Set theoretic topology)으로 주장하며, 화이트헤드의 느낌이론은 "경험 세계의 위상학"이라고 부른다. 하나의 현실적 존재가 다른 현실적 존재로 어떤 한정성에 해당하는 영원한 대상을 수용한다면, 그 영원한 대상의 패턴은 두 현실적 계기에서 위상학적으로 동치라고 할 수 있다. 다시 말해서 그 사이성이 유지된다면, 그것들은 동치라고 할 수 있다.52) 예컨대 희고-부드럽고-딱딱한 조선 시대의 백자의 감각 패턴은 위상학적으로 동치라고 하는 것이다. 그것은 조선 시대라는 사건 속에서 현재의 시대라는 사건 속에서 변경되지 않는 결합의 패턴을 보여준다. 우리는 이 두 사건을 통해 백자라고 말할 수 있다. 각 요소들의 독립성과 결합성은 그대로 유지된다. 이 세 가지 요소들이 결합되어 있다면, 우리는 그 요소들을 위상학적으로 동치라고 부른다. 만약 푸른 색이 있다면, 그것은 고려청자가 될 소지가 있다. 왜냐하면 백자의 감각 패턴은 지금까지 푸른 색을 가진 것을 경험한 적이 없기 때문이다. 따라서 백자는 동일한 결합성의 패턴을 보여주기 때문에, 경험의 위상학을 보여주는 사례라고 할 수 있다.

---

52) Lucio Chiaraviglio, "Whitehead's Theory of Prehension", in *A. N. Whitehead: Essays on His Philosophy*, ed George L. Kline, Englewood Cliffs: Prentice-Hall, 1963 참조.

IV. 의미관련과 연장적 결합

지금까지 화이트헤드의 수학적 배경을 간단히 살펴보았다. 이것이 화이트헤드의 지각 및 인식론에 어떤 방식으로 영향을 미쳤는지를 알아보자. 화이트헤드는 자신의 수학적 배경을 통해서 자연철학의 시기에 '관계'에 대해 집중적으로 연구하며, 이것을 '의미관련(significance)'이라는 개념으로 표현한다. 이것은 모든 사물들이 '선'과 같이 관계된 존재임을 밝히는 것이다. 흄이 뉴턴의 단순정위를 통해서 단순인상을 제시했다면, 화이트헤드는 선형적 실재를 통해 의미관련을 감각의 출발점으로 드러낸다. 화이트헤드는 '의미관련'을 통해 인식에 대해 다음과 같이 설명한다.

"의미관련은 사물들의 관계성이다. 이 의미관련을 경험이라고 말하는 것은, 지각적 인식이 사물들의 관계성의-즉 관계 속에 있는 사물들과 관계된 사물들-파악임을 알려준다. 소위 사물의 성질은 언제나 특수화되지 않은 다른 사물들에 대한 관계성으로 표현될 수 있으며, 자연적 인식은 오로지 관계성과 관련된다.…인식되는 것은 단지 사물이 아니라 사물의 관계성이다. 그리고 추상적 관계서(성)이 아니라 특수하게 관계된 사물들이다."[53]

화이트헤드는 '연장', '방향'은 모든 사물이 필연적으로 전제한다는 입장에서 사물들은 시공간이라는 연장과 방향을 지니고 있다고 본다. 흄이 감각 경험을 인상과 관념으로 나누었다면, 화이트헤드는 지각(perception)과 인식(awareness)으로 구별한다. 감각 지각이 사유를 포

---
53) 'PNK', pp. 12-13.

[화이트헤드와 함께]

함한다면, 감각 인식은 사유가 없이 사물의 관계성을 보는 것이다. 감각 지각이 사유를 포함하기에, 그것은 경제적인 이유로 개별성으로 사물을 포착하는 경우가 당연하다. 하지만 구체적인 인식으로 들어가자면, 그것은 일차적으로 관계성으로 사물을 보아야 한다. 관계성으로 본다는 것은 사물을 '사건'으로 본다는 것이다. 사건은 연장과 방향을 의미한다.

"감각 인식에 대한 궁극적인 사실은 사건이다. 이와 같은 모든 사건은 부분 사건들로 구별된다. 자연 전체의 과정은 신체적 생명인 사건으로, 이 방안의 사건으로, 그리고 다른 부분들의 사건들로 모호하게 지각되는 전체를 인식한다."54)

지속하는 사건 속에서는 또한 감각 대상이라고 부르는 감각들의 패턴들을 볼 수 있다. 일정한 7월의 바다에서 보는 푸른 색, 따뜻함 등은 모두 감각 대상들이다. 우리는 그것들을 인식하며, 그것들을 위치라고 부르는 사건 속에서 확인한다.

"감각 인식은 또한 자연에서 사건들이 아닌 다른 요인들을 우리에게 제공한다. 예를 들면, 푸른 하늘은 어떤 사건 속에 위치된 것으로 보인다.…푸른 하늘은 자연에서 사건 속에 일정한 함축을 지닌 것으로 발견되며, 사건 그 자체는 아니다."55)

따라서 자연 속의 의미관련은 사건과 대상이라는 두 요소를 보여주

---

54) A. N. Whitehead, *The Concept of Nature*, Cambridge: Cambridge University Press, 1920. p. 15.
55) 위의 책, p. 15.

며, 우리의 감각 인식은 한 사건 속에 위치된 감각 대상을 느낀다.

이와 같은 의미관련은 크게 두 가지로 변별된다. 하나는 형용사에 의한 것과 관계성에 의한 것으로 나누어진다. 혹은 능동적인 감각 인식과 수동적인 감각 인식으로 나눈다. 『과정과 실재』에서 다루는 인식론에서 전자는 '제시적 직접성'의 양태라고 하며, 후자는 '인과적 효과성'의 양태로 전개된다. 이것은 우리가 사물을 인식할 때, 두 가지 요소의 결합에 의해 상징적으로 이해하게 되는 것이다.

"이 의미관련 학설이 반드시 받아들여야 할 것은, 감각-인식이 존재들에 대한 이중적 인식을 요구하는 것이다. 의미관련하는 요인의 지각과 의미 관련되는 요인의 지각이 있다. 어떤 의미에서 이것은 존재에 대한 능동적 혹은 수동적인 인식으로 나타날 수 있다. 존재는 자기 자신을 위해서 능동적인 것이 되거나 혹은 다른 존재들을 위해 수동적인 것으로 인식된다."[56]

의미관련하는 능동적인 인식은 흄의 입장에서는 단순인상으로 볼 수 있다. 흄의 단순 인상은 독립적인 요소로 이루어진 것이나, 화이트헤드의 능동적인 인식은 이미 양태로서 상호 의존적인 관계를 맺고 있는 것이다. 사건이라는 연장과 방향 속에서 감각 패턴이 제시되는 것이다. 그런 점에서 능동적인 인식을 흄이 의미하는 단순인상으로 보아서는 안 된다. 능동적으로 인식된 감각인식 속에서는 직접적으로 눈으로 볼 수 없는 관계가 숨어 있다. 이것은 수동적이지만, 반드시 현재하는 능동적인 의미관련 속에 있어야 하는 것이다. 구체적인 사례를 살펴보자.

---

[56] A. N. Whitehead, *The Principle of Relativity, with applications to Physical Science*, Cambridge: Cambridge University Press, 1922, p. 18.

[화이트헤드와 함께]

"하나의 의자를 생각하자. 그 의자의 개념은 그것과 상호 결합성이 있는 모든 경험의 개념이다. 즉 그것을 보고 사용했던 사람의 경험, 지금 의자가 떠받쳐주는 안락한 기분을 경험하는 것, 그와 더불어서 이와 유사한 미래를 경험하게 될 사람의 경험, 그리고 최종적으로 그 의자가 붕괴되어 장작개비가 되는 어떤 경험이다."57)

화이트헤드는 이 예를 통해 세 가지 의미관련을 보여준다. 우선 의자는 그것을 만든 사람, 판 사람, 사용하는 사람, 폐기 처분할 사람들의 경험이 공유되는 것이다. 그들은 의자가 지니고 있는 감각 패턴을 모두 함께 한다. 의자의 색깔, 모양 등을 모두 인지한다. 모든 사람이 이 의자를 의자라고 부르는 것은 동일한 패턴을 공유했기에 가능한 것이다. 의자의 색상은 모든 사람을 의미관련 지운다. 의자의 색상은 이것을 경험하는 사람들의 집합을 연결하는 것이다. 우선 의자는 과거의 경험, 현재의 경험, 미래의 경험을 포함하는 의미관련이며, 또한 현재 의자가 떠받치고 있는 방바닥의 경험과 의미관련되며, 마지막으로 현재 의자를 보는 경험과 의미관련된다. 따라서 세 가지의 의미관련이 발생하며, 모든 사물은 이런 관계를 통해서만 인식된다.

화이트헤드는 감각 경험에서 드러난 의미관련과 자신이 수리-논리학의 시기에 탐구한 사영 기하학과 MC에서의 논리적 전개를 통해 연장적 결합이라는 개념을 제시한다. 이것은 초기의 작업이 없었다면, 결코 논의될 수 없는 것이다. 키튼은 그런 점을 다음과 같이 밝히고 있다.

---

57) A. N. Whitehead, The Aims of Education and Other Essays, New York: The Free Press, 1929, p. 106.

"연장 이론의 복잡성을 이해하는 중요한 실마리는 화이트헤드가 PR에서 연장에 관련된 관념들을 제시하기 이십 년 전에 밝혔던 MC의 교차점(교점) 이론에 있다.⋯ 1905년에 발표된 MC의 개념들과 그것들의 기능들이 그것의 값진 기초임을 1927년에 출판된 PR의 전망에서 명백하다. 교점 순서의 공리들은 존재들 간의 결합의 방향성(공리 *1.51)을 세우고, 결합의 사이성과 순서(공리 *1.52, *1.53)를 세우고, 결합된 요소들의 분리성이나 동일성(공리 *1.54)을 설정한다⋯⋯. 그것은 화이트헤드가 연장적 결합의 개념을 전개하면서 이르게 된 일반적 방향을 진술하기 때문이다."[58]

한편 흄의 인식론이 뉴턴의 시공간이론에 근거하듯이, 화이트헤드의 인식론은 자신의 시공간 이론에 근거해 있다. 그것은 일정한 연장, 방향, 결합성이라는 주기를 갖는 것이다. 다시 말해서 흄은 뉴턴의 단순 정위를 통해 단순인상이라는 감각 경험의 인식론의 출발점을 삼았으며, 그 이후에 인과론에 대한 회의를 초래했다면, 화이트헤드는 연장적 결합을 통해 인과성이 가능함을 보여준다. 이것은 비계량적인 기하학에 대한 이해를 통해 가능하다.

"연장적 연속체는, 단위 경험과 이에 의해 경험된 현실적 존재자들이 하나의 공통 세계의 연대성에 있어서 결합되는, 경험 내의 일반적 관계적 요소이다."[59]

---

58) 키튼 지음, 김영진 옮김, 『느낌의 위상학』, 이문, 2018, p. 282.
59) 'PR', p. 72.

[화이트헤드와 함께]

"물리적 세계는 이를 연장적 연속체로 구성해 내는 일반적 유형의 관계성에 의해서 결합되어 있다. 이 연속체의 특성을 분석해 볼 때, 우리는 그것이 두 가지 부류로 구분되고 있다는 것을 발견하게 되는데, 그 중의 하나인 보다 특수한 부류는 다른 하나인 보다 일반적인 부류를 전제하고 있다. 여기서 특성의 보다 일반적인 유형은 '연장적 결합', '전체와 부분', '연장적 추상'에 의해서 도출될 수 있는 다양한 유형의 '기하학적 요소'라는 단순한 사실을 표현한다. 하지만 그것에는 직선을 정의할 수 있게 하며, 그래서 측정가능성을 이끌어 들이는 보다 특수한 속성들이 포함되지 않는다."60)

여기서 인용된 문장 중에서 '기하학적 요소'와 '측정가능성'에 주목해야 한다. 여기서 측정하지 않는 기하학적 요소는 앞에서 설명한 사영 기하학의 공리와 물질 세계에 대한 자신의 공리들을 통해 이루어지고 있다. 여기서 직선에 관한 기하학은 타원 기하학, 유클리드 기하학, 쌍곡선 기하학 모두에, 화이트헤드는 "비계량적 특성"61)을 제시할 수 있다고 주장한다. 따라서 화이트헤드의 연장적 결합은 계량적 성질과는 무관한 비계량적 성질을 연구하는 사영 기하학과 위상학의 근거에서 시공간의 성질, 즉 인과성을 탐구한 것이다.62)

우리가 과학과 삶을 재단하는 길이, 넓이, 부피, 엔트로피 등 같은 개념들은 모두 계량적인 성질을 지닌다. 그것은 전체를 부분으로 쪼개도 같은 값이 나올 수 있는 것이다. 이에 반해 비계량적인 성질들은 그

---

60) 'PR', pp. 96-97.
61) 'PR', p. 330.
62) 김용운, 김용국, 『토폴로지 入門:기초에서 호몰로지까지』, 우성문화사, 1988, p. 35.

결합을 쪼개거나 분리하면 전혀 다른 성질이 나온다. 온도와 압력과 같은 경우에 쪼개면 그 성질은 전혀 달라진다. 50도의 물을 합한다고 해서 100도가 될 수는 없다.

화이트헤드의 철학을 '느낌' 혹은 '강도'의 철학이라고 부르는 것은 바로 이 비계량적인 방식으로 발생하는 합생 과정을 구체성과 추상성의 조건으로 보기 때문이다. 이것이 계량적인 뉴턴의 우주론과 비계량적인 화이트헤드의 유기체 철학이 수학적인 사유에서 갈라지는 지점이다. 이것은 결합이나 사이성이 달라지면, 전혀 다른 성질을 갖게 되는 것을 의미한다. 이를 통해 볼 때, 화이트헤드가 연장적 결합을 통해 설명하는 현실적 존재 및 결합체는 비계량 기하학의 성질을 갖고 있다고 볼 수 있다.

"연장은 연장적 결합에 의해서 해석되어야 한다. 즉 연장은 결합체의 현실태들간의 관계가 지니는 한 형식인 것이다. 점은 어떤 형상을 갖는 현실적 존재의 한 결합체이다. 선분도 그러하다. 따라서 기하학은 결합체들의 형태에 관한 연구인 것이다."[63]

화이트헤드가 연장적 결합을 '결합체'로 의미하며, 점은 직선들의 클래스라는 사영 기하학의 공리를 결합체라는 개념에 그대로 적용하고 있다. 점과 직선은 모두 결합체에 대한 추상적인 표현에 지나지 않으며, 이것은 MC에서 제시한 교점 공리에 대한 형이상학적 표현이라고 할 수 있다. 화이트헤드의 시공간이론을 수학적 개념으로 그 특징을 설명한다면, 그것은 위상적(topological) 성질을 보여준다는 것이다. 우리는 화이트헤드의 연구자들을 통해서 그의 시공간이론과 위상학과의 관련

---

[63] 'PR', p. 302.

성을 검토해 보았다. 다시 말해서 뉴턴이 탐구한 기하학을 통한 물질세계의 연구가 정량적인 것에 기초를 둔다면, 위상학은 비계량적인 정성적 성질을 따지는 기하학이다.

한편 화이트헤드의 시공간 이론을 제시한 『과정과 실재』(PR)의 Ⅳ부는 난해하기로 알려져 있다. 화이트헤드에 따르면, "특히, 선형적 신장에서 점들의 순서 개념은 '사이'(between) 개념의 정의에서 정교화되어야 하며", 또한 "기하학의 수학적 원리에 깊이 파고들어가야 함을" 64)을 주장하고 있다. 이것은 우리가 앞에서 살펴본 사영기하학과 MC의 공리를 염두에 둔 기술이라고 할 수 있다. 그래서 이 책에서 화이트헤드 자신이 수리 논리학의 작업을 아주 간결하게 표현하고 있다. 우리는 여기서 이 논의를 모두 살펴볼 수는 없고, 다만 의미관련과 연관된 몇 가지 연장적 결합의 정의를 알아볼 것이다.

화이트헤드에게 인과성은 동시성(대칭성)과 비동시성(비대칭성)이라는 두 가지로 구별된다. 동시성은 상대성 원리에서 매우 중요한 논의이며, 화이트헤드와 아인슈타인의 관점은 큰 차이가 있다. 이것은 계량적인 상대성 원리와 비계량적인 상대성 원리에 대한 전망에서 비롯된다고 할 수 있다. 이 논의는 차후에 밝혀볼 것이다. 이 글에서는 동시성과 비동시성에 대한 경험과 관련된 인과성의 측면만을 살펴볼 것이다.

"정의 1. 두 영역은 양자가 제 3의 영역과 결합되어 있을 때, 매개적으로 결합되어 있다. 가정 1 결합과 매개적 결합은 양자 모두 대칭적 관계이다. 즉 만일 영역 A가 영역 B와 결합되어 있든가 또는 매개적으로 결합되어 있다면, 영역 B는 영역 A와 결합되어 있든가 매개적으로 결합되어 있다. 가정 2. 다른 모든 영역과 결

---

64) 'PR', p. 301.

합되는 영역은 하나도 없다. 그리고 어떠한 두 영역도 매개적으로 결합되어 있다. 가정 3 결합은 추이적인 것이 아니다. 즉 A가 B와 결합되고, B가 C와 결합되어 있을 경우, 반드시 A와 C가 결합되는 것은 아니다."65)

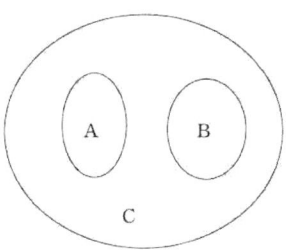

매개적 결합은 제 3의 영역이 있으며, 대칭적인 연장적 결합이다. 이것을 달리 말하면, 동시적-간접적-수동적인 연장적 결합이라고 할 수 있다.66) 예컨대, 연구실에서 의자에 앉아 연구를 하는 경험를 생각해 보자. 의자(A)와 나(B)는 연구실 방(C)이라는 사건의 매개 없이는 존재할 수 없다. 이때 연구실 방(C)은 의자(A)와 나(B)와의 관계에서 동시적이지만 간접적이고 수동적으로 연결되는 것을 보여준다. 이것은 (ABC)를 (CBA)로 변환해도 그 성질은 동일하게 유지되는 것과 같다. 위상학에서 말하는 이중연속적인 변환을 통해서도 불변하는 성질을 보여준다.

"정의 2. 영역 B와 결합된 모든 영역이 A와도 결합되고 있을 때, 영역 A는 영역 B를 포함한다고 말한다. 또 다른 용어법으로, 영역 B는 영역 A의 부분이라고도 말할 수 있을 것이다.

---

65) 'PR', pp. 294-295.
66) 김영진, 『화이트헤드의 유기체 철학: 위상적 세계에서 펼쳐지는 미적 모험』, 그린비, 2012, p. 288.

가정 5. 하나의 영역이 다른 영역을 포함할 때, 이 두 영역은 결합
되어 있다.
가정 6. 포함의 관계는 추이적이다.
가정 8. 포함의 관계는 비대칭적이다. 즉 만일 A가 B를 포함한다
면, B는 A를 포함하지 않는다."67)

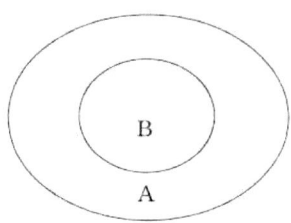

이 그림은 포함의 관계를 보여주며, 비대칭적이고 추이적인 관계이다. 보통 이것은 과거와 현재의 관계라고 할 수 있다. 이것을 우리는 비동시적-간접적-수동적인 연장적 결합으로 볼 수 있다.68) 예컨대 현재 박물관에 보관된 백자(A)는 조선 시대에 있었던 백자(B)의 사건을 포함하는 것으로 경험된다. 존재들 사이의 결합의 유형은 연장과 방향의 결과에 의해서 변환되지 않고 유지된다. A는 언제나 B를 포함하고 B는 언제나 A에 포함된다. 이것은 연장적 결합에서 가장 기본적인 인과성의 유형이라고 할 수 있다. 우리가 시간이라고 일반적으로 부르는 것은 바로 이 포함의 관계에 대한 것이라고 할 수 있다. 이것 역시 이중연속적인 변환의 성격이 갖는다.

"정의 3. 두 영역은 양자가 포함하는 제 3의 영역이 있을 때, 중첩

---

67) 'PR', pp. 295-296.
68) 김영진, 같은 책, p. 292.

된다고 말한다.
가정 10. 중첩의 관계는 대칭적이다."69)

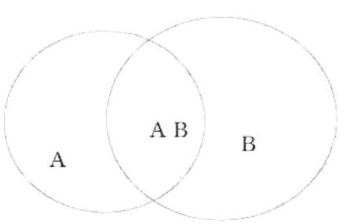

마지막으로 이 그림은 A와 B가 중첩되며, 대칭적인 관계를 보여준다. 달리 말하면, 이것은 동시적-직접적-능동적인 연장적 결합이다.70) 의자(A)와 나(B)가 연장적으로 동시적으로 결합되는 것이다. 내가 의자에 앉는 경험은 하나로 중첩되는 것이다. 화이트헤드는 자신의 '명제' 이론에서 컵과 컵받침이 하나로 보이는 것을 예로 들고 있다. 우리가 그것을 하나로 본다는 것은, 바로 동시적-직접적-능동적인 연장적 결합으로 보고 있다고 할 수 있다. 강아지를 안고 있는 내 팔, 밥과 숟가락의 중첩은 모두 동시적인 경험이라고 할 수 있다. 이것은 AB를 BA로 변환해도 결합의 성격이 바뀌지 않는 것을 의미한다.

인식론 및 지각의 기초가 되는 세 가지 인과성은 MC에서 다룬 연장, 방향, 결합 및 분리라는 공리가 그대로 적용되고 있으며, 그 공리의 성격은 대단히 위상학적 성격을 가진다. 왜냐하면 방향과 연장 및 결합이라는 방식이 유지되기 때문이다. 결합 혹은 연결이라는 성질이 바꾸지 않는 이상은 부분은 전체의 성격을 반영하고 있다고 볼 수 있다. 따라서 우리가 부분을 통해 전체를 추측하고 지각하는 것은 바로 경험의

---

69) 'PR', p. 296.
70) 김영진, 같은 책, p. 293.

위상학으로 우주가 형성되어 있으며, 화이트헤드가 자신의 철학을 유기체 철학이라고 하는 것은 바로 이 부분과 전체의 관계를 염두에 두고 있다고 할 수 있다.

V. 나가는 말

흄은 데카르트의 실체 개념 및 뉴턴의 물질 및 시공간 이론을 그대로 차용해서 단순 인상을 통해 원초적 지각이 시작된다고 보았다. 그것은 멀게는 유클리드 기하학의 점의 개념을 무의식적으로 사용한 것이며, 가까이는 데카르트의 좌표 기하학과 뉴턴의 미적분이론을 통해 제시된 양의 방식으로 운동을 설명하는 것이 인식론에 적용된 사례라고 볼 수 있다. 화이트헤드는 이에 반해 라이프니츠를 통해 계승된 순서 및 관계를 중심으로 기하학, 특히 사영 기하학을 통해 지각 이론 및 인식론의 기초를 놓으며, 최종적으로 위상학을 통해서 자신의 지각 이론 및 시공간 이론의 초석을 이룬다.

흄이 감각 인식을 통해 제시한 인과적 추론에 대한 회의는 외연적 관계를 드러내는 계량적 방식의 한계를 보여준 것이다. 계량적인 방식이 과학과 삶에 기여한 측면이 크지만, 계량 과학을 경험적 삶이나 추론에 적용할 때 일정한 한계 또한 보여주었다고 할 수 있다. 즉, 일상적 삶에서 관계뿐만 아니라 과학적 추론의 정당성도 확보할 수 없다.

화이트헤드는 내적 관계의 일반적 공리를 사영기하학과 위상학의 수학적 개념을 통해 충분히 숙고한 후에, 그의 자연 철학 및 형이상학에 적용하는 수학적 배경을 얻게 되었음을 살펴보았다. 화이트헤드의 수학적 배경에서 볼 때, 거리와 양을 통한 계량적 기하학이 아니라 성질과 양상을 통한 비계량적 기하학의 연구가 전개되면서 그것이 우리의 삶의 양식을 이해하는데 더욱 중요한 측면이 있음을 제시하고 있다. 그는 특히 연장적 결합의 개념의 조건인 연장, 방향, 결합이라는 세 가지 공리를 철저하게 논리적 및 기하학적으로 사유하고, 그것은 사건과 대상이라는 감각인식이라는 지각에 적용을 하며, 차후에 그가 제시한 지각이론을 이해하는 기둥의 역할을 하게 된다.

물론 양을 통한 측정은 현대 문화와 삶에 필수적이며, 반드시 요구되는 측면이다. 하지만 이것으로 우리의 삶은 재단할 때, 들뢰즈가 말한 닫힌 공간의 배분이 생길 수밖에 없다. 유클리드 기하학의 점의 공리를 통해 제시되는 삼각형의 닮음은 동일한 형태가 아니면 다르다고 말한다. 마치 코로나 바이러스에 의해 다양한 인종들 간에, 지역들 간에 차별이 발생하는 것과 마찬가지이다. 그와는 달리 위상학은 삼각형, 사각형, 원을 같은 도형으로 볼 수 있다. 이것은 코로나 바이러스에 의해 연결되는 전 세계가 하나로 결합되는 열린 공간을 배분할 수 있는 것이다. '사이에서', '속에서', '함께'라는 전치사를 사용하기 위해서는 사영 기하학과 위상학을 전제로 하는 인식론의 사유가 필요하다고 보며, 그 단초를 우리는 화이트헤드의 '의미관련'과 '연장적 결합'에서 볼 수 있다.

[참고 문헌]

A. N. Whitehead, *The Axioms of Projective Geometry*, Cambridge Tracts in Mathematics and Mathematical Physics, Cambridge: Cambridge University Press, 1906, New York: Hafter Publishing Co, 1971.

A. N. Whitehead, "On Mathematical Concepts of the Material World", *Philosophical Transactions of The Royal Society of London.* Ser. A, 205(1906).

A. N. Whitehead, *The Concept of Nature*, Cambridge: Cambridge University Press, 1920.

A. N. Whitehead, *An Enquiry Concerning the Principles of Natural Knowledge*, Cambridge: Cambridge University Press, 1919,

A. N. Whitehead, *The Concept of Nature*, Cambridge: Cambridge University Press, 1920.

A. N. Whitehead, *The Principle of Relativity*, with applications to Physical Science, Cambridge: Cambridge University Press, 1922.

A. N. Whitehead, *The Aims of Education and Other Essays*, New York: The Free Press, 1929, Cambridge: Cambridge University Press, 1919.

A. N. Whitehead, *Process and Reality*, eds, David Ray Griffin · Donald W. Sherburne, New York: The Free Press, 1978.

A. N. Whitehead, *Interpretation of Science*, eds, A. H. Johnson, New York: Bobbs-Merrill Co, 1961.

David Hume, *A Treatise of Hume Nature*, Analytic Index by Lewis Amherst Selby-Bigge, with text revised and notes Peter H. Nidditch,

Oxford: Clarendon Press, 1978.[2nd edition].

Elizabeth N. Kraus, *The Metaphysics of Experience*, New York: Fordham University Press, 1979.

Karl Menger, "Topology Without Points", The Rice Institute Pamphlet, 27, January.

Lucio Chiaraviglio, "Whitehead's Theory of Prehension", in A. N. Whitehead: *Essays on His Philosophy*, ed George L. Kline, Englewood Cliffs: Prentice-Hall, 1963.

Nicholas Capaldi, *David Hume: the Newtonian Philosopher*, Boston: Twayne, 1975.

Palter Robert, *Whitehead's Philosophy of Science*, Chicago: University of Chicago Press, 1960.

김용운, 김용국, 『토폴로지 入門:기초에서 호몰로지까지』, 우성문화사, 1988

김영진, 『화이트헤드의 유기체 철학: 위상적 세계에서 펼쳐지는 미적 모험』, 그린비, 2012.

김영진, "칸트와 화이트헤드의 시간론", 『화이트헤드 연구』제13집, 2006,

데카르트 지음, 원성역 옮김, 『철학의 원리』, 아카넷, 2002.

모리스 클라인 지음, 박영훈 역, 『수학, 문명을 지배하다』, 경문사 2016.

슈테판 귄첼 엮음, 마리-루이제 호이저 지음, 이기홍 역, 『토폴로지』, 에코리브르, 2010.

카르납 지음, 윤용택 옮김, 『과학철학입문』, 서광사, 1993.

키튼 지음, 김영진 옮김, 『느낌의 위상학』, 이문, 2018,

[화이트헤드와 함께]

화이트헤드 지음, 오영환 역, 『관념의 모험』, 한길사, 1996.

화이트헤드 지음, 오영환 옮김, 『과학과 근대세계』, 서광사, 1989.

화이트헤드 지음, 오영환 · 문창옥 옮김, 『열린 사고와 철학』, 고려원, 1992. .

[Abstract]

Epistemology and the mathematical background of Whitehead
-significance and extensive connection-

Kim Young-jin (Daegu-University)

This paper examines the development process of epistemology through the mathematical background of Whitehead. When his philosophy is called organic philosophy or process philosophy, it is often reminiscent of modern Hegel philosophy. However, Whitehead's philosophy of organism is developing its own epistemology through projective geometry and topology, which is equivalent to non-metric geometry. On the other hand, Hume's epistemology, which developed epistemology through Descartes and Newton, contrasts with the fact that metering geometry is the cornerstone. Hume's epistemology clearly shows that the abstraction of modern science has gone in the direction of separating everyday life from science. As results, Hume's epistemological conference shows the limits of metering geometry. As an alternative, we presented Whitehead's epistemology. Whitehead made efforts to reconcile everyday experience with science through projective geometry and topology, which are the premise of his epistemology. Whitehead overcomes the dichotomous structure of everyday life and science through an extended combination about extensive connection's theory of mathematical-logical event and a significance theory that shows his sensory experience, and secures the legitimacy of causality. This article reveals that the focus was on finding such a medium point.

[Key Words]

Whitehead, Significance, Extensive connection, Projective geometry, Topology

· 화이트헤드와 함께 4

화이트헤드주의 진화신학의 전개: 종교철학적 탐색
- 존 호트와 (신)다윈주의 -

이경호* 씀

Ⅰ. 들어가는 말

Ⅱ. 존 호트와 (신)다윈주의
  1. 범심론 vs 유물론
  2. 종교 vs 과학
  3. 하느님 vs 우연
  4. 창조 vs 진화

Ⅲ. 나가는 말

---

* 감리교신학대학교 객원교수, 종교철학

[국문초록]

다윈의 진화론은 프로이드의 정신분석학적 인간 무의식 이론과 더불어 우리 시대의 인간 이해를 규정하고 지배하는 결정적인 코드명이 되었다. 그러나 프로이드의 인간 무의식 이론이 많은 목회자들이 연구하는 것에서 보듯이, 인간에 관한 친(親)종교적인 면들을 많이 보유한데 반하여, 다윈의 인간 진화에 관한 이론은 기존의 종교적 인간 이해를 전복적으로 파괴하는 것이었다. 진화론에 의하면, 인간은 신에 의해 고결하게 그 신적인 형상을 따라 독창적으로 따로 창조된 것이 아니라 이전의 동물적 실존들로부터 우연적, 무작위적, 적자 생존적 환경에의 적응 활동인 자연선택에 의해 진화되어 온 존재일 뿐이기 때문이다. 이 점이 주장되면서 동시에 기존의 종교적 세계관, 즉 신의 창조, 신의 목적인적 활동, 종교분야, 새로움의 출현에 의한 상향적 발전 등의 개념들을 시대착오적인 것으로 폐위(廢位)하는 것이 시대적 풍조가 되었다.

본 논고는 자연과학의 주요한 한 분과인 생물학적 진화론에 의해 야기된 종교에 관한 폐위 주장은 정당하지 못하며, 수 만 년의 인간의 삶에서 지속돼 온 그 종교적 중요성에도 어울리지 않는 것이라는 문제의식으로부터, 종교적 세계관을 수호하려는 한 축의 신념과 과학적 엄밀성도 인식하려는 또 다른 축의 통합적 사상을 제공한 종교철학으로서의 화이트헤드 철학 체계와 진화생물학적 진화의 동인들을 비교한다. 이러한 비교를 통해 본 논고는 어디까지가 종교의 정당한 영역이고, 또 어디서부터 과학의 합리주의가 타당한지에 대한 의식을 갖게 하는 것을 주된 목표로 삼고 있다.

[주제어] 신, 우연, 자연선택, 목적인, 작용인, 신다윈주의, 지적설계, 화이트헤드, 종교, 유물론, 범심론, 새로움, 굴드, 도킨스

[화이트헤드와 함께]

1. 들어가는 말

필자는 지난 한 진화신학에 관한 논고에서 20세기 과정철학자 알프레드 노스 화이트헤드(Alfred N. Whitehead)의 철학과 진화신학자 존 호트(John Haught)의 진화 신학의 핵심주장을 살피면서 그 유사성에 주목한 바 있었다.[1] 아니, 그 유사성을 넘어서 존 호트의 진화신학이 화이트헤드의 형이상학적 철학을 적극 활용한 화이트헤드주의 진화신학이라고 주장하였다. 그 유사성 및 대비의 주요 주제들은 창조/질서, 목적인/작용인, 과학/종교, 신/창조성 같은 것들이었다.

이는 철학적 신학자들에게 형식적인 면에서 화이트헤드의 철학 사상과 기독교 진화신학자 존 호트의 사상의 관계가 철학을 이상적으로 활용한 신학이라는 점도 매우 중요하다. 특수한 것을 일반적인 것 안에 집어넣어 설명하는 것은 모든 위대한 기독교 신학의 특징이어 왔다. 그 역도 가능하지만 곤란해질 수 있다. 신학을 철학에 적응시켜야지, 철학을 신학에 적응시키는 것은 생산적이지 못하고 곤란한 상황에 이를 수 있다. 그래서 화이트헤드 철학과 비교하면 매우 부분적인 활용이지만, 호트는 다른 여러 종교철학, 가령 폴 틸리히, 샤르댕, 한스 요나스 등의 종교철학에도 많이 의존해 있다. 이들의 활용은 어떤 제한된 범위의 특수한 주제에 대해서는 유효하지만 전체적으로 그리고 핵심적으로 호트의 진화신학은 모든 주요 개념들과 그 설명에 있어서 화이트헤드의 철학에 거의 전적으로 의존하고 있다고 거듭 말할 수 있다.[2]

---

[1] 이경호, "화이트헤드주의 진화신학 소고," 『신학사상』 188 (2020/봄), 355-387. (이후로는 '이전논고'라 표기하고 해당 쪽수와 더불어 본문 중에 제시한다.)
[2] 가령, 호트의 진화신학의 신은 너무도 철저히 성서의 인격적 특성의 신이며 이는 철학적으로 목적인적 활동을 한다는 화이트헤드의 신과 정확히 일치하는 신이지만, 질료인(material cause)이나 질료인과 작용인의 어느 중간쯤 되는 '존재 자체'(Being itself) 같은 틸리히의 신은 전혀 진화의 과정에서 그런 역할을 할 수가 없는 신이다. 한스 요

호트의 진화신학이 화이트헤드의 대통합 사상에 힘입고 있는 것의 주요한 결과 중 하나는 화이트헤드가 극단의 "대립을 대비로 전환하는 의미의 전환"3)을 통해 통합된 양 극단 사상들의 장점들을 모두 취할 수 있다는 점이다. 이것은 일관되게 둘 중 하나가 어느 하나보다 위에 서거나 아니면 어느 하나의 핵심을 배제시키지 않는 방식으로 이루어지고 있다. 그런 의미로 예를 들어 과학과 종교는 각기 자신의 핵심 주장을 양보 없이 말고 챙기면서 상보적이 될 수 있고, 작용인과 목적인은 적절히 본래의 자리를 잘 잡고 상대방의 기능을 인정하면서 그 덕을 볼 수 있는 것으로 환골탈태(換骨奪胎) 되고 있다.

본 논고는 이와 같은 이전논고의 골격과 내용을 이어받아서, 즉 화이트헤드 철학-존 호트의 진화신학의 주요 특징들을 생물학적 진화의 연구의 본래 장소라고 할 수 있는 진화론자들의 진화와 관련된 사상들을 대립시켜 이해하고자 한다. 즉 호트의 진화신학을 생물학적 진화과학자들의 사상과 비교한다. 이것은 필자 본인의 문제의식의 발로이지, 진화론자들의 문제의식에 기인한 것은 아니기 때문에 그 주제설정과 내용에 있어서 인위적일 수도 있을 것이다. 그런 인위적인 요소나 분석은 나름의 노력으로 최소로 줄이겠지만, 그러나 신학적 관점을 취한 이런 진화론에 관한 논의는 앞으로 한국 신학이 불가피하게 거쳐야만 하며 따라서 미숙하나마 주춧돌 한 두 개 놓는 심정으로 이 논고를 작성 하였다.

생물학에 있어서의 인간진화에 관한 이론은 프로이드의 정신분석학적 무의식 이론과 더불어 현재 인간을 이해하는데 과거에 대해 혁명적

나스는 범심론(panpsychism)의 문제와 관련해 이전 논고와 이 논고 II장 첫 절에서 호트와 최종적으로는 엇박자가 나고 있음이 지적되었다. 이것들은 진화신학의 조건과 가능성의 문제와 직결되기 때문에 필자는 이토록 강조하고 있다.

3) 알프레드 N. 화이트헤드, 오영환 옮김, 『과정과 실재』, 민음사, 1991. 597.

인 전복을 의미한다. 그러나 프로이드의 이론은 많은 목회자들이 연구할 만큼 친(親)종교적인데 반해, 다윈의 진화론은 천문학에서의 지동설(heliocentric theory)도 비교가 안 될 만큼 유신론적 종교, 즉 세계와 인간을 신의 창조로 보는 기독교회의 입장에 절대적으로 파괴적이다. 그러나 진화신학자 존 호트는 이를 신의 역동적 활동을 예시하는 결정적 호기로 본다.4) 다윈에 대해 굳이 언급할 필요를 느끼지는 못하지만 다윈과 신다윈주의(Neo-Darwinism)에 대해서는 이 논고를 위해서도 간단한 구분을 필요로 하는 것 같다. 생물의 후대의 종은 신에 의해 창조된 것이 아니라 환경에의 적응인 자연선택을 통해 선대의 종에서 장구한 시간을 거쳐 진화해 왔다는 것이 다윈 진화론의 핵심이고, 그것을 그대로 현대의 발전된 과학적 발전 성과들과 방법들(특히, 유전자학, 분자생물학 등등)로서 설명하려는 것이 오늘날의 신다윈주의 운동으로 이해하면 거의 정확하다. 다윈의 이론을 더욱 직접 계승한 리처드 도킨스의 점진주의와 다윈 이후의 가장 위대한 진화론자라는 평가를 받고 다윈과 도킨스의 점진주의(gradualism)를 극복하기 위해 단속 평행론(punctuated equilibria)을 주창한 최근 작고한 스티븐 제이 굴드가 대표적이나 본고에서는 이들 모두에게 적용되는 진화론자들의 종교 철학적인 특징들을 다루기 때문에 이런 세부적인 구분은 여기서는 큰 의미는 없다.

그래서 진화신학에 관하여 이 논고가 이전 논고와 차이가 나는 것은 유사성 비교나 적용에서 대립으로 바뀌었다는 것으로서 이전의 '/'이 지금의 'vs' 표기로 대체된 것이다. 즉 '과학/종교'는 '종교 vs 과학'이 되었다. 이번에도 주제는 네 개의 쌍들인데, 나머지 세 개는 새로운 논술의 언어로 진술됐지만 주제적으로는 거의 같은 것들이고

---

4) 존 호트, 박만 옮김, 『다윈 이후의 하느님-진화의 신학』, 한국기독교연구소, 2008, 서문과 제1장.

하나만 다른 주제어로 선택하였다. 그것은 '유물론 vs 범심론'이다. 이것은 뒤의 나머지 세 개의 배경이자 근거이며 결론이라고까지 말할 수 있는 것으로서 본 논고에서 매우 비중이 높고 중요한 것으로 필자는 생각하고 있다. 그러나 주요하고 강력히 대립되는 초점들만을 제시하고자 했으며 부차적인 것들은 있을법한 또 다른 다음 작업으로 가급적 미뤄두었다. 또한 어떤 절의 주제에 대해서는 필자 본인의 입장에서 진화론자들의 견해를 비판했지만 또 다른 주제에 대해서는 차이만을 극면하게 대조시키기도 하였다. 목적인과 관련된 부분에서는 비판들이 있었던 것 같다. 그 이유는 모든 것들을 설명하는데 그들의 근거들이 충분치 않다고 필자가 판단하였기 때문이었다. "합리주의란 설명을 끝까지 밀고 나감으로써만 명[확]성이 도달될 수 있다는 신념이다." 5) 필자는 이런 화이트헤드의 합리주의 규정을 라이프니츠의 충족이유율(priciple of sufficient reason), 즉 언제나 충분한 이유가 있어야 함을 요구하는 충족이유율의 빛에서 이해한다. 즉 복잡하고 정교한 행태로의 비약에는 목적인적인 활동이 요구되는 대도 그걸 도외시하고 작용인이나 우연한 활동으로만 가능하다고 하는 것은 근거가 충분치 않은 하나의 적나라한 사례가 된다. 충분한 근거가 있는데도 그것을 무시하는 것은 반(反)합리주의적 독단이라고 화이트헤드는 믿었다. 그리고 나의 비판이 충분한지는 타인들의 몫으로 넘기겠다.

II. 존 호트와 (신)다원주의

II-1. 범심론 vs 유물론

---

5) 알프레드 N. 화이트헤드, 오영환 옮김, 『과정과 실재』, 민음사,. 1991, 294.

[화이트헤드와 함께]

17세기 과학적 유물론자들(보일, 뉴턴 등)이 등장해 아리스토텔레스와 신플라톤주의와 삼파전을 벌이고 승리하여[6] B.C. 5세기의 데모크리토스로 대표되는 원자론자들의 유물론을 기초 존재론으로 취하였는데,[7] 그 특징들은 정태적・비활성적・무목적적・기계론적으로서 20세기까지 과학자들이 이런 특징들을 고수하고 있다는 것은 매우 불행한 일이 아닐 수 없다. 데모크리토스 이후 플라톤에서 부터 근대 이전의 중세까지 관념론과 신, 인간 영혼에 관한 기독교의 지배적인 영향 하에서 찍 소리도 못하고 숨어 있었다. 그런데 오늘날의 진화론자들은 17세기 과학적 유물론자들의 후예로서 유물론을 세계의 모든 존재들과 진화의 대상들인 생물체의 몸들까지를 완벽히 이런 방식의 근본 존재로 삼고 있다. 이 논고와 관련시켜 중요한 사항은 이 물질은 그 특징들에서조차 정신적이거나 개념적이거나 마음적인 것이 없는 완전히 죽은 것으로서 외부에서 부과되는 법칙들에 의해서만 이동이 가능한 비자발적이고 비능동적인 기계라는 것이다. "뉴턴은 말하길, 신은 세계의 영혼이 아니라 모든 것들의 주인으로서 모든 사물들을 지배한다. … 신의 신적인 지배는 세계의 영혼을 공상하는 자들이 상상하듯이, 자기의 몸을 지배하는 것이 아니라 자기의 종들을 지배하는 그런 지배다."[8]

이런 유물론의 물질의 특성들에서 마음과 정신과 나아가, 고등한 인간적 수준의 의식과 영혼이 진화의 결과로 발생했다고 주장하는 것은

---

6) "과학적 기계론자들이 승리하게 된 것은 그 견해가 그리스의 원자론자들의 기계론을 주의주의 신학자들(스코투스, 오컴, 캘빈)에 근거한 자연에 관한 법칙적인 관념들과 결합시켰기 때문이다."(Klaaren, *The Religious Origins of Modern Science*, Grand Rapids; Eerdmans, 1979, 38, 147-48.
7) Brian Easlea, *Witch-Hunting, and the New Philosophy: An Introduction to Debates of the Scientific Revolution*, 1450-1750, Atlantic Highlands. N.J.: Humanities Press, 1980, 89.
8) Alexandre Koyre, *From the Closed World to the Infinite Universe*, Baltimore: Johns Hopkins University Press, 1968, 225.

매우 아이러니하다. 하지만 진화론자들은 그 길을 선택해 갔다. 이에 반해 필자는 화이트헤드 철학-존 호트의 신학을 따라서 우리가 순수 물질로만 알고 있는 것을 포함한 모든 존재는 마음과 정신을 갖고 있으며, 인간의 그것과 비교해서 거의 없는 것처럼 여길 수 있으나 모든 존재는 물리적인 극과 더불어 정신적인 극으로 이루어진 한 단위로 획기적으로 생성과 소멸을 한다는 화이트헤드의 현실적 계기 이론을 따라 범심론의 입장을 도입하려는 것이다. 이는 이전 논고에서 창조에 관한 소절에서 부분적으로 진술되었는데, 거기서는 진화론들을 논의하는 곳이 아니었기에 크게 제목으로까지 부각시키지는 않았었다. 즉 요지는 "무기물에 대한 이전의 이해(기계론과 유물론의 이해)가 잘못되었다"[9]는 것이다.

존 호트도 매우 여러 번 진화생물학자들이 이 유물론을 바탕으로 진화론을 전개하는 것을 심각한 문제로 자주 지적하였다. "다원주의적인 유물론자들은 지적 존재가 허울에 불과하다고 말하는 대신에 그들은 우리가 아는 이 자연이라는 텍스트에서 나타나는 놀라운 설계의 이면에는 [마음 없는] 물리적 요소, 우연한 사건, 불변하는 자연법칙, 관대한 시간 등의 게임으로 설명할 수 있는 요소들이 풍부하게 혼재해 있다고 주장한다. 이 요소들은 지적(知的)이지 않다." [10] "진화론적 유물론자들에게 설계자는 바로 맹목적인 자연선택이다. 자연선택의 작업은 살아 있는 유기체들이 환경에 대한 복잡한 적응적 적합성을 갖도록 만들기 때문에, 그러한 특성들에 '설계'라는 딱지를 붙이는 것도 얼마든지 가능하다. … [그러나] 다원주의의 과정으로는 자연에서 감지되는 질서를 결코 설명할 수 없다고 본다. 그래서 [지적설계주의자들은] 지

---

9) 존 캅, 이경호 옮김, 『화이트헤드 철학과 기독교 자연신학』, 동과서, 2015. 269.
10) 존 호트, 김윤성 옮김, 『다윈 안의 신』, 지식의 숲, 2005, 202.

적 존재에 의한 지적 설계의 산물이라고 한다." 11)

호트는 두 근거들(원인론으로 말하자면, 목적인과 작용인) 가운데 하나만을 붙잡고 각각 지적 설계론자들(목적인)과 (신)다윈주의자들(작용인)이 피터지게 싸우고 있는 우스운 꼴을 보고 있는 것이다. 물론 둘 다 존재론으로는 유물론을 전제하고 있다. 그런 관점에서 화이트헤드의 철학을 따라 모든 것들에는 마음과 주체됨이 있다는 범심론에 서서 진화를 설명하는 호트가 볼 때, 다윈주의자나 지적 설계론자나 존재론이나 진화의 방식 등에서 모두 틀린 것이 되는 것이다.

이쯤해서 범심론을 위한 화이트헤드의 현실적 계기 이론을 간단히 설명할 필요가 있다. 현실적 계기는 원자적으로 극미하고 찰라적인 생성 소멸을 하는 궁극적 존재인데 그것은 두 극들을 갖고 있다. 즉 먼저는 물리적인 극이고 그 다음에는 개념적인 극이자 정신적인 극이다.12) 모든 존재는 이렇게 정신적 극을 갖고 나아가 그 계기의 한 순간의 생성인 합생은 전체가 그 내부적으로 주체적이다. 이렇게 정신적 자발성에는 화이트헤드에게 두 요소가 있고, 존 호트는 이를 잘 알고 적절히 대응해 사용하고 있다. 그리고 주체는 합생의 각 위상마다 다른 형식들을 갖고서 자기의 여건들을 소화한다.13) 즉 순응, 평가, 가치평가, 의식 등은 대표적인 주체적 형식들이다. 앞에 것에 근거해 통합되면서 뒤에 것들이 일어난다. 그리고 현실적 계기들에는 각각 네 가지 등급과 유형들이 존재한다.14) 작은 낮은 차원의 정신성(느낌, 긍정적 파악)을 대표하는 첫째 것부터 한 순간의 인간의 의식을 이루는 네 번째 등급의 것까지 있는데, 이는 차례대로 합생의 복잡한 내적인 '통합과 재통합'

---

11) Ibid., 201-02.
12) 알프레드 N. 화이트헤드, 『과정과 실재』, 121, 122, 433.
13) Ibid., 82, 132, 186, 403.
14) Ibid., 68, 73, 207, 223, 225, 226, 234, 235.

의 과정을 거쳐 발생한다. 이런 통합과 재통합은 각 단계는 그대로 정신성에 있어서의 진화의 단계에 있는 각 종들을 상징한다고 말해도 아주 적절한 말이 된다.

존 호트는 진정한 진화신학을 전개하기 위해서 화이트헤드의 이렇게 모든 현실적 계기(모든 현실적인 것들)가 정신성을 갖고 있는 것을 충분히 활용하고 진화론의 기본 조건으로 여기고 있는 듯하다. 그것은 유대교 생명 철학자인 한스 요나스 사상과의 비교를 통해 부각시킨다. 요나스는 모든 존재는 아니지만 거의 모든 낮은 존재의 차원까지 정신성이 있음을 전개한다. 그러나 그의 기준은 '원초적인 신진대사'를 하는 존재의 차원까지만 정신성을 인정한다. 그러나 화이트헤드는 바위나 쇠 덩어리 같은 완전한 무기적인 존재물에게까지도 그 나름의 정신성(가장 적절한 용어는 느낌이다)을 갖고 있다고 하고 그런 정신성을 신과의 교섭의 주된 근거로 둔다. 그리고 진화는 최초의 무기적인 것에서 유기적인 것으로 이행했으며 유기적인 것들도 저차원적인 것에서 고차원 것인 것들로 올라와 최종적으로 인간(신체 혹은 인간의 영혼)을 탄생시켰다는 말이 아닌가? 다시 말해, 호트는 이런 요나스와 구별되는 화이트헤드의 범심론을 진화가 성립되는 기본 조건으로 여기는 듯하다. "요나스가 극복하기를 원하는 기계론적인 전제들에 다시 빠지지 않으려면 우리는 화이트헤드처럼 비활성적인 과정 그 자체에 어떤 종류의 실재적인 응답성(이 논고의 용어로는 정신성- 필자 추가)이 있다고 말해야 하지 않을까?"[15] 호트는 요나스와의 비교 논의에서 요나스를 최종적으로 이렇게 정리한다. "요나스는 범경험주의(범심론)는 지적으로 받아들일 수 없고 신학적으로도 불필요하다고 생각한다. … 요나스는 진화가 방향성을 갖고 진보되어 간다는 생각을 [결국] 거부하며 이 점

---

15) 존 호트, 『다윈 이후의 하느님』, 284.

[화이트헤드와 함께]

에서 떼이야르 드 샤르댕(진화적 낙관주의)보다 스티븐 제이 굴드에 가깝다." 16)

유물론의 특징과 범심론의 특징을 비교하면서 어느 것이 진화론의 근거를 잘 세울 수 있느냐 하는 관점에서 정리하자면, 이하의 내용과 같다: 인간이나 고등동물, 혹은 그냥 동물들의 정신성은 무기물 정도의 가장 낮은 차원의 것의 정신적인 것으로부터 중간적인 정신성의 것을 거쳐서 점차 고차적인 것, 즉 인간에게까지 진화적으로 발전했다. 그것이 화이트헤드의 범심론적 진화론이다. 그러나 다시 강조하지만 그런 무기물적인 정신을 인간 수준의 의식이나 영혼 같은 것들과 똑같은 것17)이라거나 하는 것이 아니라 인간의 것과 비교해 자체로는 있지만 거의 없다고 말할 정도로 미미하지만 그 존재 수준18)에서도 정신이나 마음적인 것이 있어야 그 통로를 통해 광대한 시간을 장(場) 삼아서 진화가 발생할 수 있는 근거를 얻는다는 것이 핵심이다. 죽은 물질이자 자발성을 결여한 물질에서는 진화를 진행시킬 그런 최초의 근거가 있을 수가 없다. A-A'-A''-A'''을 보자. 이것들은 최초의 단계부터의 후대로 진화적 비약을 표기하는 각 생물 종들을 상징한다. 이 표식은 모두가 (1) 상이한 수준이나 차원이라고 해도 정신적 주체적 마음적이라고 할 만한 것들을 공유했다는 것과 (2) 저차원적인 것(A)이 고차원적인 것(A''')으로 발전했다는 두 가지를 의미한다. 그러나 유물론자들의 난

---

16) Ibid., 288-89.
17) 이런 범심론은 스피노자의 범심론이다. 그는 범신론자(pantheist)로 알려져 있는데, 역설적으로 모든 것이 신이라면 모든 것은 또한 신적인 의식(정신)까지 간 것이기 때문에 그의 범신론은 범심론이라는 비판이 가능하다. 화이트헤드는 이런 종류의 범심론을 주장한 것이 아니다.
18) 화이트헤드와 흡사하고 위의 스피노자적 범심론과는 다른 범심론으로는 물질적 원자론을 비판한 라이프니츠의 범심론이 있겠다. 그는 반성된 의식을 지니는 인간 정신의 이성과 통각의 모나드, 기억을 하는 동물적 모나드, 기억을 하지 못하는 식물적 모나드를 각기 다 구별하여 현실적 계기를 네 등급으로 구별하는 화이트헤드적 의미와 흡사한 범심론을 주장하였다.

점은 A에는 정신이란 것이 전혀 없어서 비활성적으로 죽은 것이고 자발성을 결여한 것인데, A'(혹은 A'')에서는 어떻게 생겨났으며, 또 A''의 정신을 거쳐 A'''로까지 나아갈 수 있었냐는 것이다. 이원론자들도 동일한 난점을 떠안고 있다. 그러나 이 행성에서는 인간이나 영장류가 출현하여, 아니 모든 동물들의 정신들이 진화의 과정에서 출현하고 발생하여 만개하고 있다. 그러나 데카르트와 홉스 이래로 현재까지 격론을 전개하고 있는 이원론자들과 유물론자들은 앞에서 말했듯이 의식이나 정신이 없는 물질에서 어떻게 인간적 의식이나 정신까지 출현(진화)할 수 있었는지에 대한 문제를 오랫동안 다루고 있지만 현재 그들 모두의 결론은 이에 대해 자기들은 '모른다'는 것이다. 진화사의 오랜 과정 가운데 인간의 의식이나 정신 혹은 종교적으로 말해 영혼이 어떻게 발생했는지에 대해서 자기들은 모른다고 인정했다.[19] 그러나 이원론자와 유물론자는 모르지만 화이트헤드주의 범심론자(panpsychist)는 잘 알고 있다.

화이트헤드는 지금으로부터 거의 100년 전인 1925년 자신의 첫 형이상학 저술에서 이것을 이미 너무나도 잘 알고 있음을 보여준다. "철저한 진화론 철학은 유물론과 양립할 수 없는 것[이다]. 유물론 철학의 출발점인 원초적 소재 즉 물질은 진화할 수 없다. … 유물론에 따를 때, 진화란 물질의 각 부분 사이의 외적인 관계의 변화를 기술하기 위한 또 하나의 말에 불과한 것이 되고 만다. … 외적 관계들의 한 집합

---

[19] 이원론자들에게서 인간 의식의 진화는 정신이 새로운 종류의 현실태로부터 출현했다는 것을 의미하고, 유물론자들에게서는 정신이 물질의 새로운 속성으로 출현했다는 것을 의미한다. 어느 경우가 되었든 이런 종류의 출현은 그들의 존재론들에서는 풀 수 없다는 점을 양측은 모두 인정했다.(Geoffrey Madell, *Mind and Materialism*, Edinburgh: University Press, 1988, 140-41(이원론); Colin McGinn, *The Problem of Consciousness: Essays towards a Resolution*, Oxford: Blackwell, 1991, 45(유물론).

은 … 진화할 것이 아무 것도 없는 것이다. 목적도 진보도 없는 변화만 있을 뿐이다. 그러나 현대 진화론의 주안점은 복잡한 유기체가 그에 선행하는 보다 덜 복잡한 유기체의 상태로부터 진화한다는데 있다." [20]

II-2. 종교 vs 과학

종교와 과학은 학문의 중요한 분과들이다. 이 두 분야는 현재도 극심한 갈등관계에 있다고 볼 수 있다. 이전논고에서 필자는 화이트헤드와 존 호트는 이 두 분과들의 종합이나 통합을 지향하는 것으로 정리했었다(이전논고, 371-77). 호트에게서 일부 논리적으로 철저하지 못한 면도 있음을 지적했다. 즉 호트는 과학과 종교 사이에 가능한 관계유형들 네 가지 가운데 자신이 최고의 유형이라고 한 지지유형이 실은 종교나 신학이 과학에 줄 수 있는 식견의 관점에서 일방적이었던 것이다. 그리고 두 번째 추천 유형인 접촉유형이 과학이 신학과 종교에 줄 수 있는 이점이었던 것이다. 그럼에도 불구하고 전체적으로 보자면 신학자로서 상당한 과학 지식을 보유하고 그걸 설명해 내면서 양 분과들을 균형 있게 다루었다고 볼 수 있다. 만약 우리가 호트의 접촉유형과 지지유형을 묶어 이해한다면, 호트에게서는 양 분과들이 서로 쌍방향적이었다고 이해해 줄 수도 있을 것이다. 호트는 이 양 분과들의 종합에 대한 뛰어난 저술을 제공하였다. 그 부제는 '종교와 과학 상생의 길을 가다' 이다.

그리고 이런 호트에게 기본 통찰을 제공한 것은 화이트헤드의 철학적 견해였다. "인류에게 종교가 무엇이며, 과학이 무엇인가를 생각할 때 미래의 역사의 방향이 이 둘 사이의 관계에 대해 우리 세대가 내리는 판단에 의존한다고 말하는 것은 과장이 아니다. 여기에 인간에게 영

---

[20] 알프레드 N. 화이트헤드, 오영환 옮김, 『과학과 근대세계』, 서광사, 1989, 167.

향을 미치는 가장 강력하고 일반적인 두 가지 힘이 있다. 그것들은 서로 대립하는 것처럼 보인다. 이 두 가지 힘이란 종교적 직관의 힘과 정확한 관찰과 논리적 연역에 대한 충동의 힘이다." 21)

이번 절에서 필자는 호트의 이런 화이트헤드주의적인 과학과 종교의 통합의 유형을 서로가 각기 갖고 있는 한계문제라는 관점으로 설명을 시도해보고자 한다. 한계문제란 각 분과가 자기 분과의 본래의 방법론이나 연구 성과들을 통해서는 다룰 수 없고 설명도 시도할 수 없는 한계들을 갖고 있다는 것을 뜻한다. 과학과 종교는 각각 자신만의 한계문제들을 갖는데, 이것은 상대방의 도움을 필요로 하는 영역일 수밖에 없으므로 양 분과들은 서로 긴밀한 대화를 통해 자신의 한계를 극복해야만 할 것이다. 먼저, 과학에서의 한계문제란 자신의 연구를 수행하면서 발생하는 각종 윤리적인 문제들을 안게 된다는 것이다. 과학 자체는 그런 문제들을 다루는 분야가 아니어서 그런 문제의 해결을 위해서는 종교나 윤리학 같은 인문 분야의 조언을 깊게 참고해야만 한다. 그럼에도 또 다른 한계 문제들도 있는데, 이 문제는 과학 자체의 태동과 관련이 있는 종류의 문제들이다. 가령 호킹이 지적하듯이, 우주의 가장 최초의 시기에서는 법칙 같은 것들이 없었으므로 실상 과학의 탐구 대상인 세계에 대해서도 과학은 한계 문제를 갖게 된다.22) 법칙들이 존재하지 않았던 최초의 세계에서 어떻게 법칙들이 존재하는 세계로의 이행이 가능했었냐? 하는 문제는 과학 자체에 의해서는 다루어질 수 없는 문제이다. 이런 문제들은 종교적 믿음에 의해 세계의 존재를 긍정하게 하고 세계의 일관된 법칙들의 유지를 위해 창조자를 적절히 잘 가다듬은 해석을 제공할 수 있는 것이다. 호트가 최고로 보았던 지지유형의 내용들

---

21) 존 호트, 구자현 옮김, 『과학과 종교: 상생의 길을 가다』. 코기토, 2003, 7.
22) Stephen Hawking, *A Brief History of Time*, New York: Bantam Books, 1988, 제8장; 스티븐 호킹, 전대호 옮김, 『위대한 설계』, 까치글방, 2010, 제2장 참조.

이 이런 문제들을 깊이 다루고 있다.[23] 그러나 역시 종교도 한계문제들을 갖고 있다는 점이 동일하게 부각되어야만 한다. 종교적 진리 자체로 우리가 때로 혼동을 일으키고 있는 각종 종교적 교리나 신념이나 진술들을 사실 고대 세계의 특정 지역과 특정 문화에 제한되는 요소들을 대량으로 포함하고 있고, 이것은 과학의 세례를 철저히 받은 현대인들에게 서는 받아들여질 수 없는 많은 거부 요소들로 작용하여 종교적 진리를 배척하게 하는 원인으로 작용하는 것들이 많다. 기독교에 한해서 말하더라도, 현대 지식인들과 교양인들은 성서의 각종 기적들과 성육신의 교리 등을 재해석해야 하거나 아예 거부해야 기독교 신앙이 생동감을 다시 되찾을 것이라고 주장하는 사람들이 많다. 존 힉은 기독교의 핵심 교리 중 하나인 성육신(incarnation)을 실재(reality)라고 이해해서는 안 되고 은유(metaphor)로 봐야 한다는 기독론을 제시해 현대인들을 위해 그런 작업을 해주었다.[24] 그러나 신학자들 사이에서 이런 문제들에 대해 일치된 기준은 없다. 존 캅은 성육신은 은유가 아닌, 실재로 이해되는 학설을 제공하기도 하였기 때문이다.[25] 2천 년 전에 과학적으로 가능하냐는 그 성립 여부도 검증받지 못하고 전승되어 온 기독교적 교리들과 신념들은 르네상스(+종교개혁+계몽주의) 이래 지난 6백 년의 세월 동안 무차별적인 숙청의 대상으로 전락되어 주변부화되어 왔다.[26] 이것이 바로 종교의 한계문제로서 과학은 이제 자신의 여러 하위 분과들을 열정적인 탐구의 성과물들을 통해 세계에 대한 정확한 지식을 종교나 신학에게 제공하여 신학으로 하여금 자신의 진리에 대해 현대 시대가 공감할 수 있는 교리들로 재구성하는 작업에 박차를 가할 수 있

---

23) 존 호트, 『과학과 종교: 상생의 길을 가다』, 서문과 제1장 참조.
24) 존 힉, 변선환 옮김, 『성육신의 새로운 이해』, 이화여자대학교출판부, 1997.
25) John B. Cobb, *Christ in a Pluralistic Age*, Philadelphia: Westminster Press, 1975.
26) 로이드 기링, 이세형 옮김, 『기로에 선 그리스도교 신앙』, 한국기독교연구소, 2005.

게 되는 것이다. 종교나 신학의 이런 한계 문제들은 과학에 의해 도움을 받고 과학의 한계문제들은 종교에 의해 도움을 받게 된다면 이는 상호 보완적으로 서로 다툴 필요보다는 상보적이어야 할 필요가 더 발생하게 되는 것이다.

진화론자들은 당연히 자연과학자들로 자신들의 분야의 연구방법과 그에 충실한 결과물을 내고 있기에 자연과학에는 충실하다고 하겠다. 그럼, 주요한 진화론자들의 종교에 관한 견해는 어떤가? 물론 우리가 알아야할 우선적인 것은 과학이란 분야가 신이나 종교적 진리를 입증하는 분야가 아니기에 그 본래 방법이나 결론에서 공적으로는 무신론적일 수밖에 없다는 것을 어느 정도 인정해야만 한다는 것이다. 그러나 그것은 종교라는 분야에서도 똑같은 의미와 구조로 어느 정도 인정돼야 할 것이다. 그래서 한계문제들을 서로 갖게 되는 것이다. 그래서 우리는 진화론자들이 신이나 그의 활동이나 종교에 대해 명확히 어떻게 표현하고 있는가 하는 점과 그들이 스스로의 한계문제들을 얼마나 파악 및 의식하고 있는가가 비례하고 있다고 생각한다. 자신의 분여에는 한계문제가 없다고 말한다면, 그는 명백히 반상식주의자이며 기능론적 환원주의의 나락으로 떨어지거나 독단주의자라는 비난을 스스로 자초하고 있는 것이다. 리처드 도킨스의 반종교적 무신론적 행보는 치열하기로 유명하다. 그는 고대의 신 존재 논증이나 신이나 종교에 관한 크고 작은 모든 진리를 완전히 무시하고 백안시한다는 점은 매우 놀라운 일이다.[27] 그에게 그것은 현대에 맞게 재해석이나 재구성할 대상조차 될 수 없는 것 같아 보인다. 무신론자들뿐만 아니라 일부 종교학자들 사이에서도 나타나는 종교와 과학의 관계 유형 판단에는 과학은 매우 객관적인 반면 종교는 지극히 주관적/고백적/정서적이라는 이원론적 도

---

27) 리처드 도킨스, 이한음 옮김, 『만들어진 신』, 김영사, 2007.

식이 도사리고 있다. 필자는 화이트헤드주의적 관점에서는 모두가 객관적이라는 점을 지적하면서 종교적 진리가 비록 비감각적이고 고백적이며 정서적이라 하더라도 그것은 우주의 객관적 구조 가운데 있는 객관적이고 실재적인 것이라는 점을 제시했었다(이전논고, 373-74)

그러나 심각한 도킨스는 신학과 종교의 가치를 거의 제로로 생각하고 있음을 공적 저술에서 당당히 써났다. "신학자들은 가치 있는 말을 전혀 하지 않는다. … 종교가 인간의 지혜에 달리 기여할 것이 전혀 없으니 대신에 우리에게 무엇을 할지는 말해줄 권리를 종교에게 주자는 것은 말도 안 된다." 28) 이래서 도킨스에게는 두 분야가 방법론적 차이를 가지는 그 양립가능성도 조롱거리에 불과하다. "과학은 '어떻게'라는 질문들에만 관심이 있고 '왜'라는 질문들에 대답할 자격이 있는 것은 신학뿐이라는 말은 지겨울 정도로 진부하다. 이런 규정은 옳은 것이 아니다" 29)

도킨스의 이런 진술 태도는 과학의 한계문제를 어느 정도 인정한 위에서 필자가 잠깐 언급한 호킹의 태도와는 또 다르다. "왜 사람들은 어떤 궁극적인 질문에 대해 과학이 대답할 수 없는데 종교는 대답할 수 있을 것이니라고 생각하는 것인가?" 30) 도킨스는 과학이 한계문제들을 갖는다는 점을 인정하지 않은 것 같다. 하기야 유전자가 이기적이라고 했으니까 종교적 진리는 성립될 수 없는 것이겠지.31) "자연선택의 과정을 보면 자연선택에 의해 진화되어 온 것은 무엇이든 이기적일 수밖에 없다는 것을 알게 된다." 32)

진화에는 신적인 목적적 활동도 작용한다는 필자의 기본신념에서 본

---

28) Ibid., 92.
29) Ibid., 91.
30) Ibid., 같은 면.
31) 리처드 도킨스, 홍영남 옮김, 『이기적 유전자』, 을유문화사, 1993, 제6장 참조.
32) Ibid., 23.

다면, 이런 도킨스의 주장은 종교와 신의 무화(無化)를 표현하고 있다. 더욱 철학적으로 묻는다면, '이타'와 '이기'의 뜻을 당연히 전제하고 말할 뿐 그런 의미들이 어디서 왔는가는 말하지 못한다.33) 도킨스를 심하다고 꾸짖는 듯 한 스티븐 제이 굴드에게서 종교라는 분야는 어떻고, 그것과 과학의 관련성은 어떤가? "유전자는 지극히 제한된 비유적인 의미에서 이기적일 수도 있다. 그러나 내게 많은 친구들이 있고, 이 책을 집필하는 과정에서 도움을 아끼지 않았던 동료들이 있는 한, 이기심을 일으키는 유전자 따위는 없다." 34) 도킨스 정도까지 종교에 대해 비판적이지는 않지만 굴드는 종교는 구시대적인 것이고 이제 과학에 의해 대체되는 대체물 정도로 이해되고 있다. "종교는 사회질서를 합리화시키는 가장 중요한 원천으로 여전히 과학보다 높은 곳에 위피하고 있었다. … 그러나 [이는] 과학적 양식들의 주장들이 최전선을 이루지 않는 마지막 시대였는지도 모른다. 당시는 … 다윈의 『종의 기원』이 출간되기 직전이었다. 노예제도, 식민주의, 인종차별, 계급구조, 성역할에 관한 그 후의 주장은 주로 과학이라는 깃발 아래에서 전개된다." 35)

이처럼, 굴드는 도킨스와 질적으로 좀 약간 다르지만 종교와 과학의 동시적 공존 가능성이나 상보적 보완 가능성 및 서로의 한계문제들을 푸는데 유익한 파트너로는 생각되고 있지는 않다.36) 이런 의미에서 굴

---

33) Ibid., 23-24.
34) 스티븐 J. 굴드, 김동광 옮김, 『인간에 대한 오해』, 사회평론, 2003. 9.
35) Ibid., 142-43.
36) 이런 굴드의 태도는 통섭의 저자 윌슨을 연상시킨다. 통섭이 실제로는 문자적 의미대로 '서로 다른 것을 한데 묶어 새로운 것을 잡는다'는 것으로 인문·사회과학·자연과학을 통합해 내는 범학문적인 연구인 것처럼 꾸몄지만, 실제로 책의 목차나 내용은 각 분야의 대등한 통합이 아니라 인문학(종교 포함)을 자연과학의 면면들로 환원시켜 해체해 버리는 것이다. 그래도 약간 불행 중 다행인 것은 종교가 마지막으로 해체될 대상으로 여겨지고 있다는 것이다(에드워드 윌슨, 최재천 옮김, 『통섭』, 사이언스북스, 2005.)

드에게 종교란 옛 것, 주관적인 것, 실존적인 것 등으로 이해될 수 있는 것이다. 종교는 과학처럼 객관적인 연구의 대상이 되지 않고 있는 것이다. 그에게 과학만이 객관적 진리, 보편적으로 순응해야할 진리로 간주되면서 말이다. 그러나 오늘날 포스트모던 운동 같은 사사의 학파들은 과학에 대한 저런 자신감을 허용하지 않는다. 과학도 다른 모든 학문 분과들과 마찬가지로 상대주의적인 것으로 하나의 흥망성쇠의 역사를 가지고 변천해 가는 인간의 손에 쥐어진 하나의 개임기라는 인식이 차오르고 있다. 이에 대한 선각자적인 저술은 아마도 토마스 쿤의 『과학 혁명의 구조』일 것이다.37) 과학이 진리를 탐구를 위한 논의가 아니라 패러다임에 따른 인간의 지적인 활동에 불과한 것이라고 주장했고, 이는 모든 학문 분야들도 마찬가지라는 인식으로 확대되었다. 이는 앞선 호킹의 사례가 예시하고 있는 것이기도 하다. 그는 세계가 최초의 시기부터 더욱 복잡한 법칙들이 출현하는 쪽으로 진화해 왔기 때문에 각 시대의 과학에는 시론적(試論的)인 지위가 있음을 전혀 배제할 수가 없는 것이다.

II-3. 하느님 vs 우연

이번 소절의 제목은 '하느님 vs 우연'이다. 진화신학에서 하느님과 우연이 대립적인 것은 사실이지만 여기서의 하느님은 화이트헤드와 존 호트의 사상의 맥락에서의 하느님으로서 실은 우연과 함께 활동하는 하느님이다. 화이트헤드의 철학에서 이 우연은 창조성이다. 이전 논의의 마미막 절에서 필자는 하느님과 우연인 창조성은 서로를 필요로 하며 서로를 제약한다는 점을 간략히 설명하였었다. 원인의 용어들로 말

---

37) 토마스 쿤, 홍성욱 옮김, 『과학 혁명의 구조』, 까치글방, 2013.

한다면 이 제목의 하느님은 목적인+작용인을 의미한다. 화이트헤드 철학에서는 하느님과 창조성이 세계를 창조하는 궁극적인 두 요인이다. 이 하느님은 전통적인 서구의 초월론적 하느님과 다르다. 전통적 의미의 하느님은 세계에 대해 유일한 형성적 존재이지만, 화이트헤드의 하느님은 여러 형성적 요소 가운데 자기 역할을 하는 형성적 존재이다. 그 하느님은 세계에 대해 목적인적 활동을 하는 하느님이고 또 다른 형성적 요소인 창조성은 목적인적 활동과 완전히 분리시켰을 때 그저 '우연'이라고만 할 수 있는 것으로서 원인의 관점에서는 작용인(또는 동력인, 활동인, 우연인, 효율인 등)이며 진화생물학자들이 '오직 우연만'으로 진화가 발생하다는 의미에 딱 들어맞는 것이다. 따라서 이번 소절의 제목을 다시 종합적으로 제시하자면 다음과 같다: 하느님(+창조성=목적인+작용인) vs 우연뿐(=창조성뿐=작용인뿐).

그래서 이전논고에서 화이트헤드주의에서는 창조가 여러 요소들의 공동의 사회적 노력이라고 했던 것이다.(영원한 객체와 연장적 연속체도 포함될 수 있음). 영원한 객체는 목적인으로 기능하고, 연장적 연속체는 현실 세계의 각 존재들의 생성 장소나 입각점과 관련해 형성적 요소로 제시될 수 있다. "창조의 작업 하나하나는 우주 전체를 활용하는 사회적 (다수의) 노력이다." (이전논고, 357). 이런 창조 도식에서 목적인적인 하느님의 활동이 순응되지 않거나 무시될 때에는 활동 자체 쪽으로 기울어 세계에서 악이 발생해 비극의 일어나는 원인이 되기도 하고, 세계 자체의 창조적 자기 활동이 완전히 배제되거나 무시될 때에는 세계의 무한히 복잡한 것들이 100%로 신의 목적인적 활동에 의해 일방적으로 설계되어 것으로서 주장되며 진화론에서는 지적설계주의자들이 여기에 해당한다. 지적설계론자들의 설계 개념이 화이트헤드 철학에 적용될 수 있다면 현실의 세계가 아니라 하느님의 원초적 본성 속

[화이트헤드와 함께]

이 될 것이다. 거기에는 모든 영원한 객체들이 이상적인 질서의 조화를 이루고 있다고 하기 때문이다.38) 그리고 필자는 화이트헤드의 창조성은 진화론자들의 우연, 무작위성, 맹목적성, 투쟁에 정확히 상응되는 것이라고 강조한 바 있다(이전논고, 365).

용어 구분과 그 설명이 길어졌다. 존 호트는 진화가 새로움의 개념과 결정적으로 연관된다고 하면서 화이트헤드 철학의 새로움의 출현 메커니즘을 광범위하게 전제하고 사용하고 있다.39) 화이트헤드에게서 현실에 대해 새로운 것은 하느님의 원초적 본성 가운데 직시된 무한한 영원한 객체들 가운데 하나가 특정 시공간에서 생성되고 있는 현실적 계기의 최초의 위상인 물리적 파악의 위상에 이상적인 지향으로 제공된 것이 과거에 제공된 지향에 대해 새로운 것이 된다. 이 지향은 세계에서 목적인의 기능을 하지만 한 현실적 존재의 합생 내부에만 적용될 수 있는 것이고 그 계기 밖으로 나가서 다른 존재에게 영향을 미치게 되면 작용인의 기능으로 돌변하게 된다. 그래서 항상 목적인과 작용인은 그리핀의 말대로, 왕복 운동 같이 교대로 일어난다. 목적인은 작용인들에 의해 둘러싸여 있고, 작용인은 목적인에 의해 둘러싸여 있다. "세계의 창조적 전진은 작용인과 목적인 사이의 끊임없는 왕복과 관련된다." 40) 필자가 보기에 이런 작용인과 목적인의 합동작용은 화이트헤드 철학의 가장 위대한 공헌들 몇 가지 가운데 들 정도로 중요한 것이 아닐 수 없다.

그러나 세계가 신의 그 목적인적 활동으로서의 최초의 지향을 받아들여야만 목적인적 활동이 되고 새로운 것이 출현하게 되는 것이다. 그

---

38) 알프레드 N. 화이트헤드, 『과정과 실재』, 590–603.
39) John F. Haught, "Dawinism, Design, and Cosmic Purpose". *Back to Darwin: A Richer Account of Evolution*, William B. Eerdmans, 2008, 319–329.
40) 데이빗 R. 그리핀, 『화이트헤드 철학과 자연주의적 종교론』, 202.

래서 세계에서 신의 지속적인 지향들이 현실화되어 새로움이 출현하려면 장구한 시간이 필요하다. 이 장구한 시간은 화이트헤드 진화론이 생물학적 진화론자들과 공유하는 것이다. 그들에게서는 진화가 순수 우연의 수없이 많은 시도들과 그 실현의 결과물인 변이의 다양성과 복잡성도 매우 장구한 세월을 요하기 때문이다. 그러나 실상 목적인적 활동이 전혀 없는 설명(맹목적인 순수 우연) 방식의 진화가 더 장구한 세월이 걸린다고 추론할 수 있을 것이다. 아니, 어쩌면 원칙적으로는 그런 식의 진화에서 걸리는 시간이란 것은 그저 무한하거나 순환적이거나 반복적일 수밖에 없을 지도 모른다. 무엇이 발생하여 나중의 것에 주춧돌이 될 수 있는 것을 상상하기 어려운데 진화론자들은 이런 주장을 자연스럽게 한다.

나아가 진화론적 과학자들은 그렇게 생각하지 않은 것은 물론이거니와 우연에게 신의 자리를 내주며 따라서 전통적으로 목적이나 설계의 주체나 인격으로 암암리에 종교적인 신을 상정해 온 것을 비주체나 비인격의 개념으로 전환시킨다. 비단 진화론자들만이 아니고 천체물리학자들도 그런 전환을 시도하는 저술들을 대중에게 내놓곤 하였다. 그런 사람 가운데 한 사람이 스티븐 호킹이다.[41] 설계의 주체를 비주체로 전환시킨 것은 리처드 도킨스의 눈먼 시계공[42]과 흡사하다. 이것은 유신론자에게 조롱의 의미가 있다. 호킹에게는 신학이 시간에 있어서 더 순환론적이다. 신학이 신이 세계를 창조했다는 근본 명제를 두고 호킹은 다음의 질문으로 응수하면 된다는 식이다. "우주를 신이 창조했다고 대답하는 것은... 누가 신을 창조했느냐 하는 새로운 질문으로 바꾸는 것에 불과하다."[43] 그에게 신이 떠난 자리의 유일한 대안은 딱 하나뿐

---

41) 스티븐 호킹, 『위대한 설계』, 제8장 참조.
42) 도킨스는 주체로서의 신인 '눈뜬 시계공'(윌리엄 페일리)을 비주체인 자연선택('눈먼 시계공')으로 전환시킨다.

[화이트헤드와 함께]

이다. 그것은 우연이다. 호킹은 상재한 저 저서를 통해 우연만이 위대한 설계이고 각종 자연의 법칙들을 만들어 온 것으로써 앞으로도 계속적으로 더욱 복잡한 법칙들을 불러들이는 유일한 설계이다. 그는 여러 상이한 단계들을 번호를 매겨 열거하면서 "그냥(…된다)" 식의 어투를 쓴다. "그냥 된다"는 용어는 호킹이 주체격인 목적인적 활동들을 완전히 배제하고서 우연으로만 단계별로 어떤 변화가 일어난다고 표현하는 문장들에 대해 필자가 붙여본 용어이다. 여기서 '그냥'은 어떠한 '목적인도 없이'를 의태어적으로 붙인 것이다. 필자는 화이트헤드 철학을 따라 목적인을 더욱 세분화해서 미적인, 도덕인, 종교인 등으로 분류할 수 있다고 생각한다. 그러니까 호킹은 어떠한 자연과 인간의 사태에서도 아름다움이나 도덕적인 것이나 종교적인 변화 등을 모두 우연인으로만 설명할 수 있다는 자신감을 갖는 것과 같다. 그러나 필자는 그런 상황들은 미의 추구, 도덕적 행위를 갈망함, 종교적 심오함이라는 목적적 활동이 있을 것으로 본다. 각 상황은 각 상황을 진행시키는데 원인이 되는 대응적인 방식의 원인을 상정하는 것이 보다 설득적이라고 본다. 수컷 공작새의 화려한 꼬리는 암컷을 황홀하게 유혹하기 위한 미적인적 결과로 발생한 것으로서 다른 기능은 갖지 않으며, 많은 도덕적 선행이나 종교적 회심 등은 각기 생명력 있는 도덕인이나 종교인 외에 달리 설명할 수 없는 경우들이 많다. 그러나 이전 논고에서 강조했듯이 이런 모든 목적인적 활동들은 설계론자들이 말하듯이 유일한 원인적 활동이 아니라 항상 우연적인 활동에 의해 둘러싸여져 있다(이전논고, 367).

도덕인과 관련해서 스티븐 핑커는 저 "그냥 (… 된다)"의 어투가 적용될 수 있는 방식으로 도덕적인 것이 우연에 의한 자연선택의 산물

---

43) 스티븐 호킹, 『위대한 설계』, 216.

이라도 말한다.44) 어떤 도덕적인 이상이 목적인이 되거나 신적인 목적에 순응하는 것이 아닌 우연에 의한 진화의 결과로 기계론적인 복잡성은 인정하되, 그 도덕적인 감각은 두 사람 이상의 관계에 의해 이루어진 공동체에 대한 적응의 결과이다. 한 사람만 있으면 도덕성을 일단 적응력이 떨어질 수 있다. 그럼 개인적인 양심 같은 것들은 어떻게 되는가? 그들은 자기들만의 설명 방식과 능력은 갖고 있는 것 같다. 그러나 화이트헤드의 최초의 지향으로서의 목적인적인 활동은 강력한 정서적 느낌의 발생과 더불어 설명된다(기쁨, 보람, 치떨리는 분노 등등). 이런 정서는 화이트헤드가 강력한 일반 관념의 하나로 주장한 중요성의 감각에서 비롯되는 것이다. 화이트헤드는 중요성이 우리의 직접 활동 속에서 전제되는 '궁극적 개념들' 가운데 하나라고 알려준다.45)

우리는 어떤 것이 중요하다고 느끼고 또 어떤 일은 엄청 중요하다고 느낀다. 거기서 저런 다양한 정서작용이 발생한다. 그러나 심혈을 기울인 어떤 목적 하에 진행되는 도덕적 행위나 그 동기가 우연에 의해 발생할 때 극도의 기쁨이나 환희나 치떨리는 분노 같은 정서 작용이 중요성에 대한 감각의 고조로부터 발생할 수 있을까? 하는 문제가 있을 수 있다. 화이트헤드에게서 이 중요성의 감각은 신이 느낀 느낌을 재느끼는 것으로서 신에 관한 과정 철학의 신 존재증명 가운데 하나로 활용되기도 한다.46) 이 중요성의 신 존재 논증은 과정철학의 독특한 논증으로서 고전적인 논증의 목록에는 없는 것이지만 아퀴나스의 목적론적 신 존재 논증과 긴밀한 관련성을 가지는 것이다. 신이 제공하는 목적인은 우리에게 매우 중요하다는 감각을 불러일으키는 것으로 이해

---

44) 스티븐 핑커, 김명주 옮김, "우리의 도덕감각 역시 진화 한다". 『왜 종교는 과학이 되려 하는가』, 바다출판사, 2011, 187-201.
45) 알프레드 N. 화이트헤드, 오영환 외 옮김. 『사고의 양태』, 다산글방, 2003, 제1장 참조.
46) 데이빗 R. 그리핀, 『화이트헤드 철학과 자연주의의적 종교론』, 326-334.

될 수 있는 것이다. 화이트헤드는 중요성의 증가를 도덕성이 최상으로 예증하고 있는 것으로 주장하였다.

그러나 핑커는 "수 천 년이 걸린 도덕적 진보는 사람들이 타인의 삶에 자신을 투영하여 공감의 범위를 넓히도록 장려하는 상황들의 관점에서 설명할 수 있다고 한다." [47] 핑커의 투영은 도킨스에게는 망상으로 대체된다. "나는 신 가설을 더 방어할 수 있는 형태로 정의할 것이다. 즉 그것은 우주와 우리를 포함하여 그 안의 모든 것을 '의도를 갖고 설계하고 창조한 초인적, 초자연적 지성이 있다' 라는 가설이다. … 즉 나는 무언가를 설계할 정도로 충분한 복잡성을 지닌 창조적 지성은 오직 확장되는 점진적 진화 과정의 최종 산물로 출현한 것이라는 견해를 옹호한다. 창조적 지성은 우주에서 나중에 출현할 수밖에 없으므로, 우주를 설계하는 일을 맡을 수 없다. 이 정의에 따르면 신은 망상이다. … 그것도 유해한 망상이다." [48] 이 도킨스의 도발적인 이 선언은 두 가지를 주장한 것이다. 즉 신은 태초는 물론이거니와 인간보다 더 나중에 출현해야 할 존재이므로 인간의 삶을 설계하거나 인간의 도덕적 삶의 근거로서 목적적 활동을 한다는 것은 자가당착이라는 것과 진화의 쉼 없는 과정을 끌고 가는 것은 신이 아닌 비주체적이고 비인격적인 우연이라는 진행(성) 자체, 즉 활동 자체라는 것이다.

II-4. 창조 vs 진화

'창조 vs 진화' 라는 소제목으로써 이번 절은 그것들이 더욱 고등한 가치와 존재 형태의 출현이야, 아니냐 하는 문제에 대한 양 입장의

---

47) 스티븐 핑커, "우리의 도덕 감각 역시 진화한다.", 200.
48) 리처드 도킨스, 『만들어진 신』, 51-52.

핵심을 제시하고자 한다. 즉 진화를 창조로 볼 수 있을 때 그 진화는 상향적(upward)49)이냐, 아니냐 하는 것인데, 우선 필자는 이전 논고에 이어 다시 한번 더 강조하지만 진화를 창조, 즉 신의 계속적인 창조로 이해한다는 점을 이번 논고에서도 주악상으로 한다. 그렇다면 이번 절의 핵심명제는 '진화는 상향적'이라는 것이다. 다시 말해 진화는 진보나 발전으로 이해될 수 있는 것이냐 하는 것이다. 그리고 필자는 신학자의 입장으로 진화는 신의 목적인적 활동에 의해 우주의 역사 가운데 지속적인 새로운 것의 출현을 통한 진보와 문명의 발전으로 이해할 수 있다는 의미를 시사해 왔다. 그러나 생물학적 진화론자들은 진화는 전혀 그런 것이 아니고, 우연에 의한 변이들의 다양성과 복잡성의 증가일 뿐이라고 한다.

앞에서 잠깐 등장한 것이지만, 화이트헤드주의 진화신학자 존 호트는 『다윈 안의 신』이란 저술을 냈는데,50) 사실 이 한국어 역 제목은 너무나도 명백한 오역이라는 점을 지적하지 않을 수 없다. 호트의 진화신학의 철학적 배경을 상세히 모르는 번역서 제목이다. 그 영어 원제는 『Deeper than Darwin』이다. 진화를 (다윈보다 더욱 심오하게) 설명해 내겠다는 의도의 저술로 필자가 이전논고와 이 논고 속에서 지금까지 대비시킨 내용들의 빛에서 다윈보다 더욱 심오하게 진화의 구체적인 면면을 설명해 내고 있다.51) 진화가 상향적이라고 하는 필자의 명제를

---

49) 진화의 상향성이란 "전체 세계 속의 신적인 영혼이 고등한 가치들이 실현될 수 있는 더욱 복잡한 사회들을 생성시키는데 진력하고 있기 때문에 진화가 발생하고 있는 것이라는 의미를 갖는다."(데이빗 R. 그리핀, 『화이트헤드 철학과 자연주의적 종교론』, 358.)
50) 존 호트, 김윤성 옮김, 『다윈 안의 신』.지식의 숲, 2005.
51) 호트의 이 저술은 『다윈 이후의 하느님』의 자매편으로 유신론적 진화신학의 매우 탁월하고 뛰어난 압권이 되는 책이다. 호트는 그 책에서 여러 Deeper(더 심오하게)들을 제시하고 있다. '4장: 절망보다 더 깊이', '6장: 도킨스 보다 더 깊이', '7장: 설계보다 더 깊이', 8장: 깊은 다원주의와 종교', '11장: 죽음보다 더 깊이', '12장: 더 깊은 신학'. 이런 호트의 여러 Deeper들은 필자가 이번 절에서 말하는 '진화는 상향적'이라

[화이트헤드와 함께]

호트는 저 책에서 다양한 대비문구들을 통해 다루는데 그 가운데 하나가 '질서-무질서'(또는 무가치-가치) 도식이다. 즉 진화는 무질서로부터 고등한 질서가 출현하는 것으로서 상향적 활동이라는 것이다. 이는 다윈주의의 진화설명과 자신의 진화설명을 차별 짓고 있는 것에 다름 아니다. 질서가 복잡해지고 정교해지며 고차적인 수준으로 진행된다는 것과 비례해서 가치가 상향적으로 증가한다는 것을 말하면서 '생명의 경이'라는 표현을 반복해서 쓰고 있다.[52] 이것은 그가 그의 저술 도처에서 많이 역설한 '새로움의 출현'이나 '새로움의 질서화'[53] (정돈)에 정확히 상응하는 다른 표현이다. "우리 인간들은 혼돈을 이기는 궁극적 질서에 대한 거의 보편적 직관을 표현한 무수한 신화를 만들어 왔다. 실제로 무질서에 대해 질서가 궁극적으로 승리하리라"[54] 는 것은 대부분의 종교가 제시하는 근본 가르침이다. 이렇게 자신의 기본 도식을 피력한 후 호트는 곧바로 진화 생물학자들의 의견을 대비시켜 다음과 같이 제시한다. "그런데 오늘날 진화생물학은 우리에게 생명세계의 장관 너머에 있는 것이 순전히 무작위성과 비인격적 법칙의 뒤범벅일지도 모른다는 의구심을 갖게 만들었다."[55]

한편, 호트의 이 저서(『다윈 안의 신』)는 제7장에서 '설계보다 더 깊이'라는 장 제목으로 지적 설계론자들보다 더 심오하게 진화의 과정을 설명하는데, 그것은 필자가 지속적으로 강조하듯이, 지적 설계론자들은 설계자의 목적인 일색으로 세계와 그 진화를 설명하지만[56] 화

는 것을 설명 제시하며 해당 주제로써 설명한다. 진술들과 논리들 곳곳에 배어있는 내용 배경에는 화이트헤드 철학의 존재론과 우주론이 그대로 깔려있다.
52) Ibid., 243-254.
53) 존 호트, 『과학과 종교: 상생의 길을 가다』, 270.
54) 존 호트, 『다윈 안의 신』, 185.
55) Ibid., 같은 면.
56) 이에 대한 초자연주의자적인 대표적인 저술은 점진주의에 대한 비판인 '환원 불가한 복잡성'으로 유명한 다음 저서를 참조하라. 마이클 베히, 김창환 외 옮긴, 『다윈의 블

이트헤드 철학에 기반한 호트의 진화신학은 진화를 목적인과 작용인이 모두 기능하는 것으로 그 출현을 설명하기 때문에 모든 진화 과정들의 구체적인 면면들에 대해 지적 설계론자들보다 그리고 진화생물학자들보다 더욱 심오하고 완벽히 설명할 수 있다는 것을 확신하고 있다.

즉 다윈주의는 지적 설계론자들의 반대편에 있는 또 다른 하나의 근거에만 의존해서 진화를 설명하기 때문에 호트의 입장은 양자를 종합한 것에 그 중요성이 있는 것이다. "다윈주의적 독법은 지적 설계이론을 생명에 대한 과학적 설명으로 보려 하지 않는다. 물론 이 독법은 복잡한 질서(의 출현)의 명백한 사실성을 부정하지는 않는다. 하지만 이 독법은 생명의 설계라는 텍스트를 읽으면서 지적 존재(가령 신 같은-필자 추가)를 원인적 요소로 간주하는 그런 방법에 의존하지 않는다. 사실 그런 식으로 정신, 의도, 주체성, 목적 같은 개념들이 생명과 인간 정신을 포함한 자연에 대한 진화론적 설명에 끼어드는 일[을 배제하는 것이] 다윈주의에만 국한되는 것은 아니다. 그것은 현대 과학 자체의 핵심 특징이기도 하다. 모든 설명으로부터 정신, 지능, 주체성, 목적, 인격성, 지향성, 신의 섭리 따위를 배제하는 과학적 방법론의 원칙을 위반한다면, 이는 과학적 독법[에] 부합하지 않는다." 57)

예를 들어 인간의 고차원적 의식과 언어 사용이 그것들이 없는 존재에서 인간으로의 진화의 결과로 진보나 발전의 결과물로 이해할 수 있느냐고 묻는다면, 필자는 저런 관점에서 호트가 발전이라고 답할 것으로 생각한다. 그러나 진화 생물학자들은 그것이 발전이라고 말할 만한 근거를 갖고 있지 않고, 각각의 개인적인 의견은 어떠하든지, 그들의 진화설명 방식으로는 발전이 아니라고 말해야만 할 것이다. 물론 퇴보

랙박스』, 풀빛, 2001.
57) Ibid., 203.

라고 말할 수 있는 관점과 주장도 있다. 불교 같은 종교는 언어가 중생으로 하여금 집착케 하는 원흉으로 보고 '고귀한 침묵'이란 말까지 만들어 인구에 회자시켰다. 필자는 불교도들의 설명이 맞는 일면이 있다고 하더라도, 그것은 발전이며 불교도의 주장은 그런 발전에 어쩔 수 없이 수반되는 그림자 같은 것으로서 부차적이며 이차적이라고 생각한다.

정교한 의식과 언어 사용이 발전이 아니라면, 인간이 침팬지나 고릴라나 오랑우탄과 아무런 존재론적 차이가 없다는 말인가? 인간과 침팬지는 어떤 공통의 조상에서 분리되었다고 하고, 그 공통 조상과 고릴라가 그 상위의 공통 조상에서 각각 분리되었다고 하며, 또 그 상위의 공통 조상과 오랑우탄이 또 다른 더 상위의 공통 조상에서 계통 분리되었다고 하지 않는가?[58]

인간의 언어 구사가 저것들의 시끄러운 꽥꽥거리는 소리와 다르지 않는가? 그렇게 "다원주의는 인간 주체 자체를 단지 우연적인 것으로 치부해 버린다."[59] 다윈 이후 대부분의 진화생물학자들은 그들의 논리대로 결론을 낸다면 인간의 언어 사용과 다른 영장류 동물들의 신호보내기 사이에는 본질적으로는 아무런 가치의 차이가 없다고 해야만 할 것이다. 그들은 인간의 뇌조차 자연선택의 탓으로 돌릴 것이다. 역설적으로 인간 뇌의 출현은 '환경에의 적응'인 자연선택으로 설명한다고 한다면, 그 뇌와 독특하게 구별되는 의식은 자연환경을 개조시켜 과학기술문명이 출현하는 방향으로 작용해 왔다. 즉 환경은 자기를 개조나 변형(극단적으로는 파괴)시키는 원수를 낳도록 먼저 환경 자신에게 적응시켜 왔다는 논리가 된다. 그리고 그대로 인간이 출현하기 이전에 환

---

58) 앤드루 슈틀먼, 김선애 옮김, 『사이언스 블라인드』, 바다출판사, 2020, 제11장 참조.
59) 존 호트, 『다윈 안의 신』, 241.

경을 개조의 의미로 끝없이 변화를 지속해 왔던 것이다.60) 진화를 우연, 변이, 무작위성, 경쟁 등에 의한 자연 선택적 환경에의 적응으로만 설명하는 진화생물학은 생물들의 출현 이전부터 어떤 조정적인 활동(일종의 목적인적 활동)에 의해 생물들이 살아가기 적합한 환경으로 개조되고 변화를 거듭해 온 역사를 모른 척 할 수 있는가?

공진화(coevolution) 같은 것을 주장하는 사람들에 따르면, 진화는 미시적 차원, 중간적 차원, 거시적 차원과 단위들에서 동시다발적으로 잔행되어 왔다는데, 이것은 생물체의 출현 이전의 물리적 세계에도 적용된다. 방금 필자가 '환경의 개조' 같은 형태로 말이다. 그렇다면 어떤 원초적 생명체가 출현하도록 각 차원들에서 진화가 환경 개조적으로 선(先) 발생해온 것은 아닌가? 여러 차원들에서 일어난 그런 개조들이 어떤 특정 시점에서 중첩적으로 결합된 효력을 낸다면, 이전 환경에서 A라는 생물체가 이후의 환경에서 A'라는 생물체로 비약이 일어날 수 있는 것은 아닌가? 인간이 그 전 존재와 달리 몸에서 털이 불필요해진다거나 직립보행하면서 정교한 작업을 가능하게 하는 손을 갖게 되었다거나 인간 신체에 적합하고 그 건강에 기여하는 자연 속의 여러 음식재료들에 의한 어떤 결과 같은 것들이 환경들의 끊임없는 개조들 이후에 일어났던 것은 아닌가? 그리고 그런 다양한 오랜 세월의 개조들에는 신적인 어떤 목적적인 활동에 가동되고 있었던 것은 아닌가?

다윈주의 진화론자들은 그런 목적인적 활동이 가동되고 있지 않다고 잘라 말한다. 그들의 저술들에는 우연이란 말 앞에 '맹목적', '무목적', '목적 없는'. '눈먼'61)이란 말들이 셀 수 없이 많이 등장한

---

60) "우주 전체는 반복되지 않는 운동을 계속해 왔다. 대륙들은 표류하였고, 기후는 변화를 거듭했으며, 그에 따라 종들은 진화해 왔다… 기후의 변화들은 사람들을 이동시켰으며, 사람들의 행위들은 땅의 조건을 변화시켰다."(존 캅 외, 이경호 옮김, 『캅과 그리핀의 과정신학』, 이문출판사, 2010, 228.).
61) 리처드 도킨스의 저술 『눈먼 시계공』에서 '눈먼'은 이 의미를 나타낸다. 그리고 눈

다. 그리고 필자는 그것이 정확히 신을 대체시키는 것으로 신에 대응하는 것이라고 앞 소절에서 말하기도 하였다. 그렇다면 그들에게 진화는 신의 활동과 관련될 수 없을뿐더러, 상향적으로 어떤 더 위대한 가치가 앞에 것에 이어 새로운 것으로 출현하는 것도 전혀 아닌 것이다.

다윈주의 내에서 다윈과 도킨스의 점진주의(gradualism)를 극복하기 위해 등장한 단속평행설(punctuated equilibria)의 주창자이자 다윈 이후 가장 위대한 진화론자로 평가받는 스티븐 제이 굴드(stephen J. Gould)는 "진화가 필연적으로 더 높은 단계로 나아가는 과정이라는 관념을 거부한다. 생물은 다만 자신들의 국부적인 환경에 적응력을 높여 갈 따름이다." 62)

이것은 진화가 신에 의한 목적인적 활동의 참여에 의한 것이 아니라 자연스러운 자연 선택적 적응에 의해 발생한다는 것이고, 화이트헤드의 철학적 개념을 관련시켜 말한다면, 진화는 무한한 영원한 객체들이라는 신적인 아이디어들이 현실의 세계에서 구현될 때 더 가치 있는 것들과 덜 가치 있는 것들로 그 관계들이 추상적으로 신의 원초적 본성 속에서 직시되어 세계에 이상들로 제공됨으로써 새로운 것들을 우주의 역사 속에서 지속적으로 실현시켜 갈 근거를 제공받아 진화론자들이 말하는 동일 현상을 설명한다는 것으로 요약 풀이된다.

이런 화이트헤드의 철학과 존 호트의 신학에 따르면 생물체 A에서 생물체 A'로의 진화는 신적인 활동에 의해 상향적 진보적으로 추진되는 것이며, 화이트헤드는 이런 활동 가운데 동물적 존재에서 인간적 존

먼 시계공은 자연선택인 우연이다. "자연선택은 마음도, 마음의 눈도 갖고 있지 않다. 그것은 미래를 내다보고 계획하지 않는다. 전망을 갖고 있지 않으며, 통찰력도 없고, 전혀 앞을 보지 못한다. 만약 자연선택이 자연의 시계공 노릇을 한다면 그것은 눈먼 시계공이다."(리처드 도킨스, 이용철 옮김, 『눈먼 시계공』, 사이언스북스, 2004, 28.).
62) 스티븐 제이 굴드, 홍욱희 외 옮김, 『다윈 이후』, 사이언스북스, 2009, 10.

재로 비약했을 때의 주요한 특징 3가지를 제안한다. 그것들은 언어, 종교, 그리고 도덕성이다.63) 그러나 이타심도 아닌 이기심을 한 종이나 그 종의 개체의 수준에서가 아니라 모든 종들과 개체들의 유전자 수준까지 내려버린 도킨스에 대해서는 이 점에 대해 말해 무엇할 것인가?64) 그에게 진화는 변이들의 다양성과 복잡성의 출현65)이긴 하지만 가치나 발전에 있어서는 오히려 퇴보적인 것은 아닌가?

III. 나가는 말

진화신학에 대해 이전논고로부터 출발하여 본 논고까지 긴 여정을 걸어왔다. 화이트헤드의 과정 철학 속의 진화에 대한 언급이나 과정 신학자들의 저술들을 읽으면서 촉발된 진화신학이라는 처음에는 생소했던 주제가 큰 줄기로 이해되었던 것 같다. 그러나 이것은 필자 본인의 일방적인 주장이고 논고 곳곳에서 전개된 논리나 내용에는 왜곡되고 모자란 지식의 흔적이 많이 있을 것이다. 이는 더욱 연구하면서 잡아가야겠지만 약간의 확신이 있는 것도 부인할 수는 없다. 보다 광범위한 자료들을 꼼꼼하고 정확히 소화하여 진일보된 생각의 바다로 나아가길 자조적으로 바래본다.

본 논고는 '범심론, 신, 목적인, 종교'를 한 축에 세우고 다른 축

---

63) Alfred N. Whitehead, *Modes of Thought*, The Macmillan Company,, 1938, 40.
64) 리처드 도킨스, 『이기적 유전자』, 제1장 참조. "자연 선택의 과정을 보면, 자연선택에 의해 진화되어 온 것은 무엇이든 도태되는 것은 나 몰라라 하여 이기적일 수밖에 없다는 것을 알게 된다."(23).
65) 도킨스는 다양성과 복잡성을 보통 가치 있는 것으로 여기는 상식적인 상황을 조롱하듯, 유물론에다 기계론의 이미지를 추가해서 자신의 '가치-증가 배제적'인 사상의 변함없는 심지로 삼는 것 같다. "장남감과 [비교해], 우리 자신의 신체에 대해서는 어떠한가? 훨씬 더 복잡하다는 것을 빼면, 우리도 [장난감]과 같은 기계이다."(리처드 도킨스, 『눈먼 시계공』, 25.). 단순한 기계든, 복잡한 기계든 상향적 가치의 관점에서는 그 차이가 없다.

[화이트헤드와 함께]

에는 '유물론, 우연, 작용인, 과학'을 세워서 서로 어떤 지점에서 충돌하고 있는지를 나름의 관점에서 살폈다. 앞의 것은 화이트헤드의 대통합 사상에서 말하는 것에 주로 의지하였고, 뒤에 것은 과학만능주의(the Scientism)에서 바라보는 견해를 대표한다고도 이해할 수 있다. 목적인은 작용인과 화해할 수 있지만 여전히 화해하지 못하고 있는 현장을 우리는 지적 설계론자들과 다윈주의 진화론자들 사이에서 목도하였다. 또한 과학과 종교나 신학은 진정한 화해의 손을 내밀지 못하고 사회 곳곳에서 충돌하고 있는 실정이다.

종교와 과학의 각 핵심적 자기 진리의 전제들을 모두 지지하는 통합적 형이상학의 구성의 길로 가야 한다고 주장하는 화이트헤드 철학의 장점은 각 사상의 과잉 주장들에 대해서는 변혁을 동시에 모색하는 것으로 이해되어야만 한다. 유신론만 신앙이 아니고 무신론도 신앙이라고 말하면서 도킨스를 비판하는 맥그라스 알리스터[66] 같은 신학자 이상으로 더 과학과 무신론에 대해 그리고 문제점들의 제기에 대해 종교는 머리 숙여 존경을 표하면서 자기를 낮출 필요가 있다고 본다. 그리고 그 역도 마찬가지이다. 즉 과학도 종교에 대해 그런 자기-낮춤의 자세를 취해야만 한다. 수천 년, 아니 수만 년 동안 인류에게 정신적 지주로 유효해 왔던 종교적 진리를 그들은 과학적 합리주의의 이름으로 쉽게 무시해서는 안 된다. 과학만능주의자들이 볼 때 신앙은 추상적인 것에 대해 우리가 붙일 수 있는 관계형태지, 구체적인 사실에 대해서 붙이는 용어는 아니라고 판단할 것이다. 구체적인 사실은 신앙이 아니라 그저 지각이나 목격 정도로 이분화 하면서 말이다. 지각이나 목격을 확신이라고 한다면, 그것은 오류추리의 출발이 돼 버릴 수 있다.

그렇다면, 종교나 신학은 그들에게 구체적인 것에서 신앙에 해당하는

---

[66] 맥그라스, 김지연 옮김, 『도킨스의 신』, 학생신앙운동출판부, 2017, 188 이하.

것을 보여주기까지 철학적으로 숙고하여 자연과학의 연구 성과를 충분히 파헤치면서도 그 한계적 상황을 지적할 수 있도록 예리한 사유를 준비하여야만 할 것이다. 필자는 이 진화 신학을 다루면서 후대의 종이 선대의 종에서 출현한다는 진화론자들의 모든 사례 분석들을 암암리에 그대로 모두 받아들이면서 논의를 개진해 왔다. 생물학적 진화론은 프로이드가 무의식의 역할을 알려주었듯이 누구 말마따나 우리 시대의 빼도 박도 못하는 진리이다. 이 생물학적 진화론은 다양한 다른 진화론으로 차용돼 이전돼 갈 정도이다. 다윈 이후의 인간 존재에 관한 결정적인 사실이다. 필자는 요지는 돌덩이에서 물리학만 보지 말고 신학과 종교를 볼 정도로 과학을 그대로 포용 충족시키면서도 신학 사상을 전진시켜야 한다는 것이다. 화이트헤드의 철학과 존 호트의 신학은 종교나 신학을 위해 그런 선까지 사상을 전개하였고, 필자는 그 일단의 단면을 본 논고를 통해 제시하고자 하였다.

[참고문헌]

데이빗 그리핀/ 이경호 옮김. 『화이트헤드 철학과 자연주의적 종교론』. 서울: 동과서, 2004.

리처드 도킨스/ 김정은 옮김. 『리처드 도킨스의 진화론 강의』. 고양: 도소출판옥당, 2016.

_____/ 이용철 옮김. 『눈먼 시계공』. 서울: 사이언스북스, 2004.

_____/ 이한음 옮김. 『만들어진 신』. 서울: 김영사, 2007.

_____/ 홍영남 옮김. 『이기적 유전자』. 서울: 을유문화사, 1993)

로이드 기링/ 이세형 옮김. 『기로에 선 그리스도교 신앙』. 서울: 한국기독교연구소, 2005.

리처드 도킨스 외/ 김명주 옮김. 『왜 종교는 과학이 되려하는가』. 서울바다출판사, 2011.

마이클 베히/ 김창환 외 옮김. 『다윈의 블랙박스』. 서울: 풀빛, 2001.

마이클 피터슨 외/ 하종호 옮김. 『종교의 철학적 의미』. 서울: 이대출판부, 2005.

알리스터 맥그라스/ 김태완 옮김. 『만들어진 신』. 서울: SFC 출판사, 2007.

알프레드 N. 화이트헤드/ 오영환 옮김. 『과정과 실재』. 서울: 민음사, 1991.

_____/ 오영환 옮김. 『과학과 근대세계』. 서울: 서광사, 1989.

_____/ 오영환 옮김. 『관념의 모험』. 서울: 한길사,

1996.

박성관/ 종의 기원; 『생명의 다양성과 인간소멸의 자연학』. 서울: 그린비, 2010.

존 캅/ 이경호 옮김, 『화이트헤드 철학과 기독교 자연신학』. 서울: 동과서, 2015.

존 캅 외/ 이경호 옮김. 『캅과 그리핀의 과정신학』. 서울: 이문출판사, 2012.

존 호트/ 구자현 옮김. 『과학과 종교-상생의 길을 가다』. 서울: 들녘, 2003.

_____/ 김윤성 옮김. 『다윈 안의 신』. 서울: 지식의 숲, 2005.

_____/ 박만 옮김. 『다윈 이후의 하느님』. 서울: 한국기독교연구소, 2008).

존 힉/ 변선환 옮김. 『성육신의 새로운 이해』. 서울: 이대출판부, 1997.

스키브 호킹 외/ 전대호 옮김. 『위대한 설계』. 서울: 까치글방, 2010.

스티븐 J. 굴드/ 홍욱희 외 옮김. 『다윈 이후』. 서울: 사이언스북스, 2008.

_____/ 김동광 옮김. 『인간에 대한 오해』. 서울: 사회평론, 2003.

_____/ 김동광 옮김. 『생명, 그 경이로움에 대하여』. 서울: 경문사, 2004.

앤드루 슈틀먼/ 김선애 외 옮김. 『사이언스 블라인드』. 서울: 바다출판사, 2020.

Alexandre Koyre, *From the Closed World to the Infinite Universe*, Baltimore Johns Hopkins University Press, 1968.

Brian Easlea, *Witch-Hunting, and the New Philosophy: An Intriduction to Debates of the Scientific Revolution 1450-1750*, Atlantic Highlands N.J.: Humanities Press, 1980.

Colin McGinn, *The problem of Consciousness: Essays towards a Resolution*, Oxford: Blackwell, 1991.

Geoffrey Madell, *Mind and Materialism*, Edinburgh: University Press, 1989.

John B. Cobb, *Christ in a Pluralistic Age*, Philadelphia: Westminster, 1975.

_____, *Back to Darwin: A Richer Accounts of Evolution.* Michigan, William B. Eerdmans , 2008., (edited),

Klaaren, *The Religious Origins of Modern Science*, Grand Rapids: Eerdmans, 1979.

Stephen Hawking, *A Brief History of Time*, New York: Bantam Books, 1988.

[Abstract]

The Development of a Whiteheadian Theology of Evolution
John F. Haught vs (Neo-)Darwinism

Darwin's theory[doctrine] of evolution has become the code name that stipulates and dominates the decisive understanding of human being in our time with Sigmund Freud's psychoanalytic understanding of human unconsciousness. But While as a lot of believers research it, the latter now is very pro-religious in many aspects, Darwin's evolutionary theory is subversively destructive to previous religious understanding of human being. According to Charles Darwin, Humans is not being of integrity who was inventively created by God in terms of the divine forms just but had gradually been evolved from earlier stages of animal existence through the natural selection by accidental, randomized, 'survival of the fittest's, and 'adaptation to environment's activity. Claiming these points at the one hand, evolutionary scientists(e.g. Richard Dawkins) are at a time discrowning existing religious worldviews, that is, God's creation, divine act of final cause, discipline of religion, upward advance by novelty as anachronic, old, and useless type. They have made this become the trend of our day.

This paper argues that their rough contention of ending up religious truth which have been resulted from biological evolutionism as a area among natural sciences is not reasonable. Also, from the a wareness that religions western and eastern have sustained for many millennia in mankind because of the important vitality, the writer estimates religion as the irreducible phenomenon in history. But in spite of these points, we can never ignore natural science. Nonetheless, also, religious worldviews should be protected continuously. In writer's estimate, Whitehead's metaphysical philosophy as a great philosophy of religion could make two beliefs possible by locating and integrating religion and science ideally. Therefore, the writer compares a whiteheadian theology of evolution(John F. Haught's one) with biological thought of evolutionists for me to accept scientific fruits scientists produce but point out their limits. The subjects that are discussing are as follow: 'materialism vs Panpsychism', 'Religion vs Science', 'God vs Accident', and 'Creation vs Evolution.'

[Key Words]

God, accidents, natural selection, final cause, efficient cause, Neo-Darwinism, intelligent design, Whitehead, Religion, Materialism, Panpsychism

• 화이트헤드와 함께 5

유기체철학의 신 이해에 관한 고찰
(A Study on the Concept of God in Process Philosophy)

임동빈* 씀

1. 들어가는 말

2. 화이트헤드 신 개념의 변천과정
   1) 「과학과 근대세계」의 신 개념
   2) 「형성과정에 있는 종교」의 신 개념
   3) 「과정과 실재」의 신 개념

3. 찰스 하츠혼의 신고전 유신론
   1) 신고전 유신론: 찰스 하츠혼의 범재신론
   2) 사회로서의 신

4. 나가는 말: 유기체철학 신 개념의 의의와 평가

---

* 한국침례신학대학교 박사과정

1. 들어가는 말

이 논문의 목적은 알프레드 노스 화이트헤드(Alfred North Whitehead)와 찰스 하츠혼(Charles Hartshorne)에 의해 형성된 유기체철학의 형이상학 체계에서 신 이해를 고찰하는 것이다. 유기체철학의 신 개념은 서구의 사상에서 형성된 전통적 신의 개념을 날카롭게 분석하거나 비판하면서 새로운 패러다임의 신 개념을 제시했다. 이 논문은 유기체철학의 신 개념의 가능성을 다시 살펴보고자 한다. 우선, 서구 철학사에서 유기체철학이 가지는 의의는 다음과 같이 정리될 수 있을 듯하다. 첫째로, 반(反) 형이상학적인 조류가 대두되던 20세기 초반의 철학적 사조에서 다시금 형이상학을 철학의 중심으로 끌어왔으며, 그러한 노력을 플라톤(Plato) 이래로 정립된 실체론적 존재론에서 생성과 과정의 존재론으로 사고의 방향을 선회했다는 것이다. 둘째로, 근대 이후 무신론적인 사조나 자연주의적 사조가 점차 철학의 중심 속에 확산되고 있었음에도 불구하고 형이상학적 체계에 신 개념을 도입하여 유신론적인 세계관을 구축하고자 했다는 것이다.

유기체철학이 하나의 세계관을 제시함과 더불어 신의 개념을 말하고 있다는 점은 많은 반향을 일으켰다. 특히 유기체철학의 신 개념은 신학적 사고에 영감을 주며 '과정신학(Process Theology)'이라는 새로운 신학이 나오도록 만드는데 기여하였다. 그러나 전통 신학의 신 개념이 실체론적인 존재론을 그 기저에 두고 있기 때문에 신은 형이상학적 체계의 원리를 초월한 존재로서 이해해 왔다. 그 결과, 이러한 초월적 존재로서의 신은 한편 만의 진리를 제시하는 것처럼 보였다. 하지만 유기체철학은 이 한편만의 신에 대한 의미를 생성과 과정의 존재론을 제시하면서 신 역시 형이상학 체계의 원리에 종속되는 것으로 보는 유기체

철학의 신 개념을 제시하였다. 비록 유기체철학의 신 개념이 전통적인 신 개념을 주장하는 신학적 입장에 의해 비판을 받거나, 아니면, 철학적으로 비유신론 혹은 무신론적인 입장에 의해 유기체철학의 신 개념은 스스로의 형이상학적 체계를 구성하는데 불필요하다는 이유로 비판을 받기도 하였다. 전자의 비판은 신학적 입장에서 유기체철학의 신 개념의 기저에 있는 존재론 개념을 비판하는 입장이고, 후자는 철학적인 입장에서 유기체철학의 형이상학적 체계에서 신 개념이 가지는 지위와 신 개념으로 인한 체계적 정합성 문제에 관한 비판으로 볼 수 있다.

이 논문에서 논자는 우선 유기체철학의 신 개념을 화이트헤드와 하츠혼의 저서를 문헌적으로 고찰하는 것에 한정을 하면서 유기체철학의 신 개념의 형성 과정을 살펴보고, 그것을 통해 유기체철학의 체계에서 신 존재가 가지는 의의를 고찰해 보려고 한다. 논자는 유기체철학의 신 개념이 실체론적 존재론 비판의 성격이 강하며, 자연주의적 종교의 가능성을 열어두는 신 개념이라는 입장을 고찰함과 동시에 유기체철학의 신 개념이 서구의 지배적인 신 담론인 전통 기독교적 신 개념을 어떻게 대체하고 있는지를 살펴볼 것이다. 이를 통해 자연주의적 세계관 및 다원주의적 세계관이 지배하는 이 시대에 유기체철학의 신 개념이 우리에게 주는 의미에 관해서 고찰해보고자 한다.

2. 화이트헤드 신 개념의 변천 과정

화이트헤드의 신 개념을 살펴보기에 앞서 주의할 점은 화이트헤드의 사상에서 드러나는 신 개념은 특정 종교의 신, 종교적인 신 개념이 아니라는 점이다. 언론인 루시언 프라이스(Lucien Price)와의 대담집인 「화이트헤드와의 대화」에서 드러나듯이 화이트헤드는 전통 기독교 및

기독교 신학을 비판적으로 바라보는 입장이었다.1)

이러한 점을 생각한다면 화이트헤드가 자신의 형이상학 체계에 신 개념을 도입한 것은 종교적인 배경 혹은 개인의 신앙과는 무관한 것으로 봐야한다. 따라서 화이트헤드의 사상에서 나타나는 신을 이해할 때에는 철학적인 개념의 신으로서 이해해야 하며, 기존의 신 개념에 관한 선입견을 내려놓고 보아야 한다. 이제 화이트헤드는 왜 자신의 사상에 신 개념을 도입할 수밖에 없으며, 또한 그의 신 개념이 화이트헤드의 사상에서 어떠한 입장에서 논의되었는지에 관해서 화이트헤드의 신 개념의 변천사를 살펴보는 것이 좋을 듯하다.

1) 「과학과 근대세계」의 신 개념

화이트헤드의 주요 저서인 「과학과 근대세계」는 통상 「과정과 실재」와 「관념의 모험」과 함께 화이트헤드가 자신의 '사변철학'(Speculative Philosophy)을 서술한 3부작 저서로 불리는 중요한 문헌이다. 「과학과 근대세계」는 화이트헤드의 철학적 발전사를 구분할 때 '이행의 시기'라고 불리는 1925년부터 1927년까지의 시기에 저술된 책이다.2) 「과학과 근대세계」는 1925년 2월에 행해진 '로웰 강연(Lowell Institute Lecture)'를 기초로 쓰인 책으로서 화이트헤드는 11

---

1) 화이트헤드는 프라이스와의 13년간 교류하며 다양한 분야에 관한 자신의 견해를 밝혔는데, 그 대담에서 전통적인 기독교와 기독교 신학에 대해 비판적인 입장을 피력하고 있다. 화이트헤드의 종교와 신학에 관한 상세한 견해는 다음의 책을 참고하라. Lucien Price, and Alfred North Whitehead, 「화이트헤드와의 대화」, 오영환 옮김 (서울: 궁리, 2006).
2) 이러한 '이행의 시기'라는 화이트헤드의 생애 분류는 나다니엘 로렌스(Nathaniel Lawrence)와 윌리엄 해머스미트(William Hammerschmidt)등과 같은 화이트헤드의 사상적 발전사를 연구한 학자들에 의해 구분된 것이다. 존 캅(John B. Cobb), 토마스 호진스키(Thomas E. Hosinski)등과 같은 학자들도 대부분 이 분류에 동의하고 있다. John B. Cobb, 「화이트헤드 철학과 기독교 자연신학」, 이경호 옮김 (서울: 동과서, 2015), 217-228.

장에 신에 관한 이야기를 덧붙이며 본격적인 유신론적 형이상학에 발을 들여놓는다.

화이트헤드는 아리스토텔레스(Aristotle)에 관한 언급으로 장의 서두를 열며 아리스토텔레스는 종교적인 의도로 신 개념을 자신의 체계에 도입한 것이 아님을 밝힌다.3) 이는 아리스토텔레스의 신은 체계적 정합성을 위한 것이라고 보는 것으로 "아리스토텔레스의 물리학에선 물리적 사물의 지속적인 운동을 위한 원인이 필요했고, 사물의 운동을 조정하는 원인인 제1운동자(Prime Mover)가 필요했다는 것"이라는 의미로 볼 수 있다.4) 따라서 화이트헤드가 신 개념을 자신의 형이상학적 체계에 도입한 목적은 체계적인 정합성과 완성도를 위한 것이라고 생각할 수 있다. 이는 화이트헤드가 당시 하버드대학의 철학교수였던 윌리엄 호킹(W.E. Hocking)과의 대담에서 "나는 엄밀한 기술적 완성을 목표로 하지 않았다면, 신 개념을 나의 체계에 포함시키지 않았을 것이다."라고 말한 것에서 잘 드러난다.5) 체계적 정합성을 위해 신 개념이 요청되어야 한다는 점에서는 화이트헤드가 아리스토텔레스에 동의하지만, 다음과 같은 이유로 화이트헤드는 아리스토텔레스와 그의 주장을 비판한다. 그는 단순히 신이 만물의 운동 원인으로만 이해해선 안 되고 신을 "구체화의 원리(the Principle of Concretion)"로 이해해야 한다는 것이라고 말한다.6) 화이트헤드의 초기 신 개념은 체계의 완성도를 높이기 위해 요청된 개념이라는 점에서는 아리스토텔레스의 입장과 어

---

3) Whitehead, 「과학과 근대세계」, 오영환 옮김 (서울: 서광사, 2017), 283-4.
4) Ibid., 284.
5) W.E. Hocking, "Whitehead as I knew Him," in George L. Kline, ed., *Alfred North Whitehead: Essays on His Philosophy, Endlewood Cliffs.* (New Jersey.: Prentice-Hall. 1963), 7-17. Thomas E. Hosinski, 「화이트헤드 철학 풀어 읽기」, 장왕식, 이경호 옮김 (서울: 이문출판사, 1994), 305에서 재인용.
6) Whitehead, 「과학과 근대세계」, 284-5.

느 정도 유사하지만, 그는 아리스토텔레스가 제1원인의 신을 주장한 것과는 달리 "구체화의 원리"로서 신을 제시하는 것이다.

그렇다면 구체화의 원리로서의 신은 무엇을 의미하는가. 이를 파악하기 위해서는 화이트헤드의 존재 개념에 관한 이해가 필요하다. 「과학과 근대세계」에서 화이트헤드가 주장하는 가장 중요한 논거는 바로 '단순정위(Simple Location)'에 대한 비판이다. 단순정위란 "시간과 공간 속에서 단순히 위치를 점유하고 있는 물질의 개념"으로서 서구 존재론의 기저에 있는 사고이다.7) 이러한 근대의 세계관은 "공간과 시간 속에 단순 정위하는 물질이라는 관념과 지각하고 고민하며 추리하지만 다른 것에 영향을 주지 않는 정신이라는 과학적 추상관념을 사실에 관한 가장 구체적 해석으로 받아들였다"는 것이다.8) 화이트헤드는 단순정위의 문제를 "잘못 놓여진 구체성의 오류(Fallacy of misplaced concreteness)" 즉 추상관념을 구체적인 실재로 받아들이는 오류를 범한 것이라고 지적한다.

이와 같은 근대의 세계관은 화이트헤드가 '과학적 유물론'이라고도 정의한 세계관이다. 화이트헤드는 이를 "시공 속에 단순히 존재하면서 원리로 환원하기 어려운 단순한 물질이나 물질적 요소를 궁극적 존재로 전제하는 개념으로, 여기서 물질은 그 자체로서 감각, 가치, 목적을 가지지 않으며, 단순히 외적으로 부과된 궤도를 따라 움직일 뿐이다"라는 말로 정리한다.9) 과학적 유물론, 단순정위의 문제는 존재론적 개념을 내포하고 있는 것으로, 서구 철학의 전통적 존재론인 '실체론적 존재론'이 그 기저에 놓여있다. 화이트헤드는 "근대 과학의 합리성은 수학적 확실성, 기하학적 확실성"에 의존한다고 본다.10) 여기서

---

7) Ibid., 92.
8) Ibid., 104.
9) Ibid., 42.

기하학은 유클리드 기하학을 말한다. 플라톤 이래로 유클리드 기하학은 서구 학문의 전형으로 작용했다. 플라톤은 유클리드 기하학의 점을 가장 원초적인 것으로 보았는데, 이것이 플라톤의 실체 개념의 근원이 되었다.11)

따라서 전통적인 실체론적 존재론의 개념은 기하학적 공간에 단순히 정위한 대상이며, 그 자체로서 어떠한 해명이 필요하지 않은 존재라고 볼 수 있다. 이러한 실체론적인 개념에 근거한 사고는 뉴턴의 우주론에서 극대화 되며 서구 사상에 큰 영향을 주었다. 그러나 상대성이론의 등장으로 뉴턴의 절대시간 개념은 해체되었고, 양자역학의 출현은 사물의 존재개념 및 사물이 위치하는 공간도 불확정적이라는 것을 드러내며 기존의 실체개념은 도전을 받게 되었다. 이러한 상황에서 화이트헤드는 새로운 과학적 발견을 토대로 '유기체(organism)'의 세계관, 새로운 존재론을 구성하려 한 것이다. 화이트헤드는 실체와 속성의 개념을 비판하며 "자연은 발전하는 과정의 조직체이며, 실재는 과정이다"라고 말한다.12) 이는 사건이 시공간보다 존재론적으로 우위에 있는 것이며, 우유적인 것이 정태적인 것보다 우위에 있다는 것이다.

실재가 과정이고 유동이라면 화이트헤드의 존재론은 필연적으로 '제논의 역설'에 빠지는 것은 아닌가 라는 질문, 모든 것이 유동이자 과정이라면 각 존재들은 서로 어떻게 인식을 공유할 수 있는가라는 질문이 자연스레 생겨난다. 화이트헤드는 지속적으로 반복되는 것들, 즉

---

10) Ibid., 50-1.
11) 플라톤은 형이상학의 방법을 자기동일성이 확보된 것을 가지고 하는 것으로 보았다. 대상에서 운동을 제외하면 다른 것과의 관계를 끊었기에 자신만의 개별성, 독자성(에이도스)를 갖게 되며, 이를 통해 시간, 공간, 관계 맺음의 원리가 드러난다고 보았다. 사물을 공간에 배치하는 것이 정의를 내리는 것이고, 그 공간은 유클리드 기하학적 공간이며, 이데아는 유클리드 기하학의 점을 의미한다는 것이다. 플라톤의 방법론은 다음을 참고하라. 박홍규, 「형이상학 강의 1」, (서울: 민음사, 2013), 7-55.
12) Whitehead, 「과학과 근대세계」, 131.

흔히 '보편자'라고 불러왔던 추상적인 대상을 '영원한 객체(Eternal Object)'라고 말한다.13) 이는 흔히 가능태라고 부르던 것과 동일한 것이라고 볼 수 있다. 영원한 객체는 그 자체로서는 추상적이며, 순수 가능태이기에 그것이 실현되기 위해서는 현실적인 계기(Actual Occasion)에 의해 파악(Prehension)이 되어야만 한다.14) 그렇다면 이 과정에서 가능태들이 현실화될 때의 가치, 질서, 규정을 결정하도록 하는 것은 무엇인가라는 의문이 생긴다. 현실적인 계기는 그 계기의 과거를 형성하고 있는 선행적인 계기들로부터 나오기 마련이고, 이러한 선행적인 한정을 떠나서는 생성될 수 없으며, 자신이 순응하게 될 논리적 관계나 우주론적 관계를 혼자 힘으로 확정할 수 없다.15) 따라서 영원한 객체를 한정하고, 현실태에 매개하여 이를 현실에 구현할 수 있도록 하는 존재가 필요하며 그것이 바로 '한정의 원리,' '구체화의 원리'로서의 신이다. 화이트헤드는 구체화의 원리로서의 신 개념을 "형이상학적으로는 불확정적이면서도 범주상으로는 확정적인 것," "구체적인 존재가 아니라 구체적인 현실태의 근거"라고 설명한다.16) 따라서 이러한 원리로서의 신이 역사 속에서 개개의 경험에 의해 야훼, 알라, 우주의 질서 등으로 불려왔다는 것이다.

2) 「형성과정에 있는 종교」의 신 개념

「형성과정에 있는 종교」는 화이트헤드의 사상에 좀 더 발전된 신 개

---

13) Ibid., 262.
14) 「과학과 근대세계」에서의 파악 개념은 비인식적·직관적 이해(uncognitive apprehension)의 개념으로 사용되고 있다. 여기서는 인식적인 것, 그렇지 않은 것 모두 포함하는 개념으로서 파악의 개념은 차후 「과정과 실재」에서 보다 정교하게 다루어진다. Ibid., 125.
15) Cobb, 「화이트헤드 철학과 기독교 자연신학」, 226.
16) Whitehead, 「과학과 근대세계」, 291.

념을 드러낸다. 종전의 신 개념이 '하나의 구체성의 원리로서의 신'이었다면, 여기서는 '현실적 존재로서의 신'으로 서술되기 때문이다.17) 「과학과 근대세계」에 이어 불과 1년 만에 출간된 「형성과정에 있는 종교」에서 화이트헤드는 왜 갑작스럽게 자신의 신 개념을 수정했는가에 대한 의문을 제기한다. 이는 정합적인 존재론과 우주론을 제시하기 위한 자신의 사변철학의 목적, 즉 체계적 정합성을 보다 정교하게 하려는 화이트헤드의 의도라고 생각되었기 때문이었다. 캅은 「형성과정에 있는 종교」의 신 개념의 변화를 "신이 구체화의 원리임을 거부하는 견해가 아닌, 구체화를 가능케 하는 한정을 제공하는 기능이 바로 현실적 존재가 수행하는 것"임을 피력하는 의도라고 해석한다.18)

화이트헤드는 현실적 존재만이 궁극적인 형이상학의 단위라는 "존재론적 원리(Ontological Principle)"를 제시하는데, 존재론적 원리를 통해 화이트헤드는 자신의 형이상학적 체계에서 오직 현실적 존재만이 근거이며, 알지 못하는 곳에서 세계 속으로 유입될 수는 없다고 보기 때문이다.19) 이는 가능태보다 현실태가 우월하다는 화이트헤드의 생각이 엿보이는 대목으로서 현실적 존재를 넘어서 존재할 수 있는 것은 없다는 결론이다. 따라서 현실에 존재하면서 느낌을 주고받는 것은 무엇이든 간에 현실적 존재를 통해서만 가능하다.20) 그리하여 체계의 정합성을 위해 상정된 「과학과 근대세계」의 '원리로서의 신'이 「형성과정에 있는 종교」에서는 현실적 존재로 수정된 것이다. 이는 캅의 말

---

17) Whitehead, 「진화하는 종교」, 김희헌 옮김 (서울: 대한기독교서회, 2012), 86. 93.
18) Cobb, 「화이트헤드 철학과 기독교 자연신학」, 232.
19) Donald W. Sherburne, 「화이트헤드의 「과정과 실재」입문」, 오영환, 박상태 역 (파주: 서광사, 2010), 365-6.
20) 화이트헤드는 존재론적 원리에 의해 비존재는 사실상 무이며, 비존재에서 현실 세계로 무언가가 흘러들어올 수 있다는 생각을 거부한다. 그렇다면 순수 가능태인 영원한 객체의 존재론적 지위에 관한 물음이 생겨날 수 있는데, 「과정과 실재」에서 이를 보다 상세히 논증하고 있다.

대로 "질서와 가치를 책임지는 한정의 기능은 하나의 현실적 존재로만 설정이 될 수 있다는 생각"이기 때문이다.21) 현실적 존재로서의 신은 단순히 체계적 정합성을 더욱 견고하게 하는 것에 그치지 않으며, 새로운 신 개념을 제공한다는 점에서도 큰 의미가 있다.22)

그동안 서구의 전통에서 신은 자연적인 법칙을 벗어난 존재, 형이상학적인 체계에 종속되지 않는 존재로 여겨졌다. 따라서 신은 언제나 자신의 의지에 따라 초자연적인 일을 행하며, 법칙을 벗어난 불가해한 존재로 여겨졌다. 일반적으로 서구 전통에서 신에게 돌리는 속성인 '전지'(全知), '전능'(全能), '전선'(全善)역시 이러한 입장에서 해명되어 온 속성이다. 그러나 신이 하나의 현실적 존재로 여겨진다는 것은 체계의 밖에 머무는 초월적인 존재가 아닌, 체계 내에서 체계의 제약을 받는 내재적인 존재라는 것을 의미한다.23) 화이트헤드의 존재론적 원리에 입각한다면 무에서 유가 창조(Creatio ex nihilo)된다는 것은 불가능하다. 또한 단순 정위를 거부하며 현실적 존재들은 독자적으로 존재할 수 없다는 사고는 자존적(aseity)인 신을 거부하기 마련이다. 따라서「형성과정에 있는 종교」에서 보여준 현실적 존재로서의 신은 초월주의적 유신론에서 자연주의적 유신론으로의 전환을 가져오는 신 개념으로 이해될 수 있다.

「형성과정에 있는 종교」에서 현실적 존재로서의 신을 제시함에도 불

---

21) Cobb,「화이트헤드 철학과 기독교 자연신학」, 233.
22) 「형성과정에 있는 종교」에서의 신은 현실적 존재로서의 신으로서 등장하지만, 신은 "비시간적"이라는 점에서 다른 현실적 존재들과 대비된다. Whitehead,「진화하는 종교」, 86.
23) 전통적으로 유신론의 신은 그 성격에 있어 초월성과 내재성을 통해서 이해되어 왔다. 기독교 신론에서 계몽주의 이전에는 신의 초월성이 강조되었다면, 계몽주의 이후에는 내재성이 보다 강조된 경향으로 흘러갔다. 20세기 이후의 기독교 신론은 초월성과 내재성의 균형을 찾으려는 노력들이 시도되었다. 현대 신론에 대한 초월성과 내재성의 문제는 다음의 책을 참고하라. Stanley J. Grenz and Roger E. Olson, *20th Century Theology* (Downers Grove: InterVarsity Press, 1992).

구하고 화이트헤드는 인격적인 신을 부정적으로 보는 구절들이 빈번하게 등장한다. 그러나 신이 현실적 존재로서 다른 현실적 존재들과 관련되어 느낌을 주고받는다는 것은 인격적인 신의 가능성 역시 열어두고 있는 것이라고 볼 수 있다. 왜냐하면 인간의 경험은 언어로서 표현되는 것이며, 언어를 통해 인간은 추상적인 관념과 경험, 감정을 표현하기 때문이다. 캅은 "신이 하나의 현실적 존재로 간주된다면, 인격주의적 언어의 사용은 따라온다. 현실적 존재의 본성에 대한 우리의 기본적 실마리는 우리 자신의 직접적 인간적 경험 속에 주어져 있는 것이기 때문이다"로 정리한다.[24]

「과학과 근대세계」에서 기저의 실체적 활동력의 속성인 영원한 객체, 현실적 존재, 한정의 원리는 「형성과정에 있는 종교」에서는 신이 현실적 존재로 설명됨에 따라 변화를 맞이한다.[25] 화이트헤드는 새로운 형이상학적 원리로 "창조성(creativity)"을 도입한다.[26] 영원한 객체로 세계에 반복되는 것들에 관한 설명은 가능했으나, 새로운 것에 관해서는 설명하기에 곤란한 부분이 있기 때문에 창조성의 개념이 도입된 것이다. 신은 창조성을 조절하고 매개하는 역할을 수행하는데, 신은 영원한 객체와 현실적 존재에 대한 직시를 수행하는 존재이다. 세계의 질서와 조화, 창조적 전진을 조화롭게 이끄는 신을 통해 창조성과 형식은 현실태를 획득한다는 것이다.[27]

「형성과정에 있는 종교」에서의 신은 화이트헤드의 체계의 정합성을 보다 강화하는 개념이라고 볼 수 있다. 또한 여기서 묘사되는 신은 더 이상 체계 밖에 머무는 초월적인 존재가 아닌 체계 내에 존재하는, 즉

---

24) Cobb, 「화이트헤드 철학과 기독교 자연신학」, 233.
25) Ibid., 235.
26) Whitehead, 「진화하는 종교」, 85.
27) Ibid., 112-3.

내재적인 성격이 엿보이는 존재이다. 또한 「형성과정에 있는 종교」의 신은 다른 현실적 존재들과 영향을 주고받는 존재로서 체계 내에 종속적인데, 이는 필연적으로 다원론적인 세계관을 보여주며, 자연주의적인 유신론의 가능성을 열어두는 신 개념으로 다가온다. 그러나 「과학과 근대세계」에서 추상적이고 초월적인 원리로 묘사된 신이 「형성과정에 있는 종교」에서는 현실적 존재로 내려오면서 필연적으로 제기되는 문제들이 존재한다. 우선 지속적인 생성과 소멸의 과정의 영역으로 내려온 신이 어떻게 앞선 저작에서 설명된 원리를 이끄는 신이 될 수 있는지에 관한 문제가 있으며, 비시간적인 현실적 존재가 시간 속의 현실적 존재와 어떻게 관계하는가라는 문제가 제기된다. 이러한 문제를 수정하기 위해서 화이트헤드는 「과정과 실재」에서 이러한 난점들을 상당히 많은 분량으로 보완하려고 한다.

3) 「과정과 실재」의 신 개념

비록 캅이 「형성과정에 있는 종교」에서 화이트헤드의 신 개념은 사실상 완성된 것이나 마찬가지라고 말하지만,[28] 「과정과 실재」에서 신 개념은 보다 정교하게 다듬어지는 동시에 이전에 명료하게 설명되지 못한 개념들이 명쾌히 밝혀지는 데는 이의가 없다고 보인다. 이 「과정과 실재」에서 화이트헤드의 신 개념은 사실상 완성된 것이라고 볼 수 있는데, 이후의 저작들에서 화이트헤드는 신이란 개념을 거의 사용하지 않기 때문이다. 앞서 살펴본 것처럼 「형성과정에 있는 종교」에서 신은 "비시간적인 현실적 존재"로 묘사되었다. 그러나 이때 비시간적인 존재가 시간에 종속적인 현실적 존재들과 어떻게 영향을 주고받는지에 관하여 충분히 해명되지 않았다. 또한 창조성, 영원한 객체, 현실적 존

---

28) Cobb, 「화이트헤드 철학과 기독교 자연신학」, 236.

재의 요소들 사이에서 신이 어떤 관계로 작용하는지에 관한 논증이 충분히 해명되지 않았다. 「과정과 실재」에서 화이트헤드는 신의 본성을 "양극적(dipolar)"인 것으로 설정하면서 이러한 의문들에 대답하는 동시에 신 개념의 정합성을 보다 명료하게 강화한다.

신의 양극적인 본성은 바로 "원초적 본성(the Primordial Nature)"과 "결과적 본성(the Consequent Nature)"을 의미한다.29) 화이트헤드에 의하면 모든 현실적인 존재는 양극적인 성격을 지니고 있다. 이 현실적 존재의 양극적인 성격은 "물리적인 극(Physical Pole)"과 "정신적인 극(Mental Pole)"을 말하는 것으로서, 신의 원초적 본성은 정신적인 극에 해당하고 결과적 본성은 물리적인 극에 해당한다.30) 여기서 원초적 본성은 「과학과 근대세계」에서 강조된 영원한 객체와 관련된 신의 성격으로서 신의 초월적 성격을 나타내는 것이고, 결과적 본성은 「형성과정에 있는 종교」에서 나타나는 현실적 존재로서의 신의 성격으로서 신의 내재적 성격을 나타내는 부분이라고 볼 수 있다. 신은 하나의 현실적 존재이기에 세계와 영향을 주고받으며 변화해야 하지만, 체계의 정합성을 완성하는 신의 역할을 위해서라도 무언가 변화하지 않는 속성도 있어야 한다. 세계에 의해 영향을 받는 신의 성격이 결과적 본성, 물리적인 극, 내재적 성격을 의미하며, 어느 계기보다 앞서서 세계에 영향을 주며 질서와 조화를 추구할 수 있도록 하는 신의 성격이 원초적 본성, 정신적인 극, 초월적 성격이라고 할 수 있는 것이다. 이러한 신의 양극적 성격이라는 개념의 정립을 통해 화이트헤드는 전작에

---

29) Whitehead, 「과정과 실재」, 오영환 역 (서울: 민음사, 2011), 653.
30) 물리적인 극은 과거로부터 주어진 것을 수용하는 것을 의미하며, 정신적인 극은 주어진 것에 반응하는 현실적 존재의 측면이다. 정신적인 극에서는 합생(Concrescence)을 주체의 결정자로서 끌어들인다. 따라서 신이 이러한 두 극을 가지고 있다는 것은 신 역시 세계와 영향을 주고받으며 합생을 하는 존재라는 것을 의미한다. Sherburne, 「화이트헤드의 「과정과 실재」입문」, 363.

서 암시된 신의 속성들을 보다 명료하게 해명할 뿐만 아니라, 앞서 제기된 질문들을 해결하며 체계의 정합성을 더욱 강화한다. 그렇다면 신의 양극적 성격은 어떻게 설명되고 있는가.

그의 형이상학적 체계에서 신의 원초적 본성은 가능태인 영원한 객체와 관련이 있는 성격이다. 「과정과 실재」에서 원초적 본성에 관해 상세히 기술하는 것을 통해 화이트헤드는 「과학과 근대세계」와 「형성과정에 있는 종교」에서 드러난 영원한 객체와 현실태의 관련성을 해명하는 동시에 자신의 체계의 존재론적인 지위를 더욱 명료하게 한다. 신의 원초적 본성에서 주목할 첫 부분은 바로 영원한 객체의 자리로서 설명되는 부분이다. 화이트헤드의 '존재론적 원리'는 오직 현실적 존재만이 근거가 될 수 있다는 것을 천명한 것이다. 그렇다면 가능태는 현실태에 의해서만 실현되는 것이라고 볼 수 있다. 현실태는 가능태에 의해서 한정의 성격을 지니게 되며, 가능태는 현실태에 의해서 구체화되는 것이다. 따라서 가능태인 영원한 객체는 현실태인 현실적 존재와 관련이 없을 때에는 순수한 가능태로만 존재하게 되는 것이다. 영원한 객체는 가능태의 성격을 지녔기에 '존재론적 원리'에 의하면 현실적 존재에게 파악되지 않을 때 존재론적 지위가 애매해질 수밖에 없으나, 화이트헤드는 「과정과 실재」에서 신의 원초적 본성을 통해 영원한 객체의 위치가 신에 있음을 주장하면서 이러한 애매성을 해결한다. 끝없는 생성의 과정에서 가능태와 현실태는 어떻게 관련되는가라는 의문에 화이트헤드는 과정을 겪으면서도 한편으로는 과정을 초월하는 신의 개념을 통해 가능태와 현실태를 매개하는 것이다.[31]

순수 가능태인 영원한 객체들이 세계에 진입할 때는 어떠한 질서가

---

31) 화이트헤드는 "비시간적인 현실적 존재, 신의 원초적인 정신에 있어서의 관련"이라는 말로 영원한 객체의 자리로서의 신을 설명한다. Whitehead, 「과정과 실재」, 131-2.

필요하다. 그렇지 않고서는 세계에 나타나는 질서와 반복되는 형질을 온전히 설명하지 못할 것이다. 화이트헤드는 영원한 객체의 질서를 이끄는 신의 원초적 본성을 "영원한 객체의 다양성 전체에 대한 무제약적인 개념적 가치평가"라는 말로 표현된다.32) 이는 창조적 과정에서 드러나는 질서를 설명하는 부분으로서, 신은 사물의 바탕에 있는 개념적 느낌의 무제약적 현실태이다.33) 화이트헤드는 "모든 영원한 객체에 대한 완전한 직시"라는 말로도 설명하는데,34) 신은 어떠한 제약 없이 영원한 객체들을 파악하고 가치 평가한다.35) 신을 통해서 영원한 객체들은 창조적인 과정의 각 계기들과 관련을 맺게 되고, 이접(disjunction)적인 순수 가능태가 연접(conjunction)적인 실재적 가능태로 실현되는 것이며, 신의 역할을 통해 다수의 여건이 하나로 통일되어 영원한 객체가 공재(togetherness)할 수 있게 된다는 의미다.36) 따라서 영원한 객체에 대한 신의 가치평가는 개개의 영원한 객체에 대한 질서화를 이룩하며, 영원한 객체가 창조적인 개별 합생 과정들과 관련될 수 있게 하는 것이다. 신의 원초적 본성은 또한 신이 비시간적인 현실적 존재로 지칭되는 근거이기도 하다. 신과 영원한 객체는 상호 의존적인데, 신은 영원한 객체의 비시간적 영역에 대한 개념적 파악과 더불어 존립하기 시작하는 존재이다.37) 따라서 신은 영원한 객체의 파악으로 생성되고, 영원한 객체는 신에게 근거하면서 현실태와 관련되게 된다는 것이다. 그렇기에 신은 비시간적인 현실적 존재로 지칭될 수 있다는 것이다.

  신의 원초적 본성과는 달리, 신의 결과적 본성은 현실적 존재로서의

---

32) Ibid., 101.
33) Sherburne, 「화이트헤드의 「과정과 실재」입문」, 57.
34) Whitehead, 「과정과 실재」, 128.
35) Ibid., 119.
36) 문창옥, 「화이트헤드 과정철학의 이해」, (서울: 통나무, 2002), 101.
37) Sherburne, 「화이트헤드의 「과정과 실재」입문」, 347.

신의 성격을 밝힌다. 이 결과적 본성이 우주에 존재하는 현실적 존재들을 파악함으로써 구체적인 신이나 내재적 신으로 드러난다.38)

단순정위를 부정하고 현실적 존재들의 상호관련성, 상호의존성을 주장하는 화이트헤드의 체계에서는 신 역시 자존적이지 않고 다른 현실적 존재들과의 관련성에서 이해된다. 이는 모든 현실적 존재들은 물리적 파악을 통해 다른 현실적 존재와 관련한다는 "상대성의 원리"(the Principle of Relativity)를 통해서 잘 드러난다. 결과적 본성에서 신은 현실적 존재들이 자유롭게 합생한 경험들을 파악하여 자신의 경험으로 파악한다.39) 신은 원초적 본성에서 영원한 객체를 개념적으로 파악하고, 결과적 본성의 신은 현실적 존재들을 물리적으로 파악하는 것이다. 그러나 신은 다른 현실적 존재들과 달리 영속적(everlasting)이라는 속성을 가지고 있다.40)

신의 영속성은 체계적인 완성을 위해서는 반드시 필요한 개념이다. 왜냐면 생성과 소멸의 과정이 지속적으로 반복되는 유기체철학의 체계에서 과거의 것들이 어떻게 현재까지 지속적으로 영향을 미치는가에 대한 해명이 필요하기 때문이다. 모든 현실적 존재들은 생성하고 소멸하지만, 객체적인 불멸성을 획득하는 존재로 묘사된다.41) 객체적 불멸

---

38) Whitehead, 「과정과 실재」, 205.
39) "신의 결과적 본성은 현실태의 다양한 자유를 신 자신의 현실화의 조화로 수용함으로써 신 자신의 경험을 성취하는 것을 말한다." Ibid., 660.
40) 여기서 영속적이라는 말은 전통적인 실체론적 신 개념처럼 신이 체계 밖에서 무시간적으로 불멸한다는 의미가 아니라, 신은 지속적으로 합생을 하는 존재라는 의미로 이해하는 것이 타당할 것이다. 신은 하나의 현실적 존재로서 시간적인 현실적 존재들과 관계를 맺는 존재이기 때문이다. 또한 신은 가능태인 영원한 객체의 보고이기에 체계의 정합성을 위해서는 영속적이어야 할 것이다. Ibid., 653.
41) 객체적 불멸성은 살아있는 사람이 어떻게 죽은 사람을 전유할 수 있는가라는 질문하고도 연계된다. 객체적 불멸성에 의해 살아있는 직접성을 잃은 존재자는 다른 생성의 살아있는 직접성에 있어서의 실재적 구성요소가 된다는 것이다. Sherburne, 「화이트헤드의 「과정과 실재」입문」, 42.

성의 현실적 존재는 현실태의 지위를 상실했기에 보존되어 후대에 전달되기 위해서는 어떠한 매개가 필요한데 그 역할을 하는 것이 바로 신의 결과적 본성이라는 것이다. 셔번은 "객체적으로 불멸하는 현실적 존재들은 신의 결과적 본성을 통해 현실태와 연계된다. 결과적인 것으로 간주되는 신은 현실적 존재들의 각 세대를 파악하고 보존하여 미래로 그들의 역량을 매개한다"로 정리한다.42)

신이 영속적인 현실적 존재라는 것은 우주의 창조적인 전진을 위한 근거로서도 작용한다. 현실적 존재들의 합생을 통해 나타나는 새로움(novelty)의 지속은 신을 통해서 매개되는데, 신은 영속적인 성격을 가지고 지속적으로 합생 과정에 있는 존재이기 때문이며, 각 계기들의 파악을 통해 변화하며 성장하는 존재이다. 신은 단순히 원리와 보존의 역할을 하는 것에 그치지 않으며, 우주의 창조적인 전진을 이끌어가는 존재이다.43) 화이트헤드는 "신은 진선미에 관한 자신의 비전에 의해 세계를 이끌어가는 애정 어린 인내심을 갖고 있는, 세계의 시인"이라고 말한다.44) 이는 화이트헤드의 신이 세계를 이끌어가는 방식과도 관련이 있는 말로서, 화이트헤드의 신은 설득(Lure)이라는 방식으로 세상을 이끄는 존재로 그려진다. 이런 점에서 화이트헤드의 신은 서구의 신을 인식론적 차원에서 진리와 도덕으로 이해했던 것과는 달리 미의 차원에서 신을 이해하는 중요한 열쇠를 제공하고 있다고 보인다.

구체적으로 보자면, 신은 현실적 존재의 합생 과정에서 최초의 주체적 지향(Subjective Aim)을 제시하는 존재로 이해된다.45) 신은 느낌을

---

42) Ibid., 348.
43) 우주의 창조적 전진에서의 신의 역할은 이 세계에 일어나는 새로움과 변화를 설명하는 것이기도 하지만, 아름다움의 실현을 위한 설득의 힘을 강조하려는 화이트헤드의 의도라고도 생각된다.
44) Whitehead, 「과정과 실재」, 655.
45) 현실적 존재의 주체적 지향은 그 주체가 장차 실현하려는 이상으로서, 그 생성하는

통합하는 과정에서 물리적 느낌과 원초적 통찰을 결부시키면서 특정 단계에 도달한 세계를 위해 관련 있는 새로운 가능태를 부각시키는 존재이며, 자기초월체로서 신은 각 현실적 존재에게 그것이 장차 될 수 있는 것에 대한 통찰을 주체적 지향으로 제공하는 존재이다.46) 신의 목적은 최대의 강도를 낳을 수 있는 세계를 출현시키는 것이다. 그러나 현실적 존재들은 모두 자기원인적(Causa Sui)이기 때문에, 합생의 과정에서 얼마든지 자신의 결단에 의해 주체적 지향이 수정될 수 있는 것이다. 신은 이러한 창조적 전진의 과정에서 작용인으로서의 힘을 행사하는 것이 아니라, 목적인으로서의 힘을 행사하여 각 현실적 존재들이 최초의 목적(Initial Aim)에 따라서 최대의 강도를 불러일으킬 수 있도록 설득적인 힘을 행사하는 존재인 것이다. 이러한 화이트헤드의 생각은 자연스레 전통적인 신 개념을 재정립하는 동시에 자연주의적인 신의 개념을 가져오는 생각이다. 전통적으로 신은 자신의 목적에 따라 초월적인 힘을 행사하여 세상을 이끌고, 경우에 따라서는 강압적인 힘을 행사하여 심판하는 존재로 그려졌다. 그러나 화이트헤드의 신은 모든 현실적 존재의 행동에 영향을 미치는 원리인 궁극적인 형이상학의 원리(Ultimate Metaphysical Principle)를 벗어난 행동을 할 수 없는 신이며, 강압적인 작용인으로서의 힘을 발휘할 수 없는 존재이다. 따라서 신 개념에 있어 초자연주의가 들어설 자리가 없기 때문이다. 또한 신은 불변하는 존재로서 대부분 일방적으로 다른 존재들에게 힘을 행사하는 신으로서 그려졌으나 화이트헤드의 신은 모든 현실적 존재들에 의해 영향을 받고 느끼며 나아가서는 변화하는 존재인 신으로서 신의 힘은 전

주체의 본성을 결정한다. 화이트헤드는 주체가 있고 느낌이 파생되는 것이 아닌, 느낌이 먼저 있고 이것이 통합을 거쳐 통일된 하나의 주체를 성립시킨다고 본다. Sherburne, 「화이트헤드의 [과정과 실재] 입문」, 366.
46) Ibid., 366-7.

[화이트헤드와 함께]

능성에서 나오는 것이 아닌 설득에서 나온다고 볼 수 있다. 화이트헤드의 신론은 자연주의적인 신론으로서 형이상학적 신론과 자연과학의 이항대립을 넘어서 형이상학적 신론과 자연과학의 조화를 추구할 수 있도록 만드는 신이다. 이는 새로운 과학적인 발견을 토대로서 하나의 통합된 새로운 우주론을 만들어 형이상학과 자연과학의 조화를 추구하고자 했던 화이트헤드의 의도와 부합된 것이며, 초자연주의적인 종교에서 자연주의적인 종교의 가능성을 열어두는 신 개념이라고 볼 수 있다.

3. 찰스 하츠혼의 신고전 유신론

찰스 하츠혼은 화이트헤드의 조교이자 학문적 동반자로서 유기체철학의 발전에 크게 기여한 인물이다. 엄밀하게 말하자면 하츠혼은 화이트헤드의 제자 군에 속하는 사람은 아니지만, 그가 화이트헤드의 글을 교정하는 작업에 동참하면서 유기체철학에 대한 매력을 느꼈다. 이후 그는 화이트헤드의 사상을 해석하는 일에 주된 관심과 열정을 보였다. 그의 관심으로 화이트헤드의 사상이 신학적으로 한층 정교하게 정립될 수 있었다고 보인다. 이것이 그가 말하는 신고전 유신론의 체계에서 재구성된 신 개념이었다.[47] 하츠혼의 연구는 유기체철학의 사상적 발전을 이룩하였고, 특히 유기체철학의 신 개념을 더욱 명확하고 정합적으로 형성하는 일에 기여하면서 과정신학(Process Theology)이 형성될 수 있도록 직접적인 영향을 미쳤다.

하츠혼은 전통적인 서구 유신론을 '고전 유신론(Classcial Theism)'이라고 정의한다. 고전 유신론은 신을 '지고의 존재,' '가장 완전한

---

47) 찰스 하츠혼의 삶에 관해서는 정승태, 「찰스 하츠혼의 철학적 신학」(대전: 침례신학대학교 출판부, 2013), 1장 "하츠혼의 생애와 사상적 배경"을 참조하라.

존재,'로 정의하고, 신의 '무로부터의 창조' 등을 특징으로 하는 유신론으로서, 어거스틴(Augustine) 이래로 서구 철학에서 지배적인 담론으로 고착된 신 개념이다.[48] 고전 유신론은 하츠혼이 '고전 형이상학(Classical Metaphysics)'라고 정의하는 전통적인 서구 형이상학에 기초한 유신론이다. 고전 형이상학은 존재, 실체, 완전성, 필연의 개념을 기초로 한 형이상학으로서 이와 같은 개념들은 오랜 시간 서구 철학에서 절대적인 것으로 받아들여졌다.[49] 그러나 하츠혼은 고전 형이상학의 개념들에 의문을 던지며 비판을 가하는데, 그 비판의 핵심은 고전 형이상학의 기저에 있는 전통적인 존재론에 관한 비판이라고 볼 수 있다. 하츠혼은 고전 형이상학은 "존재 혹은 실체의 형이상학(metaphysics of being or substance)"이라고 정의하는데, 고전 형이상학의 존재와 실체는 독립적인 존재로서 존속을 위해 그 어떤 것도 필요치 않은 자기 충족적인 개념이다.[50] 정승태는 "고전 형이상학의 존재론은 이미 어떤 상태로 놓여 있다는 것으로서, 이는 만들어진 창조 또는 선험적으로 있는 상태를 강조하기에 거기엔 어떤 능동적 자유가 부족하거나 자유가 결여된 상태라고 할 수 있다"라고 이를 정리한다.[51] 현대에 이르러 전통적인 형이상학의 개념들은 시대에 맞지 않는 것으로 여겨지면서 적잖은 문제에 부딪혔다. 특히 하츠혼이 염두에 둔 전통적인 형이상학은 토마스주의(Thomist)였다. 토마스 아퀴나스는 아리스토텔레스의 신 개념을 수용하고 그 신 개념을 기독교 사상에 체계적으로 정립하였다. 추측컨대, 아퀴나스의 신 개념이 전통적 유신론의 신 개념으로 고착화되

---

48) Donald Wayne Viney, *Charles Hartshorne and the Existence of God* (Albany: State University of New York Press, 1985), 27.
49) Charles Hartshorne, *The Logic of Perfection* (La Salle: Open Court Publishing Company, 1991), xiii.
50) Ibid., xi.
51) 정승태, 「찰스 하츠혼의 철학적 신학」, 113.

었을 것으로 여겨진다. 따라서 하츠혼이 기독교 전통 신학에서 말하는 모든 면에서 절대적이고 초월한 전능하고 전지한 신의 개념은 논리적 모순을 야기할 뿐만 아니라 더 이상 종교적 가치의 의미에서도 받아들이기 어렵다. 이런 점에서 하츠혼은 새로운 신 개념을 찾아내려는 노력을 기울였다. 그는 신을 "궁극적이면서 모든 존재들에게 공헌을 받는 신"과 "절대자이면서도 피조물들과의 관계 안에 있는 신"으로 이해하였다. 그에게 있어서 "궁극적이면서 모든 존재들에게 공헌을 받는 신"은 종교적 가치를 보존 또는 증진시키면서 전통적인 신 개념과 불가피하게 야기될 수 있는 갈등이나 모순을 피하는 길을 모색한다. 그리고 그의 "절대자이면서도 피조물들과의 관계 안에 있는 신"은 신의 관계성에 대한 일관성 있는 새로운 교리를 수립할 수 있는가를 모색한다. 즉 "신의 관계가 지니는 내적인 측면과 외적인 측면, 그 절대성과 초상대성, 초월적 독립성과 초월적인 의존성이나 감수성, 그 절대적 재귀적 탁월성과 관계적 재귀적 탁월성, 'A(절대적)-완전성'과 'R(상대적)-완전성' 그리고 그 비자기초월성과 자신과 모든 존재를 넘어서는 초월성을 일관성 있게 아우를 수 있는 이론을 찾아낼 수 있는 것이다."52) 이러한 새로운 신 개념을 모색하면서 하츠혼은 화이트헤드의 사변철학을 토대로 고전 형이상학이 이차적인 것으로 치부한 개념들인 생성, 사건, 상대성과 가능성의 개념을 중심으로 '신고전 형이상학(Neoclassical Methaphysics)'을 제시한다.53)

하츠혼의 신고전 형이상학의 방법론을 면밀히 살펴보는 것은 본 논문의 성격과 한계로 인하여 불가하다. 그러나 하츠혼의 신고전 유신론을 고찰하기 위해 신고전 형이상학의 내용에서 반드시 짚고 넘어가야

---

52) Hartshorne, *The Divine Relativity: A Social Concept of God* (New Haven: Yale University Press, 1964), 2장을 참조하라.
53) Hartshorne, *The Logic of Perfection*, xiii.

할 부분은 바로 '양극성의 원리(Principle of Polarity)'이다. 이는 고전 형이상학이 언제나 이원론적인 개념을 통해 이항대립의 원리를 내세운 것과 달리, 경험의 세계에는 두 가지 대립적인 요소가 공존한다는 것을 주장하는 것이라고 할 수 있다. 이는 화이트헤드가 현실적 존재의 경험을 물리적인 극과 정신적인 극이 함께 있는 것으로 묘사한 것과 일맥상통하는 것으로, 하츠혼에 따르면 얼핏 대조적으로 보이는 우리의 경험의 양극적 요소는 동시에 일어나고 무너지는 것으로서 서로 대립적인 것이 아니다.54) 이는 불교의 "이것이 있으니 저것이 있고, 이것이 생기니 저것이 생긴다. 이것이 없으니 저것이 없고, 이것이 멸하니 저것이 멸한다."라는 연기설(緣起說)과 유사한 개념으로서 하츠혼의 양극성의 원리는 고전 형이상학의 이항대립을 넘어서는 개념이다.55) 하츠혼의 '신고전 유신론(Neoclassical Theism)'은 신고전 형이상학의 양극성의 원리에 기초한 유신론이라고 할 수 있다.

전통적인 존재의 개념을 넘어선 존재론의 요청, 양극성의 원리에 근거한 하츠혼의 신고전 유신론의 개념은 첫째로는 화이트헤드로부터 계승한 유기체철학의 신 개념을 더욱 체계적이고, 정합적으로 만든다는 것에 의의가 있다. 하츠혼은 화이트헤드의 사변철학의 존재론과 신 개념을 받아들여 화이트헤드의 신론을 더욱 정합적으로 만드는 데 기여했다. 둘째로 하츠혼은 화이트헤드와는 달리 보다 적극적인 유신론적 입장에서 유기체철학의 신 개념을 펼쳐가면서 신학적인 신론의 가능성을 열었으며, 범재신론(Panentheism)으로 특징되는 하츠혼의 신론은 새로운 신학적 신론의 길을 제시했다.

---

54) Hartshorne, *Creative Synthesis and Philosophic Method*, ed. Eugene Freeman (La Salle: Open Court Publishing Company, 1970), 99-100.
55) 불교와 과정사상의 유사성은 활발히 연구되고 있으며, 실제로 하츠혼은 신고전 형이상학을 설명할 때 불교의 사상도 어느 정도 언급한다. Hartshorne, *The Logic of Perfection*, xi를 참조.

[화이트헤드와 함께]

1) 신고전 유신론: 찰스 하츠혼의 범재신론

앞서 하츠혼의 신고전 형이상학은 고전 유신론의 실체와 존재 개념, 이항대립적인 개념의 전환을 요청하고 있으며, 이는 양극성의 원리에서 두드러지고 있음을 살펴보았다. 「신의 상대성」에서 하츠혼은 신의 속성을 '추상적 측면(Abstract Aspect)'과 '구체적 측면(Concrete Aspect)'으로 구분한다. 이는 화이트헤드가 신의 속성을 원초적 본성, 결과적 본성으로 구분한 것과 유사한 것으로, 여기서 신의 추상적 측면은 신의 완전하고, 불변하며, 독립적인 측면을 의미하고, 구체적인 측면은 신의 상대적이고, 변화하며, 의존적인 측면을 의미한다.[56] 양극적인 신론을 통해 하츠혼이 강조하고자 하는 바는 바로 신의 상대적인 측면이다. 하츠혼은 고전 유신론의 문제점은 신의 "단극성적 편견(monopolar prejudice)"에 그친 것이라고 보는데, 고전 유신론은 신은 절대적이고, 창조자이고, 영원하고, 필연적이지만, 세계는 상대적이고, 창조되었고, 유한하고, 우연적이라고 생각한 것이다.[57] 이는 필연적으로 모순에 빠지는 개념으로서, 신은 세계에 일방적인 영향력을 행사할 뿐, 세계로부터 아무런 영향도 받지 않는 무감동한 존재에 불과하기 때문이다.

따라서 하츠혼은 신의 양극적 성격을 통해 전통적인 유신론의 한계를 뛰어넘고자 한다. 하츠혼은 신의 절대성과 상대성을 통합하는 개념을 "초상대주의(Surrelativism)"라고 정의하는데, "이는 변화하는 관계와 더불어 변하는 관계성 혹은 가변성이 그 안에 비관계적이고, 불변적이며, 독립적 혹은 절대적인 것을 포함하면서 그것을 능가한다고 보

---

[56] Santiago Sia, *Process Theology and the Christian Doctrine of God* (Petersham: St.Bede's Publications, 1986), 20-21.
[57] Viney, *Charles Hartshorne and the Existence of God*, 38.

는 관점"이다.58) 따라서 이러한 입장에서는 전통적인 절대성의 개념 역시 수정되어야 하는데, 철저한 상대성에서 절대성의 의미가 도출된다. 장왕식은 "하츠혼에 따르면, 신이 갖는 절대성은 그의 철저한 상대성으로서, 신이 상대와의 관계를 절연하는 것이 아닌, 더욱 철저히 상대적이 되어 모든 우주의 나머지 존재자와 관계를 맺는 것이다"라고 정리한다.59) 신의 절대성은 관계성에서 절정을 이루는 것이라고 볼 수 있다. 하츠혼은 자신의 신론이 "범재신론(Panentheism)"이라고 정의한다. 이는 신이 어떤 실제적인 면에서 모든 상대적 존재들로부터 구분되는 독립체이면서, 현실적 전체로서 모든 상대적 존재를 포함하는 것이기 때문이다.60) 하츠혼의 범재신론은 범신론(Pantheism)과는 다르다. 쉽게 말하자면 범신론은 신이 우주와 동일한 것이기에 신에게서 우주를 빼면 아무것도 남지 않지만, 범재신론은 신에게서 우주를 빼면 무엇인가 남는 것이 있는 것이다. 하츠혼은 "신은 이 체계이면서도 이 체계에로부터 독립적인 존재"라고 정리한다.61)

따라서 하츠혼의 범재신론적인 신은 세계와 관계하여 영향을 주고받으며 변화하는 신이라고 볼 수 있다. 하츠혼은 "완전하기에 변화하지 않는 신"이라는 고전 유신론에서 '완전'이라는 개념은 다의적이며, 이를 불변한다고 해석한 것은 희랍적 실체개념으로 해석한 것에 불과하다고 본다.62) 고전 유신론은 신의 절대적인 완전성을 강조하여 세상

---

58) Hartshorne, *The Divine Relativity: A Social Concept of God*, vii.
59) 장왕식, "해체와 무의 도전: 과정 신학적 응답의 시도," 「한국조직신학논총」, (제41집: 2015): 398.
60) Hartshorne, *The Divine Relativity: A Social Concept of God*, 88-9.
61) Ibid.
62) 하츠혼은 신에게 돌려진 고전 유신론의 주요 개념들을 여섯 가지로 정리하여 비판한다. 이는 고전 유신론의 신 개념이 플라톤 이래로 형성된 그리스 철학의 존재론과 실체개념에서 유래한 것이라는 비판이다. 하츠혼은 신고전 형이상학의 입장에서 전통 유신론의 개념을 분석하고 재해석한다. 하츠혼의 이와 같은 논의는 Hartshrone, *Omnipotence and other Theological Mistakes* (Albany: State University of New

이 신에게 영향을 줄 수 없다고 보았다. 그러나 하츠혼은 완전성에는 세상의 모든 것을 포함하는 상대적인 완전성의 측면도 있다고 강조하는 것이다.63) 또한 하츠혼은 신의 전능(全能)함이라는 개념 역시 재고되어야 한다고 본다. '무엇이든 할 수 있는 존재'로 묘사되는 신의 전능함은 신의 능력과 인간의 자유의 관계에 있어 적절히 해명하기 힘든 난제였으며, 세상에 만연한 악의 존재로 인해 도전을 받아왔다.64) 하츠혼은 "신이 모든 사건을 일으켰으며, 자유로운 선택까지 신이 일으켰다"란 모순이라고 날카롭게 지적한다.65)

따라서 하츠혼은 신의 능력을 모든 것을 할 수 있는 것 대신에 "개별 존재로 하여금 바람직한 결정을 내리도록 최대로 도움이 되는 조건을 만들어내는 능력"으로 정의한다.66) 이러한 하츠혼의 생각은 신의 능력과 피조물의 자유를 조화시키면서 신이 세상을 이끄는 방식 역시 재고하도록 요청한다. 신이 세상을 이끄는 방식은 설득으로서 "신은 피조물을 자신의 의지대로 만드는 것이 아닌, 그들 스스로 선택하고 결정하는 것을 부분적으로 설득하고 영향을 미치면서 그의 피조물을 사랑하는 것"이다.67)

York Press, 1984)의 1장을 참조하라.
63) 하츠혼은 *The Divine Relativity*의 2장에서 절대적 완전성과 상대적인 완전성의 개념을 자신의 신고전 유신론의 중심적인 내용으로 설명하고 있다. Hartshorne, *The Divine Relativity: A Social Concept of God*, 60-2.
64) 기독교 신학에서는 '신이 선하고 전능하며 전지함에도 왜 세상에는 악이 존재하는가'라는 문제를 신정론(Theodicy)의 문제로 고찰해왔다. 신정론은 신 의미하는 헬라어 'θeόs'와 정의를 의미하는 헬라어 'δίκη'의 합성어로서 세상에 만연한 악과 고통의 문제에 대해 신을 변론하는 문제로서 빌헬름 라이프니츠(Wilhelm Leibniz)의 *Theodicy: Essays on the Goodness of God, the Freedom of Man, and the Origin of Evil*라는 저작 이래로 활발히 연구되었다. 고전 유신론에서 신정론은 악의 존재에 대항하여 신의 전통적 속성을 보호하는 것에 집중하였으나, 신고전 유신론에서는 신의 전통적인 속성을 재해석하는 것으로 신정론문제를 해결한다고 볼 수 있다. 하츠혼의 신정론에 관해서는 정승태, 「찰스 하츠혼의 철학적 신학」 13장을 참조하라.
65) Hartshorne, *The Divine Relativity: A Social Concept of God*, 134-5.
66) Ibid., 204.

이와 같은 하츠혼의 범재신론은 유기체철학의 신 개념을 더욱 풍부하게 만드는 개념이라고 볼 수 있다. 주지했듯이 화이트헤드는 자신의 체계에 신 개념을 도입했으나, 이는 체계적인 정합성을 위해 요청된 신으로서 철학적인 입장에서의 신이라고 볼 수 있다. 그러나 하츠혼은 더욱 적극적인 유신론적 관점에서 범재신론적인 신 개념을 도입했으며, 화이트헤드가 언급하지 않은 구체적인 신의 속성들을 언급한다. 하츠혼은 자신의 유신론적 개념을 설명함에 있어 어거스틴, 아퀴나스(Thomas Aquinas), 안셀름(Anselm)등의 기독교 신학자들의 신 개념을 고찰하며 검토하면서 유기체철학의 신론의 종교적이고 신학적인 가능성을 열었다. 따라서 유기체철학의 신은 하츠혼에 이르러 신학적 신으로의 접점을 형성하게 되었다고 볼 수 있다.

2) 사회로서의 신

화이트헤드는 「과정과 실재」를 통해 유기체철학의 신 개념을 궁극적으로 완성하였지만, 다음과 같은 문제들이 발생했다. 화이트헤드의 신은 궁극적으로 비시간적인 현실적 존재로서 지속적인 합생의 과정을 겪는 존재이다. 유기체철학에서 현실적 존재는 합생의 과정 후 이행(Transition)의 과정을 거친다. 이 과정 속에서 현실적 존재는 주체적인 직접성을 상실하지만, 객체적인 불멸성을 획득하여 다른 현실적 존재들에게 파악이 된다. 그렇다면 이행의 과정 없이 지속적인 합생의 과정에 있는 신은 시간적인 다른 현실적 존재들에게 파악될 수 없다.[68] 그렇다면 신은 세계의 현실적 존재들과 관련되어 관계를 맺을 수 없는 신에

---

67) 정승태, 「찰스 하츠혼의 철학적 신학」, 222.
68) 화이트헤드 역시 생전에 신의 파악에 관한 문제를 염두에 둔 것으로 보인다. 화이트헤드는 자신의 제자인 A.H. 존슨(A.H. Johnson)의 "신이 소멸하지 않는다면 어떻게 다른 현실적 존재의 여건으로 주어지는가"라는 질문에 "난 그 문제의 해결을 시도하진 않았다. 그것이 문제다"라고 대답했다. Hosinski, 「화이트헤드 철학 풀어 읽기」, 372.

불과할 것이다. 만약 신을 주체적 소멸 없이도 객체적으로 불멸할 수 있는 존재로 둘 경우 이는 궁극적 형이상학의 원리에 위배되는 것에 불과하다. 현실적 존재의 합생은 만족(Satisfaction)에 이르러 완결된다. 그러나 신은 지속적인 합생의 과정 속에 있기에 만족이 가능한가 라는 질문이 제기된다. 만일 신을 지속적으로 만족할 수 있는 존재라고 상정한다면, 이 역시 또 하나의 예외사례를 두는 것에 불과하다. 이는 유기체철학의 신 개념에 있어서 큰 난점으로 다가왔다.

하츠혼은 이와 같은 화이트헤드의 신 개념의 난제를 "신의 사회적 개념"을 통해 해결하고자 한다. 신은 "인격적 질서를 갖는 사회(Personally Odered Society)"이다. 호진스키는 "신은 서로를 계승하면서 단일한 계기의 가닥을 형성하는 사회로서, 우주적 과정의 각각의 순간들에는 직접 과거를 통과하고, 만족으로 달성되며 현재의 합생 계기에 의해 물리적으로 파악되는 새로운 신의 계기가 생기게 되는 것"이라고 정리한다.69) 이를 바꿔 말하자면, 신은 시간 속에서 현실적 존재들을 파악하고 만족을 달성한다. 만족은 또 다시 후속의 현실적 존재들과 신적인 계기에 의해 파악되고 만족을 이루는 과정이 반복된다는 것이다. 이러한 반복이 하나의 계기의 가닥을 이루는 인격적 질서의 사회라는 것이다. 하츠혼은 신의 자기 통일성, 신적 경험의 통일성은 사회로서 유지가 될 수 있다고 보면서, 신 개념의 정합성을 찾고자 하였다.

하츠혼의 노력은 화이트헤드의 개념을 재해석하면서 유기체철학의 신 개념의 정합성을 강화하는 동시에 유기체철학의 유신론을 강화하려는 시도라고 할 수 있다. 하츠혼은 신의 파악에 관한 문제를 사회적인 신의 개념을 통해 해결하고자 했으며, 양극성의 원리를 통해 범재신론을 주장하여 기존의 유신론의 한계를 극복하고자 시도했다. 하츠혼의

---

69) Ibid.

방법론이 진정으로 화이트헤드의 신 개념이 가진 난점을 온전히 극복했는가라는 것에는 후대의 연구에서 이견이 있으나,[70] 그의 신론의 해석이 후대의 과정신학의 연구에 밑거름을 제공한 동시에 유기체철학의 신의 의미를 더욱 풍부하게 했다는 것에는 이견을 갖기 힘들 것이라고 본다.

4. 나가는 말: 유기체철학 신 개념의 의의와 평가

논자는 화이트헤드의 주요 저서에서 서로 다른 의미로 언급된 신의 의미와 하츠혼의 사회적 개념으로서의 신 개념을 살펴보았다. 화이트헤드와 하츠혼의 유기체철학에서 제시하는 신 개념은 여전히 기독교 전통 신학에서 새로운 신으로 이해될 수 있다. 하츠혼이 언급하듯이 신은 종교적 가치를 지니면서 동시에 모든 피조물에게 경배의 대상이 될 수 있어야한다. 특히 신의 관계성에서 전통적 신이 외연적 관계에서만 경배의 대상이 아니라 내연적 관계에서도 경배의 대상이 될 수 있는 신은 분명 현대인들에게 쉽게 받아들일 수 있는 신 개념이라고 생각한다.

논자는 화이트헤드의 신 개념은 「과학과 근대세계」에서 '구체화의 원리'로, 「형성과정에 있는 종교」에서는 '비시간적 현실적 존재'로, 「과정과 실재」에서는 '양극적인 현실적 존재'로 발전되었음을 살펴보았다. 화이트헤드의 신 개념은 체계의 정합성과 완성도를 높이기 위해 요청된 개념으로 볼 수 있으나, 이는 결과적으로 철학적 신학의 가

---

[70] 하츠혼의 신 개념이 화이트헤드의 기존 개념을 적절히 재해석했다는 의견과 심각하게 해친다는 의견은 아직도 논쟁 중에 있다. 호진스키는 사회로서의 신 개념은 하츠혼의 체계에는 정합적일지 몰라도 화이트헤드의 개념을 해친다고 비판한다. Ibid., 373. 현재까지 과정사상의 신 개념의 정합성을 찾기 위한 연구가 활발히 진행되고 있다. 최근의 연구 동향은 문창옥, "화이트헤드 신 개념의 정합성을 위한 모색," 「철학」, (제118집: 2014)를 참조하라.

능성을 열어둔 것으로 볼 수 있다. 또한 하츠혼은 화이트헤드의 체계를 받아들여 범재신론적인 개념을 통해 유기체철학의 유신론을 더욱 강화했으며, '사회적 개념으로서의 신'을 통해 화이트헤드의 신 개념에서 드러난 정합성의 문제를 해결하려 시도했다고 볼 수 있다. 하츠혼의 연구는 유기체철학의 사상적 발전을 제공한 동시에, 유신론적인 측면을 강화하면서 본격적으로 유기체철학이 신학과의 대화를 형성할 수 있도록 토대를 놓았다고 볼 수 있다.

논자는 본 연구를 통해 유기체철학의 존재론은 플라톤적 실체론에 관한 비판으로서, 존재(being)에서 생성(becoming)으로 나아가는 존재론적 전환을 불러온다고 말한 바 있다. 하츠혼이 고전 유신론이라고 정의한 서구의 전통적인 신 담론은 이러한 플라톤적 실체론 개념을 기저에 둔 신 개념이었다. 이는 절대 타자로서의 신을 강조하는 개념으로서 신과 피조물의 관계는 신이 피조물에게는 일방적인 영향력만 행사하는 존재로 그려졌다. 이는 절대군주적인 신 이해를 불러왔으며, 피조세계의 악과 고통의 일차적인 원인을 신에게 돌리게 되는 문제로 나타났다. 그러나 유기체철학의 신 개념은 절대타자로서 군림하면서 피조세계를 이끄는 것이 아닌, 피조물들과 함께 내적으로 관계하며 공감하며 전진하는 존재로 그려진다. 또한 유기체철학의 신은 초자연적으로 세상에 개입하는 것이 아니며, 자연주의적인 세계관에서 피조세계를 설득이라는 수단을 통해 이끄는 동반자로서 그려지고 있다.

유기체철학의 신 개념은 그 기저가 되는 존재론적 개념과 세계관에 이르기까지 많은 부분에서 고전 유신론의 신 개념과는 다르다. 그러한 이유로 과정신학이 태동한 이래 지금까지도 전통적인 기독교 신학자들의 입장에서는 받아들이기 힘든 신 개념으로 비판을 받고 있다. 그러나 유기체철학의 신 개념이 주는 유익은 앞서 언급했듯이 이 시대를 살아가는 현대인들에게 쉽게 다가갈 수 있는 신 개념이며, 더 풍부한 신 이해를 제공한다는 점에 있다고 본다. 현대인들에게 있어서 다원주의적 세계관과 자연주의적 세계관은 너무나 자연스러운 개념으로 이해되고 있다. 이러한 상황에서 다원주의와 자연주의적인 개념의 신론을 제공하는 유기체철학의 신론은 현대인에게 더욱 접근하기 쉬운 신 개념이라고 보인다. 기독교 신학은 지난 수천 년간 지속적인 철학과의 대화를 통해 그 내용을 더욱 풍부하게 발전시켜왔으며 그 시대를 살아가는 사람들에게 적합한 메시지를 전해왔다. 따라서 유기체철학의 신 이해를 열린 태도로 받아들인다면 더 풍부한 신 이해를 얻을 수 있을 것이다.

[참고 문헌]

1. 단행본

문창옥. 『화이트헤드 과정철학의 이해』. 서울: 통나무, 1999.

박홍규. 『형이상학 강의 1』. 서울: 민음사, 2013.

정승태. 『찰스 하츠혼의 철학적 신학』. 대전: 침례신학대학교 출판부, 2013.

Cobb, John B. 『화이트헤드 철학과 기독교 자연신학』. 이경호 옮김. 서울: 동과서, 2015.

Grenz, Stanly J. and Roger E. Olson. *20th Century Theology*. Downers Grove: InterVarsity Press, 1992.

Hartshorne, Charles. *Creative Synthesis and Philosophic Method*. ed. Eugene Freeman. La Salle: Open Court Publishing Company, 1970.

_____. *The Divine Relativity: A Social Concept of God*. New Haven: Yale University Press, 1964.

_____. *The Logic of Perfection*. La Salle: Open Court Publishing Company, 1991.

_____. *Omnipotence and other Theological Mistakes*. Albany: State University of New York Press, 1984.

Hosinski, Thomas E. 『화이트헤드 철학 풀어 읽기』. 장왕식, 이경호 옮김. 서울: 이문출판사, 1994.

Price, Lucien. and Alfred North Whitehead. 『화이트헤드와의 대화』. 오영환 옮김. 서울: 궁리, 2006.

Sia, Santiago. *Process Theology and the Christian Doctrine of God*. Petersham: St.Bede's Publications, 1986.

Sherburne, Donald W. 『화이트헤드의 「과정과 실재」 입문』. 오영환, 박상태 역. 파주: 서광사, 2010.

Viney, Donald Wayne. *Charles Hartshorne and the Existence of God*. Albany: State University of New York Press, 1985.

Whitehead, Alfred North. 『과정과 실재』. 오영환 역. 서울: 민음사, 1991.

_____. 『과학과 근대세계』, 오영환 옮김. 서울: 서광사. 2017.

_____. 『관념의 모험』. 오영환 옮김. 서울: 한길사, 1996.

_____. 『진화하는 종교』. 김희헌 옮김. 서울: 대한기독교서회, 2012.

2. 정기간행물

문창옥. "화이트헤드 신 개념의 정합성을 위한 모색." 『철학』, 제118집 (2014): 87-110.

장왕식. "해체와 무의 도전: 과정 신학적 응답의 시도." 『한국조직신학논총』, 41집 (2015): 377-414.

· 화이트헤드와 함께 6

화이트헤드의 과정철학과 불교철학은 어디서부터 갈라지는가*
- 불교의 4대 학파와 화이트헤드 철학 간의 범주적 차이 문제

정강길 씀

Ⅰ. 머리말

  1. 화이트헤드는 왜 불교를 부정적으로 평가했을까

  2. 실체론을 거부한 붓다와 화이트헤드

Ⅱ. 몸말

  1. 대승불교 이전의 불교 4대 학파 간의 쟁론 속으로

  2. <외계 실재성>에 대한 화이트헤드 과정철학의 입장

  3. 인식보다 우선하는 존재론적 사태

  4. 중관학파의 자성 비판과 화이트헤드가 추구한 실유 자성

  5. 유식의 세친 주장에 대한 반론 : 유방분은 무한히 분할하는가?

  6. 원자론에서 유부와 경부의 입장 차이

Ⅲ. 나가는 말

  1. 불교는 어떻게 해서 <마음 불교>가 되었는가

  2. <유심론적 불교>에서 <실재론적 불교>로 : 다시 경량부!

---

* 이 글은 『동서철학연구』 제99호 (한국동서철학회논문집, 2021. 3)에 실린 논문과 같은 내용이다. 다만 그 글에선 지면이 제약된 학술지의 성격상 부득이 생략한 내용들도 많이 있었다. 사실상 필자의 입장에서는 본 글이 원래 썼던 내용이고 오히려 그 글은 축소된 버전이어서 여기서는 애초의 본래 쓰고자 했던 글을 싣는 바이다.

[화이트헤드와 함께]

 "만족스러운 형이상학적 체계에서 나오는, 존재들에 관한 잘 정의된 범주의 도식이 없을 경우에는, 철학적 논의의 전제는 모두 의심을 받게 된다."

— A. N. 화이트헤드

Ⅰ. 머리말

Ⅰ-1. 화이트헤드는 왜 불교를 부정적으로 평가했을까

필자가 화이트헤드 철학을 공부하면서 불교와 관련해 주변에서 가장 많이 들었던 얘기 중의 하나는 화이트헤드의 과정철학과 불교사상이 너무도 비슷한 일치점이 많다는 얘기였었다. 물론 그렇게 볼 만도 했던 것은 이미 20세기의 대표적인 화이트헤드 철학의 계승자로 자처했었던 찰스 하츠혼(Charles Hartshorne)부터가 그와 같은 식의 평가를 했었을 뿐만 아니라[1] 실제로도 지금까지 논의된 양자 간의 비교 연구들 역시 대부분은 서로 유사하게 보는 시각들이 훨씬 더 지배적인 분위기였다는 점에서 양자를 비슷한 사상으로 보는 것도 분명 무리한 시각은 아니었던 것 같다. 그럼에도 필자로선 아주 오래전부터, 심지어 불교대학원을 다니면서 필수 과정이었던 불교에 대한 이론과 실제들을 경험했었음에도 양자를 비슷하다고 보는 그 같은 주장에 대해서만큼은 상당히 큰 의문을 갖고 있었고 언젠가는 이에 대한 글도 한 번 써 보고 싶

---

1) Charles Hartshorne, "Whitehead's Differences from Buddhism", *Philosophy East and West*, Vol. 25, No. 4 (University of Hawai'i Press, 1975), 407.

었다.

  필자가 이에 대한 의문점을 갖게 된 연유에는 크게 두 가지 이유가 있다. 첫 번째는 필자의 불교철학 공부가 그리 깊다고도 할 수 없겠지만, 초기불교로부터 아비달마불교와 그리고 대승불교에 이르면서 화이트헤드 철학을 연구하는 필자의 관점에서 볼 경우, 처음엔 불교와 화이트헤드 철학 간의 비교 고찰에서 서로 유사한 느낌으로도 다가왔었지만, 어느 순간 그 중간 과정에서는 크게 어긋난 방향으로 서로 갈라진다는 느낌을 지울 수가 없었던 점에 있다. 이 어긋난 느낌은 초기불교보다 결정적으로는 특히 대승불교에 이르러선 그 간격 차이가 꽤나 크게 느껴졌었다.[2] 물론 이것은 화이트헤드 과정철학과 관련된 필자의 입장이 될 것이다.

  두 번째 이유는 필자가 검토한 바로, 적어도 〈화이트헤드의 불교에 대한 평가〉부터가 상당히 부정적이고 비판적인 점에도 연유된 것이다. 실제 원저자의 시각이 그러했음에도 이후의 계승자들인 찰스 하츠온이

---

[2] 예컨대 대승불교에서 대승 경전의 사상을 종합화한 것으로 숭앙받는 핵심 논서인 마명의 유명한 『대승기신론』과 관련된 원효의 『소』·『별기』 주석서까지 읽고 난 후에도 필자가 느꼈던 어떤 실망과 아쉬움은 상당히 컸었다. 적어도 초기불교의 아함을 접했을 때와는 다른 느낌이었다. 아마도 우리나라에서 한국철학사의 위대한 원효 사상을 비판하거나 깎아내리는 건 거의 금기에도 가깝지 않을까 생각된다. 물론 필자는 원효의 주석적 공헌과 그의 독창적 사유를 인정함에도 불구하고, 아무래도 필자가 느낀 괴리는 대승불교가 자리해 있는 근본적인 철학적 지형과 맥락이 서로 달라지는 데서 빚어지는 그 간격 차이에 있을 것이다. 흔히 『기신론』의 원효 사상을 〈중관과 유식의 종합〉으로도 설명하지만, 이 둘의 종합은 결코 병렬적인 조합이 아니며 오히려 〈공관(空觀)을 품은 유식관(唯識觀)〉이라 볼 수 있다(이에 대해선 원효 지음, 원효학 토대연구소 번역·주저자 박태원, 『대승기신론 소·별기』 상권 [서울: 세창출판사, 2019], 85. 참조). 이외에도 필자가 찾아본 『기신론』 책들은, 은정희 역주, 『원효의 대승기신론 소·별기』 (서울: 일지사, 1991) ; 마명보살 지음, 정성본 역주·해설, 『대승기신론』 (서울: 민족사, 2019) 등 여러 권이 있고 널리 알려진 『대승기신론』 강연도 찾아봤었다. 그럼에도 앞서 언급한 실망과 아쉬움만은 여전했음을 말씀드린다. 물론 그렇다고 대승불교 전반을 부정적으로 보진 않는다. 단지 중생심(衆生心)의 발심수행으로 진여본심을 깨닫고자 하는 대중적인 〈실천불교〉로서 볼 뿐이다. 대승의 기신론 사상에 대해서도 언급할 점이 많긴 하나 이는 다음 기회로 넘기고자 한다.

나 존 캅(John B. Cobb) 같은 이들은 별로 그렇게 보질 않았다. 이것은 화이트헤드가 불교에 대해선 정말로 무지했었거나 또는 일부 화이트헤드 계승자들이 불교와 화이트헤드 철학과의 비교 고찰에 있어서는 어떤 뭔가를 간과했었거나 아니면 결국 필자의 시각이 되려 틀렸었거나 그렇게 볼 수 있지 않은가 싶다. 사실 화이트헤드는 불교 뿐만 아니라 기독교에 대해서도 부정적 평가를 한 점이 많았었는데, 이미 친밀한 기독교 거주 환경 속에서 활동하고 있는 신학자들로선 적어도 기독교 전통을 결코 무시할 수 없을 뿐만 아니라 아무래도 적극 고려해야만 했을 것이다. 그렇기에 과정신학자들의 주된 전략은 화이트헤드의 그런 부정 평가들에 대해선 크게 문제 삼기보다는 가능하면 그런 껄끄러움들을 신학적 융화를 통해 다소 희석하려 한 점도 많았었다고 여겨진다. 하지만 정작 과정사상의 원작자인 화이트헤드 자신은 기독교 신학을 인류의 커다란 재앙 중 하나로도 간주할 만큼 상당한 독설들을 표명했었다.[3] 적어도 여기에는 양자 간에 추구하는 바가 그 심층적인 〈형이상학의 층위〉에선 서로 불통·불화되는 심각한 간격 차이도 있음을 짐작케 해준다고 볼 수 있다. 물론 이것이 〈양립 가능한 차이〉라면 상호 보완으로도 볼 수 있기에 좋은 장점에도 속할 테지만, 서로 〈양립 불가능한 차이〉로 인해 빚어진 문제라면 이는 매우 심각한 〈골 깊은 차이〉가 될 것이다. 이처럼 기독교 신학에 대한 부정적 평가에는 그럴 만한 이유가 있었듯이 마찬가지로 〈불교에 대한 화이트헤드의 부정적 평가〉에 있어서도 필자로선 어떤 그럴 만한 이유가 있을 것으로 봤었다.

---

[3] A. N. Whitehead 1939, 174. 기독교 신학에 대한 부정적 평가의 이런 면모들은 화이트헤드의 저작 곳곳에도 나올 뿐만 아니라 무엇보다 오랜 시간 동안 화이트헤드와 그의 가족들까지도 매우 가까이서 접했던 친숙한 동료이자 제자였던 러셀의 증언에서도 분명하게 엿볼 수 있다. 그에 따르면, 화이트헤드는 늘 종교의 중요성을 깊이 인지하고 있었음에도 기독교 신학에 대한 견해는 정통 기독교에선 벗어난 것임을 증언하고 있다. 버트란트 러셀 지음, 송은경 옮김, 2014, 156-158.

현대철학사에서 〈유기적 실재론〉organic realism을 표방했던 화이트헤드는 적어도 불교에 대해서도 그리 좋은 평가를 내린다고 보긴 힘들다. 다만 불교에 대한 그의 언급은 기독교에 비하면 매우 극소한 편이다. 화이트헤드가 『만들어가는 종교』(*Religion in the Making*, 1926)에서 밝힌 바는, 기독교와 불교를 합리적 종교의 대표 사례들로 손꼽으면서도 두 종교 모두 초기의 생명력을 잃고 쇠퇴하는 중에 있다[4]는 점을 지적하고 있을 뿐만 아니라, 『관념의 모험』(*Adventure of Ideas*, 1934)에서 밝힌 불교 이해를 보면, 현세에서의 환영은 지나갈 것이기에 수행을 통해 〈신비스런 평정심〉mystic tranquillity을 찾게 되면 이를 완전히 벗어나거나 끝낼 수 있는, 즉 이 세상에 대한 절망을 〈폐기를 위한 프로그램〉a program for abolition을 통해서 극복하는 신비적 종교로 보고 있었다.[5] 특히 불교에 대한 부정적인 평가는 그의 생의 말년에 이르기까지 크게 바뀌진 않았다고 볼 수 있는데, 이는 화이트헤드의 진술한 면면들을 남겨놓은 프라이스(L. Price)와의 『대화록』(*Dialogue*, 1939)에선 보다 분명하게 밝힌 바가 있었다.

P : "불교는 어떻습니까?"

W : "불교는 도피(escapism)의 종교입니다. <u>사람들은 자신의 내면으로 칩거하고(retire) 외계(externals)는 흘러가는 대로 내맡겨버립니다.</u> 악(evil)에 대한 확고한 저항이 없습니다. 불교는 진보하는 문명과 연합되어 있지 않습니다."[6] [1941년 12월10일 대화 中]

적어도 이런 언급들은 화이트헤드가 바라보는 불교에 대한 인식이

---

4) A. N. Whitehead 1996[1926], 44.
5) A. N. Whitehead 1967[1933], 33.
6) A. N. Whitehead 1939, 189. 인용된 본문의 밑줄은 필자의 강조 표시.

대체로 어떠했는지를 분명하게 알려주고 있는 내용들에 해당할 것이다. 물론 이외에도 드문드문 언급한 발언들은 있다. 그가 보기에 기독교 신학은 대단히 잘못된 방향으로 갔다고 평가한 것에 비해선, 불교 이론은 매우 정교하지만, 사실 자기한테는 지나치게 정교하다면서 그럼에도 지적으로는 경의를 표할만한 것이라고 했다.[7] 하지만 정작 불교가 만족스러운 적이 있느냐는 질문에 대해선 만족스러운 적은 없었다며 〈결실 없는 수동적 명상〉an unfruitful passive meditation이 되는 점마저 언급하면서 아마도 그렇게 된 이유들 중에는 기력을 떨어뜨리는 기후 풍토와도 어떤 관련이 있지 않을까 하는 답변까지 내놓기도 했었다.[8] 결국 정리해보면, 화이트헤드 자신한테는 불교가 결코 만족스럽지 않았던 어떤 부정성을 안고 있다고 보면서도 한편으로는 정교한 이론 체계로 봤었다고 볼 수 있다.

물론 불교는 결코 단일한 체계로서의 종교가 아니다. 바로 그 점에선 화이트헤드의 위와 같은 평가는 불교에 대한 화이트헤드 자신의 무지를 내포한 부당한 진술일 수 있다. 솔직히 말해 필자 역시 불교를 접하기 전에 처음에는 화이트헤드가 불교를 깊이 있게 공부하질 않은 탓으로 돌렸었다. 하지만 화이트헤드의 전반적인 저작에서 봤을 때 불교에 대한 언급이 극히 적을 뿐이지(왜냐면 애초 그는 자신의 과정 형이상학 체계가 목적이었을 뿐 불교 연구를 목적으로 삼은 바도 없었기에) 그렇다고 해서 화이트헤드가 불교에 대한 공부를 전혀 안했다고도 볼 수 없는 것이, 당시 그와 가장 친한 동료이기도 했던 하버드대학교의 제임스 우즈(James H. Woods) 교수로부터 불교에 대한 전문가적 지식을 가질 만큼 분명하게도 불교사상을 공부했었다는 사실이 현재로선 조금씩

---

7) Ibid., 277.
8) Ibid., 301. 불교학자 중에도 인도의 기후 풍토로 요가와 사유의 문화가 만들어진 것으로도 보는 이도 있었다(정성본, 2020, 31 참조).

알려지고 있기도 하다.9) 물론 화이트헤드가 불교철학을 공부했든 안했든 상관없이, 그리고 팔리어(Pali)와 산스크리트어(Sanskrit) 경전의 번역 작업에도 능통하여 인도철학과 불교 경전들을 번역해서 서구에 소개했던 우즈 교수로부터 접한 불교 내용이 온전한 불교 내용인지 아닌지 의문을 표하든 상관없이, 적어도 실제적인 화이트헤드의 불교 평가가 상당히 박하다는 점만은 분명한 사실로 보인다. 왜 화이트헤드는 불교에 대해 그와 같은 부정적 평가 또는 비판적 견해를 표명한 것인가? 아니면 정말로 불교사상에 대한 자신의 무지를 드러낸 것인가?

필자의 이 논문은, 어쩌면 화이트헤드가 그와 같이 느껴졌을 법한, 즉 자신의 내면으로 칩거하고 외계는 흘러가는대로 내맡기는 그러한 도피의 종교로 느꼈을 법한 어떤 한 연유를, 불교철학사 과정에서 표명된 대표적인 불교 진영 내의 교설들을 통해 추적해보는 것으로 간주될 수 있다. 물론 불교 안에도 도피나 은둔 칩거의 불교가 아닌 사회정의를 위한 〈참여불교〉의 모습도 있었고, 또한 오늘날에도 평화와 생태 문제에도 적극 관여하는 활동적 모습도 있기에 화이트헤드가 불교의 모든 면모들을 온전히 파악하고서 내린 평가는 분명 아니라고 생각한다. 게다가 어느 종교든 종교의 선한 모습과 그렇지 않은 모습들도 함께 있다. 종교라고 해서 반드시 선한 것은 아니다.10)

그렇기 때문에 굳이 말씀드리자면, 필자의 이 글은 화이트헤드가 불교에 대해 제대로 알았든 몰랐든 설령 화이트헤드가 불교에 대해 무지했다고 보더라도 일단은 별 상관이 없을 것 같다. 단지 이 글에서는 화이트헤드가 불교사상의 체계들에서 왜 저렇게 느꼈을까에 대한 어떤 하나의 짐작해볼 만한 이유를 제시해 보이고자 함에 있을 뿐이다. 왜냐

---

9) Victor Lowe, [edited by J. B. Schneewind], 2019, 195.
10) A. N. Whitehead 1996[1926], 17.

[화이트헤드와 함께]

하면 필자 또한 화이트헤드와 유사하게 불교에 대해선 일정 부분 그와 같이 느낀 점도 없잖아 있었기 때문이다. 물론 불교의 모든 모습이 그렇진 않다는 점에서 이것은 불교 진영 안에서도 여전히 정리되지 않은 부분에 대한 느낌이라고도 해야 할 것이다. 따라서 결과적으로만 본다면 필자의 이 글은 화이트헤드가 불교의 교리 체계들에서 그와 같이 느꼈을 법한 어떤 하나의 이유를 정당화하는 시도로도 볼 수 있겠다.

2. 실체론을 거부한 붓다와 화이트헤드

그렇지만 우선적으로 말씀드리고픈 필자의 기본 입장은, 고타마 싯다르타의 무상(無相)과 무아(無我) 가르침을 큰 틀에서 볼 경우 얼마든지 이를 과정철학적으로 볼 수 있다는 입장이라는 점도 분명하게 말씀드리는 바다. 당시 범아일여(梵我一如)의 인도 힌두이즘과 관련해서 보더라도 고타마 싯다르타의 통찰은 분명한 혁명적 깨달음의 사건이었다. 즉, 싯다르타의 통찰이 필자에게도 "모든 것은 과정이며 영원불변한 것은 없다"는 가르침으로 그리고 영원불변한 것에 마음을 두는 집착을 끊어내는 가르침으로도 받아들여졌던 것이다. 그렇다고 불교가 어떤 〈덧없음〉을 설파한 것도 아니라고 보기에 이런 점들은 필자에게도 그리고 화이트헤드 과정철학의 견지에서 보더라도 얼마든지 서로 부합되는 긍정적 요소들로 수용되는 것들이었다.

영원불변한 실체(substance)에 대한 철저한 거부에 있어서만큼은, 화이트헤드 철학의 연구자들한테도 그와 같은 불교의 가르침이 매우 친근하고 유사하게 다가온다는 점은 분명 부인할 수 없다. 그래서인지 기존 선행 연구들에도 화이트헤드의 과정철학과 불교사상 간의 비교 논의들은 이미 여럿 나와 있었다.[11] 다만 대부분은 〈대승불교〉와의 비교

---

11) 화이트헤드 철학의 대표적인 계승자에 속하는 찰스 하츠온(Charles Hartshorne)과

193

존 캅(John B. Cobb) 역시 불교와 관련된 글을 쓴 바가 있다. 하츠온이 보기에 화이트헤드의 철학과 불교는 서로 간에 깊은 합의점이 많고 오히려 차이점을 찾는 것이 훨씬 더 힘들다는 점을 먼저 토로했었다. 그러면서도 불교의 경우 이전과 이후의 사건을 기술함에 있어선 종종 <대칭>을 암시하는 것처럼 보일 만큼 불교에서 말하는 "dependent origination(緣起: 의존적 일어남)"에는 모호함이 있는 반면에 화이트헤드의 도식에서는 "시간의 화살(Time's arrow)"이 훨씬 더 뚜렷할 정도로 <인과적 비대칭>causal asymmetry이 보인다는 점을 차이로 꼽고 있었다. Charles Hartshorne, "Whitehead's Differences from Buddhism", 1975, 407-413. 이 같은 내용은 또 한편으로 화이트헤드의 철학과 화엄불교 사상을 비교 고찰했던 스티브 오딘(Steve Odin)의 연구에서도 화이트헤드의 <비대칭적 인과론>과 그리고 사건들 간의 상입(相入, interpenetration)이라는 화엄의 <대칭적 인과론>과의 차이를 다시 떠올리게도 해주었다. Steve Odin, 1982. ; [국역판] 스티브 오딘(안형관 역), 1999 참조. 또한 미국의 대표적인 과정신학자로도 알려진 존 캅은 기독교와 불교의 대화로서 접근한 바가 있는데 여기서는 과정신학적 견지에서 조심스럽게 양자를 비교하고 있었다(존 캅[이경호 역], 2010 참조), 아쉬운 점은 불교 내 진영들 간의 긴장적인 입장 차이나 구분에는 별로 주목하지 않은 채로 거의 대부분 <단일 종교로서의 불교>로 고찰되거나 그것도 주로 <대승불교와의 비교>에 곧잘 맞춰져 있는 점을 들 수 있다. 게다가 화이트헤드 스스로가 직접 밝힌 불교에 대한 부정적 평가 이유나 양자 간의 철학적 범주의 차이 문제 역시 비중있게 다루지 않은 점도 필자에겐 아쉬움으로 남았었다.

반면에 불교학자의 입장에서 나온 비교 고찰도 있긴 했었다. 교토학파의 불교학자로도 알려진 아베 마사오(Abe Masao) 역시 <대승불교와 화이트헤드 사상>을 비교 검토하면서 양자 간의 차이점에 대해서도 지적한 바가 있었는데(이에 대해서는 Abe Masao, "Mahāyāna Buddhism and Whitehead: A View by a Lay Student of Whitehead's Philosophy", 1975, 415-428. 참조), 그에 따르면, 양자가 친근한 것 같으나 본질적인 중대한 차이점이 있음을 지적하고 있었다. 마사오가 보기에, 화이트헤드가 주장하는 신(God)과 세계(the World)는 서로 관계를 주고 받긴 하지만 이것은 불교가 말하는 연기적인 상호의존성과 다르다면서, 화이트헤드 철학의 신 존재는 영원적·영속적이면서 비시간적인 반면에 세계는 현실적이면서도 시간적이라는 점에서, 오히려 화이트헤드 철학에선 이원론(dualism)의 흔적이 보인다고 평가했던 것이다(424). 물론 그것이 실체(substance)의 측면은 아니라고 해도 여전히 이원론에서는 자유롭지 못한 것으로 봤었다. 필자로선 기존 선행 연구들에 대해 일일이 세부적인 평가를 하기란 힘들지만, 불교학자였던 마사오의 글에 대해선 조금 언급해볼 필요도 있을 것 같다. 적어도 결과적으로만 본다면, 대승불교와 화이트헤드 철학 간에 큰 차이점이 있다는 주장에 대해서만큼은 필자 역시 공감하고 있기 때문이다. 하지만 주장하는 그 내용에선 의견을 달리한다. 필자가 이해한 화이트헤드가 말한 신과 세계는 그 <현실 존재>actual entity의 중요성과 등급과 기능에서의 차이가 있다는 것이지 <현실 존재> 외에 다른 넘사벽의 절대적인 종(種) 차이란 없다. <신>이든 <현실 계기>actual occasion든 각각에 대해 상호 초월적이며 상호 내재적인 관계를 맺는 점도 모두 동일한 지평선에 놓여있다. 단지 이를 구체화한 그 내용에선 저마다의 차이를 갖지만 그 형식에 있어선 공통적인 것이며 모두 <창조성>creativity의 손아귀 안에서 전개되고 있는 점도 신이든 세계든 공통적으로 마찬가지다. 이런 점은 존재의 일의성 의미에도 부합된다고 본다.

[화이트헤드와 함께]

그렇기에 화이트헤드 철학에선 저마다의 현실 계기 뿐만 아니라 신조차도 <창조성의 피조물>로도 언급된다. 혹자는 화이트헤드의 <창조성> 개념을 불교의 공(空) 개념과 유사한 것으로 보기도 한다. 어쨌든 마사오는 이를 이원론적인 것으로 봤지만, 만약에 마사오의 지적이 일관된 타당성을 갖는 것이라면, 불교 진영에 대해서도 예컨대 만법유식(萬法唯識)으로 보는 유식불교의 <아뢰야식의 특별함>(이것은 다른 식(識)과 달리 모든 종자를 보존하는 근본이자 거의 영원에 가까운 존속성을 갖추고 있는 특별함)도 다른 식(識)과의 관계와 비교해본다면 그 또한 <이원론적인 것>으로 간주해야 그 논리가 철저히 일관된다고 볼 것이다. 사실 정보 보존에 가까운 아뢰야식의 역할은 화이트헤드가 말한 신의 결과적 본성(시간적 세계의 경험들을 남김없이 거둬들이는 신의 본성)의 역할과도 매우 유사하게 보이는 점도 있다. 그러나 전자가 <관념론>의 구도에서 설정된 것이라면, 화이트헤드의 과정철학은 분명히 <실재론>을 표방한다는 점에서 적어도 기본적인 철학적 범주의 자리와 그 맥락이 서로 다른 배경의 차이가 있다. 아쉽게도 마사오가 전거로 삼는 내용들은 거의 대부분 PR에서도 마지막 제5부의 신과 세계 내용에 한정된 점이 많아서인지 애초에 화이트헤드가 <역대칭의 상호관계>로 설정해놓은 신과 세계의 관계 도식을 마사오는 오히려 <이원론적 구도>로 풀고 있었던 것이다. 이것은 화이트헤드가 말한 과정철학의 전체 구도에서 보면 매우 피상적인 접근이라고 생각되는데, 그러한 신과 세계의 관계조차도 우선은 가장 기본적인 생성 과정인 <합생>(合生, concrescence)에 대한 분석에 따른 것이어서 이것은 경험론의 원칙에 해당하는 <존재론적 원리>를 벗어나지 않는다. 화이트헤드의 <존재론적 원리>는 관념적인 이원론의 병폐에 대한 그 나름의 해법이기도 했었다. 필자가 보기에 지금까지 언급한 기존 선행 연구들의 가장 뚜렷한 특징이 있다면, 불교사상과의 비교에선 거의 대부분 <대승불교>와의 비교에 더 초점이 맞춰져 있었다는 점과 양 진영 간의 그 비교 고찰에 있어서도 기본적인 철학적 지형상에서의 포지셔닝[자리매김]에 대한 비교보다 양자 간에 이해된 그 세부적 내용들 안에서의 비교 고찰들에 주된 초점이 맞춰져 있음을 들 수 있겠다.

국내 연구 작업으로선, 고목 스님, 『화이트헤드의 유기체 철학과 불교』 (서울: 시간과공간사, 1999) ; 이경호, 「<成唯識論>에서 본 유식사상과 화이트헤드의 과정 사상의 비교 연구」 (서울 : 감리교신학대학교, 2008) ; 이태호, "불교와 화이트헤드 철학의 존재론", 동아시아불교문화학회, 『동아시아불교문화』 제2집 (2008, 6), 317-354. 등 몇 가지를 들 수 있겠는데 이들 연구 역시 유식불교를 비롯해 대부분은 <대승불교와의 비교 연구>에 주된 초점을 맞추고 있는 점은 거의 공통된 것으로 보인다. 이중에 한 가지만 언급하자면, 이태호 선생의 글도 <존재론> 비교를 논하기에 언급하지 않을 수가 없는데 정작 존재론의 핵심인 형이상학적 사유로서의 <원자론>에 대한 고찰도 논했어야 하지 않은가 싶다. 그의 글에선 유심론의 불교를 『법화경』을 소의경전으로 삼는 불교 내의 한 종파인 <천태종>을, 그것도 천태종 내의 <산가파>만을 근거로 삼아 화이트헤드의 궁극적 실재인 현실 존재의 <존재론>과 견해를 같이 하는 것으로 평가했었다(342). 단지 불교는 유심론적 측면이 더 부각된 것이고, 화이트헤드 철학은 존재론적 원리로 인해 유물론적 요소가 부각될 뿐, 양자는 크게 다르지 않은 것으로 평가하고 있었다(345). 하지만 필자로선 "궁극적인 형이상학적 진리로서의 원자론"을 주장한 화이트헤드의 존재론과 불교와의 비교 고찰은 <극미설>로도 불리는 <불교의 형이상학적 원자론과의 비교 검토>를 핵심으로 담고 있어야 한다고 생각되기에 이 지에 거의 한정되고 있었다. 그렇기에 필자의 이 글에선 오히려 대승불교의 태동 또는 그 이전인 아비달마불교의 불교철학사 시기로까지 좀 더 거슬러 올라가고자 하는데, 필자의 입장에서 한층 더 문제시하는 지점은, 다름 아닌 〈현재의 대승불교는 과연 이전의 아비달마불교를 제대로 딛고 일어선 것인가?〉 하는 점과도 관련된 것이다.

붓다와 화이트헤드, 말할 것도 없이 두 철학자 간의 가장 두드러진 공통성은 철저하게 고정불변으로서의 독립적인 〈실체〉substance 개념을 거부한다는 점일 것이다. 이미 알려져 있듯이, 불교에서의 오온설(五蘊說)과 연기설(緣起說) 그리고 제행무상(諸行無常) 등 불교의 여러 교설

점에선 필자와도 서로 견해를 달리한다고 볼 수 있겠다. 필자의 입장에선 적어도 불교에 대한 화이트헤드의 시선 속에는 아무래도 〈'유심론적 불교'에서 '실재론적 불교'로의 전환〉을 담고 있는 점도 있다고 여겨지기에 화이트헤드와 불교와의 긴장적 차이도 있다고 본다. 그리고 이외에도 주로 다르마키르티(Dharmakīrti, 法稱)와 화이트헤드 철학 간의 비교 고찰을 연구했던 권서용 선생의 글들도 빼놓을 수 없다. 아마도 다르마끼르티와의 비교 연구와 관련해선 이 주제에 관한 빼놓을 수 없는 대표적인 전문 연구자일 것이다. 권서용, "다르마끼르띠와 화이트헤드 사상의 접점: 현실적 존재(vastu, actual entity)의 찰나멸을 중심으로", 인도철학회, 『인도철학』 23권 (2007), 179-197. ; "다르마키르티와 화이트헤드 사상의 접점(I): 현실적 존재(vastu, actual entity)를 중심으로", 한국화이트헤드학회, 『화이트헤드연구』 20집 (2010), 71-103. ; "다르마키르티의 의지각과 화이트헤드의 현시적 직접성의 양태로서의 지각에 관한 연구", 동아시아불교문화학회, 『동아시아불교문화』 24권 (2015), 279-308. ; "다르마키르티와 화이트헤드 사상의 접점(3) -지각의 종류와 구조를 중심으로", 동아시아불교문화학회, 『동아시아불교문화』 23권 (2015), 203-232. 등 참조. 물론 이외에도 불교와의 비교 논의들은 더 많이 있을 것으로 본다.

그런데 최근 불교 진영에서 나온 화이트헤드의 불교 이해를 고찰한 논문에선, 화이트헤드가 불교를 어느 정도 부정적으로 봤다는 점도 냉철하게 인정하고 있어 비로소 양자 간에도 솔직한 비교 논의를 개진할 시점에 이르렀지 않았는가 생각되었다. 박수영, "화이트헤드가 바라본 불교", 『한국불교학』 제89집, 363-394. 따라서 필자의 본 논문은 "왜 화이트헤드는 불교를 부정적으로 봤을까?" 하는 바로 그러한 의문에 대한 필자 나름의 답변이기도 할 것이다. 필자가 보기에 찰스 하츠온도, 존 캅도 이후의 화이트헤드 계승자들 역시 〈불교에 대한 화이트헤드의 부정적 평가의 이유 문제〉를 충분히 깊이 있게 다루진 못했다고 생각한다. 물론 필자의 지금 이 글도 〈불교와 화이트헤드 철학 간의 비교 고찰〉을 충분히 담아내기에 여전히 부족하기는 매한가지일 것이다. 그렇기에 언젠가는 관련된 논의들을 확장해서 초기불교에서 대승불교에 이르기까지 좀 더 개진해보고자 할 것이다.

[화이트헤드와 함께]

에서도 표방되는 가장 뚜렷한 점 하나를 들자면, 〈고정불변의 독립적 실체〉로서의 존재 이해를 반대했다는 점을 결코 빼놓을 수 없다. 화이트헤드 과정철학의 경우, 모든 현실태(actuality)는 기본적으로 〈과정〉으로 간주하면서 그 성격은 관계성의 구체적 사실들로 언급되는 온갖 포착들(prehensions)로 구성된 것으로 본다는 점에서 그 역시 〈실체론〉의 입장을 천명한 기존 형이상학과는 결별을 선언했었다. 화이트헤드가 주장하는 〈과정〉은 〈다(多)에서 일(一)로의 과정〉이면서 임의의 존재 생성은 우주의 모든 항목들과 관계하는 가운데서 생겨나는 〈생성의 과정〉으로 본다. 그런 점에서 모든 것이 원인[因]과 조건[緣]하에 생겨나기에 〈고정불변의 독립적 실체〉로서의 존재를 부정하는 붓다의 통찰을 담은 불교의 가르침을 화이트헤드 철학의 입장에서도 이를 거부할 이유는 없을 것으로 여겨진다.

알다시피 화이트헤드 철학의 세계에선 〈실재(reality)가 과정(process)이며, 과정이 곧 실재〉로서 그의 대표작인 『과정과 실재』부터가 바로 이러한 함의를 담고 있다. 물론 그럼에도 불교의 〈무상〉 개념과 화이트헤드의 〈과정〉 이해가 얼마만큼 세부적인 접점을 찾을 수 있는지는 보다 정밀한 방향으로 이후에도 계속해서 다루어야 할 작업이라고 생각한다. 다만 본 글에서 필자가 살펴볼 지점은 적어도 대승불교로의 형성 또는 그 이전에 속하는, 즉 초기불교로부터의 계승에 있어 저마다 다양한 체계화들로 형성해갔던 〈아비달마불교〉에 대한 것이다. 이 시기에는 여러 부파들이 형성되어 〈부파불교〉로도 언급되지만, 대승불교가 지배적인 우리나라에서는 이들을 흔히 〈소승불교〉[12]라고 칭하면서 종종 폄

---

12) 대승불교가 꼬리표를 붙인 '소승'이라는 명칭은 한편으로 보면 결코 대승답지 못한 처사가 아닌가 싶다. 육바라밀 수행의 대승불교 입장에서 보면 아비달마불교 또는 부파불교는 "중생을 간과하고 개인의 해탈 열반만 추구한다"는 비판을 하지만 실제로는 정말 그러한가 싶기도 하다. 소승불교에선 아라한은 될 수 있어도 부처는 될 수 없다고 조소하는 건 오히려 불교에 대한 공부나 이해를 그 시작에서부터 제약시키는 선입

하되어 왔었다. 그래서인지 해당 분야를 연구하는 전문적인 불교학자를 제외하면 이들 불교에 대해선 아무래도 일반적인 불교도들은 별다른 큰 관심을 두지 않았던 불교 내의 영역이 아닌가 생각된다.

하지만 앞서 말했듯이 2500년 역사의 불교는 결코 단일한 체계로서의 종교로 볼 수 없다. 따라서 불교에 대해 이러쿵저러쿵 단순 평가를 내리기가 힘든 것도 주지의 사실이다. 바로 그렇기 때문에 이 글에서는 붓다의 교설을 본격적으로 체계화한 아비달마불교 시절에 있어 특히 설일체유부(說一切有部)와 경량부(經量部) 불교에서 중관과 유식의 <대승불교>로 건너가는 바로 그 지점에 우선적인 초점을 맞추고자 하는 것이다. 이들 설일체유부, 경량부, 중관학파(中觀學派), 유식의 유가행파(瑜伽行派)는 불교의 4대 학파로도 알려져 있다.13) 이것은 당시 불교의 이론적 체계화 과정에 있어 적어도 서로 다른 어떤 4가지 큰 방향의 주된 성격으로 간주되었던 것이다. 여기서 중관과 유식은 그 이후로 우리나라를 비롯한 동아시아 불교를 점유한 <대승불교>의 두 핵심 기둥으로 자리한다.14) 물론 지면상 이 모두를 세부적으로 비교 고찰하긴 힘

견과 편견의 효과로도 기능한다는 사실도 한편으로 유의할 필요가 있지 않은가 생각한다. 다행인지 현재로선 '소승'으로 부르는 점은 삼가는 추세이긴 하다. 하지만 그렇다고 해서 <u>자신들의 '대승' 명칭을 거두거나 하진 않을 것으로 본다. 이미 우리나라에선 '불교=대승불교'라는 인식 자체는 뿌리 깊게 정착되어 있다. 따라서 '대승'이라는 용어가 계속 사용되는 한 곧잘 그와 짝이 되는 '소승'이라는 용어도 덩달아 쉽게 떠올리게 되리라는 점도 여전할 것으로 보인다. 그럼에도 들여다봐야 할 핵심 관건은 결국 '대승불교는 과연 소승으로 폄하시킨 아비달마불교를 제대로 딛고 일어선 것인가'</u> 하는 지점이 될 것이다. 그렇기에 필자의 물음은 다음과 같이 간단히 표현될 수 있다. <u>대승은 과연 대승인가?</u>

13) 히라카와 아키라 지음, 이호근 옮김, 1989, 145-146.
14) 다소 흥미로운 논의는 불교 진영 내에서 나온 고익진의 불교 연구인데, 기존의 대다수 대승불교 연구자들도 적어도 초기불교와 대승불교의 차이만큼은 모두 인정하는 편이지만(물론 여기에는 불설-비불설 논쟁도 관련되어 있다), 그의 경우는 초기불교를 아예 대승불교의 기초학으로 볼 만큼 그 일관된 연속성을 가장 확고히 주장했었다. 즉 대승불교는 불교역사에서 후대에 형성된 불교라기보다 아예 붓다가 직접 설한 불교로 보면서 이것이 초기 아함(阿含)에서부터 잘 나타나 있다고 보는 것이다. 이에 대해선

[화이트헤드와 함께]

들지만, 여기서는 주로 이들 불교 내의 대표적인 4대 학파들이, 저마다 주요 입장으로서 채택한 존재론적 실재에 대한 이해와 그와 관련된 범주적 차이의 비교 문제에 집중해볼 것이다. 철학적 논의에서 범주 도식의 차이 문제가 중요한 이유는, 양자 간에 일정 부분에선 유사점이 얼마든지 발견된다고 하더라도 상위의 더 큰 틀에서의 범주적 차이가 있게 되면 이것은 매우 근본적인 간격 차이가 되고 있기 때문이다.

II. 몸말

II-1. 불교 4대 학파 간의 쟁론 속으로

본격적인 논의의 출발은 과거 불교 역사의 뜨거웠던 쟁론들이 펼쳐졌었던 어떤 한 구간을 새롭게 고찰해보는 작업과도 맞물려 있다. 그런데 동아시아를 점유하고 있는 대승불교 안에서는 오늘날에도 흔히 목

고익진, 『아함법상의 체계성 연구』(동국대학교출판부, 1990) 참조. 따라서 고익진에게 아함은 대승의 이론적 기초이자 대승은 아함의 완성으로 간주된다(19). 그러나 이러한 견해에 대해 현재까진 불교학자들 사이에서도 크게 동의하고 있진 않은 것 같다. 고익진 연구의 평가에 대해선, 이중표, "고익진의 초기불교 해석", 『한국불교학』 제69집 (한국불교학회, 2014) 참조. 이중표는 고익진의 불교 이해가 <실체론적>이라는 점을 문제로 보고 있다(65). 필자는, 체계화 이전의 초기불교 안에 후대의 대승불교가 전거로 삼을 만한 씨앗들은 있었다고 보지만 그렇다고 해서 대승불교를 붓다가 직접 설한 불교로 본다거나 초기불교가 궁극적으로 추구했던 바의 완성 형태로는 보질 않는다. 다만 고익진의 불교 연구가 필자에게도 흥미를 끌었던 지점은 초기불교를 보는 색다른 평가의 시각뿐만 아니라 불교철학사 전반을 계속 되짚어보면 얼마든지 달리 바라볼 여지들을 상기하도록 해준 점에 있다. 고익진의 연구는 분명 초기불교에 대한 관심을 불러일으키도록 한 점에선 큰 의미가 있긴 하지만, 어차피 그가 추구하는 불교의 궁극적 완성판은 결국 대승불교로 고정된 것이었다. 그 점에서 대장경해(大藏經海)의 불교 세계에서 초기불교와 아비달마불교 시대를 거쳐 간 다양한 역동성의 불교 내의 흐름들을 지나치게 대승불교 쪽으로만 가지치기를 한 점도 없잖아 있다. 필자로선, 중국철학사에서 다양한 사상들이 터져 나왔던 <춘추전국시대>가 매우 중요했듯이, 불교철학사에서도 초기의 붓다 가르침을 저마다의 방식들로 체계화하고자 했던, 그래서 다양한 부파들이 발흥했던 <아비달마불교 시대>를 심도 있게 고찰함이 절실히 필요하다고 본다. 그것도 대승불교가 이미 지배적인 국내 불교 상황에선 더욱 그러하다.

격되듯이, 일반적으로 우리 주변의 대부분의 불교도나 심지어 불교 연구자들 중에서도 상당수는, 아비달마불교에서의 주장들을 "소승"으로도 폄하시켜 이미 대승불교의 두 기둥인 중관학파나 유가행파의 논리에 의해 아주 오래전에 논파된 것으로 보는 점이 있다.

본 글은 그에 대한 새로운 재고(再考)를 요청하는 작업에 속하지만, 한편으로 보면 그동안 그럴 만도 했던 게 중관학파의 용수(龍樹, 나가르주나Nagarjuna)는 『중론(中論)』에서 실유론자를 적극 비판한 것이었고, 유가행파의 세친(世親, 바수반두Vasubandhu)은 처음엔 유부와 경량부 입장에도 있다고 보여졌으나 결국 외계 실재성을 부정하는 『유식이십론(唯識二十論)』을 펴낼 만큼 최종 안착지로는 유식사상으로 전향했던 것이어서, 대승불교의 전통을 따르는 주된 입장에서 보면 소승불교의 이론들은 그저 과거에 한 때 유행했던 불교의 가르침일 뿐으로 여겼을 가능성은 충분히 짐작되는 바다. 그렇기에 자신들의 논리에선 이미 극복된 것으로 확정적 결론을 내린 것도 결코 무리수는 아니었을 것이다. 하지만 이 글이 시도하는 화이트헤드 철학과의 비교 고찰은 바로 이러한 전제나 인식에도 커다란 의문을 던지는 것에 속한다. 적어도 합리성을 추구하는 학문의 세계에서는 맹목적 신앙의 종교로 대하기 이전에 보다 공정한 검토로서 추구되어야만 하는 점도 있을 것이다.

우선은 초창기 붓다의 가르침을 둘러싸고 여러 다양한 입장들이 쏟아져 나오게 된 부파불교 시대 당시로 돌아가 본다면, 우리는 인도불교의 역사에서 다음과 같은 반응들을 엿볼 수 있게 된다.

"제1성제에 의하면 제법諸法은 무상하고, 고(苦)이고, 무아이다. 이 법칙은 개인의 삶과 구제(救濟)에 관계가 있는 모든 현상, 즉 5온(蘊, skandha)과 12처(處, ayatana)와 18계(界, dhātu)에 적용된다. 그러나 부파들은 성전에서 이미 제시된 이들 오래된 분류법에, 존재의 모든 요소(dharma, 法)를 포함하는 새로운 분류법을 추가했다."15)

불교에서 말하는 〈법〉(法, Dharma)은 본래 다양한 의미들을 담고 있지만 아비달마 불교에서는 대체로 〈존재〉를 의미하는 것으로 간주된다.16) 여기서 부파들은 왜 존재의 모든 요소(dharma, 法)를 포함하는 새로운 분류법을 추가했을까? 말할 것도 없이 그것은 세계 안에 일어나는 모든 사건들에 대한 궁극적인 형이상학적 설명으로서의 정당화를 위해서였다. 이 제법(諸法)에 대한 설명은 모든 법을 아우르는 최종 설명으로서의 〈궁극적 일반화〉를 지향한 것이었다.

"[법(Dharma)의 성질] 소승의 대부파들은 모든 법(法, Dharma)에 실체(實体, dravya), 즉 자성(自性, svabhava)이 있다고 보았지만, 그것은 무상(anitya)한 것이라고 생각했다. 법은 동시에 원인이고 결과이다. 법이 존재하지 않을 때는, 그것은 다른 법들과의 기능적인 상관관계에 의해 생기고, 그 작용을 발휘한 뒤에, 그것은 더 이상 존재하지 않는다. 이와 같은 일반적인 견해는 뒷날 대승 논사들에 의해 논박을 당했지만, 그러나 많은 설명이 가능하다."17)

---

15) 에띠엔 라모뜨 지음, 호진 옮김, 『인도불교사 2』 (서울: 시공사, 2006), 317-318. 밑줄은 필자의 강조 표시.
16) "원래 법(dharma)이란 '유지하다', '지탱하다'는 의미의 어원 'dhr'에서 파생된 말로서, 일반적으로 세계존재를 유지 지탱하는 질서 규범 법칙 등을 의미하며, 나아가 도덕 정의 진실 습관 성질 등의 뜻을 갖지만, 아비달마불교에서는 보통 현상의 경험 세계를 구성하는 존재의 요소라는 뜻으로 사용되고 있다." 권오민, 『아비달마불교』 (서울: 민족사, 2015), 47.
17) 에띠엔 라모뜨 지음, 호진 옮김, 『앞의 책』, 328. 밑줄은 필자의 강조 표시.

이 제법에 대한 설명에 있어선 당시 부파불교는 원자론적으로 설명하기에 이르렀고 결국은 불교사상사에 〈극미론〉極微論 논의가 자리하게 된 것이었다. 이 〈극미〉極微는 최소 단위의 실재—화이트헤드식으로 말하면 〈현실 존재〉actual entity 또는 〈현실 계기〉actual occasion라는 철학적 원자—로서, 이것은 일종의 불교 형이상학의 〈원자론〉에 해당한다.[18] 이처럼 제법을 원자론적으로 설명하는 건 정말로 많은 설명이 가능하다고 본 점에 연유한 것인데, 물론 불교가 처음부터 극미설[원자론]에 관심을 가진 것은 아니었다. 불교학자에 따르면 설일체유부의 극미설도 중기 이후의 논서에만 나타난 것이며 당시 자이나교와 바이세시카 학파의 원자설의 영향을 받았을 가능성도 열어두고 있었다.[19] 하지만 이런 점에서 볼 때 경험 해석의 최종 설명항으로서 원자론적 설명에 당시 부파들 역시 상당한 관심을 끌지 않을 수 없었던 것이다.[20] 물론 이에 대한 여러 논의들이 있긴 하였지만 지면상 보다 간명한 논의를 위해서, 일단 필자는 불교 진영 내에서도 이미 통용되고 있는 다음과 같은 분류인 불교 4대 학파를 중심으로 논해보고자 할 것이다.

【"마드하와(Madhava)의 『Sarvadaržanasamgraha(全哲學綱要)』 등에는 불교의 모든 학파를 크게 비바사사[毘婆沙師, '설일체유부'를 말함]·경량부·유가행파·중관학파의 네 학파로 나누고 있다. 그리고 그들 교설의 차이점이 소개되는데, 외계는 실재하는가, 외계는 어떻게 인식되는가 라는 문제에 관한 네 학파의 견해 차이는 다음과 같다.

---

18) 윤영호, 『불교의 원자설』 (서울: CIR[씨아이알], 2015), 3. ; 요코야마 고우이츠 지음, 묘주 옮김, 『唯識哲學』 (서울: 경서원, 2004), 78.
19) 권오민, 『앞의 책』, 58.
20) 불교의 극미론을 연구한 윤영호 역시 당시 불교 교학 체계의 논리적 근거를 확보하려는 토대 작업의 일환으로서 촉발된 것임을 거론하고 있다. 윤영호, 『앞의 책』, 4.

① 설일체유부 : 외계 사물의 인식은 직접지각(現量, pratyaksa)에 의해 성립한다.
② 경량부 : 외계 사물은 식의 형상(akara)에 의해 추론된다. (anumeya)
③ 유가행파 : 식만이 존재하고 외계 사물은 존재하지 않는다.
④ 중관학파 : 식도 외계 사물도 존재하지 않는다."】 21)

이는 당시 불교의 4대 학파가 취하고 있었던 〈외계 실재성〉에 대한 인정 여부 문제와도 연관된 것이며 불교 내에서도 이 분류가 오늘날까지도 종종 거론될 만큼 여전히 유효한 것으로 보인다. 여기서 흔히 말하는 소승불교의 범주에는 〈설일체유부〉와 〈경량부〉가 대표적인 불교로서 거론된다.22) 그런데 대승불교에 속하지 못한 이들 두 불교학파에는 〈불교의 원자론〉이라고 할 만한 실재론적인 〈극미설〉極微說을 갖추고 있다. 하지만 아공(我空)·법공(法空) 또는 인무아(人無我)·법무아(法無我)로 넘어간 대승불교에선 그와 같은 〈실재로서의 원자론〉은 거부된다. 오히려 유식불교에선 이것이 식(識)의 전변설(轉變說)로 대체되었다. 사실상 이 차이도 〈실재론〉을 표방하는 화이트헤드의 과정철학적 견지에서 보면 매우 중대한 범주적 간격을 낳는 차이점에 속한다.

II-2. 〈외계 실재성〉에 대한 화이트헤드 과정철학의 입장

불교의 4대 학파의 주된 입장을 화이트헤드 과정철학과 관련해서 비

---

21) 요코야마 고우이츠(묘주 역), 2004, 73-74. 또한 이들 네 학파를 도식적으로 정리해 볼 수 있다는 점은 인도불교의 역사를 정리한 히라카와 아키라의 저작에도 언급되어 있을 만큼 곧잘 인용되는 편이다. 히라카와 아키라(이호근 역), 1989, 145-146. 참조.
22) 히라카와 아키라(이호근 역), 1989, 146.

교해볼 경우, 적어도 〈외계 실재성〉을 부정하는 유가행파와 중관학파의 대승불교보다도 〈외계 실재성〉을 인정하는 설일체유부와 경량부 불교에 좀 더 손을 들어주고자 하는 데에는 분명한 이유가 있다. 왜냐하면 화이트헤드의 과정철학은 말할 것도 없이 〈외계[外界: 외부 세계] 실재성〉을 인정하는 범주에 속하는 철학이기 때문이다. 사실 이 점은 그의 대표작인 『과정과 실재』(Process and Reality, 1929) 곳곳에서도 숱하게 언급되었다. 이미 그의 핵심 개념인 〈포착〉prehension이나 〈객체화〉가 그러하고, 〈인과적 효과성〉causal efficacy 역시 〈외계 실재성〉을 인정하고 있는 개념에 속한다.

"포착은 그 자체가 현실 존재의 일반적 성격들을 재생한다. 즉 그것은 외계(外界: external world)와 관계하고 있으며, 그런 의미에서 〈벡터적 성격〉을 가진다고 말할 수 있다."[23]

"이러한 설명에 따른다면, 그 시원적 형상에서의 지각은 외계(external world)의 인과적 효과성에 대한 의식이며, 이 효과성에 근거하여 지각자는 명확한 구조를 갖는 여건으로부터 합생되고 있는 것이다. 이 인과적 효과성이 그 여건의 벡터 성격이다."[24]

"신체로부터 온 인과적 영향은, 외계(external world)로부터 유입된 영향이 지니고 있는 극단적인 모호성을 지니지 않는다. 그러나 신체에서조차도 인과적 효과성은, 표상적 즉시성에 비해서 얼마간의 모호성을 항상 수반하고 있다. 이와 같은 결론은 하등 유기

---

23) A. N. 화이트헤드(오영환 역), 2003, 79.
24) Ibid., 264.

체로 내려가면 확인된다."25)

"객체화(objectifications)란 어떤 현실 계기(M)가 그것으로부터 느낌의 연속적 위상을 창시하게 되는 그런 객체적 조건을 구성하는 것이라는 점을 상기한다면, 가장 일반적인 의미에서 이런 객체화는 외계(external world)가 그것에 의해서 문제의 현실 계기를 형성하게 되는 그런 인과성을 표현하고 있다는 것을 인정해야 한다."26)

혹시라도 필자가 그의 저작에서 몇몇 부분만 발췌한 것으로도 볼 수 있겠지만 실은 그의 저작 곳곳에 〈외계 실재성〉을 언급하는 구절들이 너무도 많아 전부 다 인용할 수 없을 정도이며, 적어도 부인할 수 없는 분명한 사실은, 화이트헤드의 과정철학은 〈외계 실재성〉을 인정하는 〈실재론〉을 표방한 철학으로 분류된다는 점이다. 오히려 화이트헤드는 〈외계 실재성〉을 부정하는 입장에 대해선 더더욱 비판적이었다. 〈실재론〉을 표방하는 그의 과정철학의 견지에서 보면, 인식 활동만을 전적으로 수행하는 정신성 속에서 존재와 실재에 대한 궁극적 의미를 찾아내려는 그런 철학사상을 〈관념론〉idealism으로 보면서 그에 대해선 비판적인 견해를 표명했었다.27) 당시 19세기 서구 근대 관념론에 대한 평가에 있어서도, 그러한 관념론의 입장에서 과학적 도식을 자연의 사실에 대한 유일한 표현으로 간주하여 이를 받아들이더라도 그것을 〈궁극적인 정신성〉ultimate mentality에 포함된 하나의 관념(an idea)으로 설명되어진다는 점에서 결과적으로 보면 이들 입장은 그때까지의 과학적

---

25) Ibid., 363.
26) Ibid., 613.
27) A. N. Whitehead 1948[1925], 64.

견해와도 동떨어진 것으로 평가했던 것이다.28)

여기서도 필자가 생각하기에 화이트헤드가 비판적으로 언급한 그와 같은 〈궁극적인 정신성〉에는, 오늘날까지도 대승불교에서 주장하는 (특히 중관과 유식을 종합화한 것으로 평가받는 『대승기신론(大乘起信論)』사상에선 분명한 핵심으로 강조된) 매우 중대한 개념인 일심(一心) 역시 자리할 수도 있다고 본다. 왜냐하면 이 같은 철학사상의 틀에서 보면, 오늘날의 과학적 사실들을 받아들이더라도 그것이 갖는 존재론적인 범주의 자리는 결국 식(識)의 전변들 속에 자리매김된 것으로 볼 것이기 때문이다. 이런 점에서 적어도 기본적인 그 철학적 골격의 틀을 벗어나진 않는다는 얘기다.

혹자에게는, 〈외계 실재성〉을 인정하는 화이트헤드의 입장이야말로 오히려 주관과 객관의 분리를 주장하는 것이 아니냐는 의문이 따를지도 모르겠다. 하지만 화이트헤드가 보는 주관과 객관의 괴리나 분리 문제는 인식론적 사태로서 일어나는 것일 뿐, 오히려 인식 이전의 존재론적 사태를 더 근본적인 자연의 상태로 보는 점이 고려되어야 할 것으로 보기에 분석의 그 출발점을 달리한다. 화이트헤드의 경우 주관과 객관의 분리 문제는 그가 이미 과학철학의 중기 시절부터 고민했던 〈자연의 이분화〉bifurcation of nature 문제와 관련되어 있으며, 결국 그는 기존의 인식론적 난점들도 자신의 존재론적 도식을 통해 이를 풀어내고자 했던 것이다.29) 화이트헤드의 〈형이상학적 원자론〉에서 보는 궁극적 사실은 〈현실 존재의 생성·소멸〉이야말로 가장 근본적인 존재론적 사태로 설정되어 있다.

---

28) Ibid., 64.
29) A. N. 화이트헤드(오영환 역), 2003, 388.

II-3. 인식 작용보다 우선하는 존재론적 사태

화이트헤드 철학에서 보는 인식 작용은 존재의 자기구성 활동으로서 결국 존재론적 활동의 범주에 포섭된다. 간단히 말하면 화이트헤드에게 〈인식론〉이란 〈존재론〉에 부차적인 것이며 적어도 그 역은 아니라는 얘기다. 〈유기적 실재론〉organic realism을 표방한 화이트헤드의 과정철학에서의 〈인식〉은 과정의 중간 단계에 속하기 때문에 부차적인 것으로 간주될 뿐이다. 그것은 필연적 요소가 아니다.

> "유기체 철학에서 인식(knowledge)은 과정의 중간 단계로 분류된다. 인지(認知, cognizance)는, 객체적 내용을 만족의 주체성 속으로 흡수하는 기능 가운데 들어 있을 수도 있고 그렇지 않을 수도 있는 주체적 형식의 유(類, genus)에 속한다. 그러므로 인지의 〈중요성〉은 구체적인 현실 존재에 있어서의 필연적인 요소가 아니다."30)

여기서 화이트헤드의 철학적 입장이 관념론과 다르게 어떻게 실재론의 입장을 취하게 된 것인가를 들여다본다면, 이것은 그의 철학적 방법 자체의 출발이 달랐던 점에서 찾아볼 수 있다. 화이트헤드가 말한 그 방법이란, 〈시간과 공간의 상태에 대한 분석〉analysis of the status of space and of time에서 출발한다는 점이다.31) 즉, 화이트헤드는 주관과 객관의 문제를 다루기 이전에 시간과 공간의 상태를 훨씬 더 기본적인 존재론적 사태로서 본 것이다. 화이트헤드 철학에서 바라보는 사물 및 존재자들은 시공간의 연장(extension)의 성격을 갖고 있으며, 오히려 주

---

30) Ibid., 336.
31) A. N. Whitehead 1948[1925], 65.

관과 객관의 괴리나 분리 느낌은 이들 존재자들의 진화 과정에서 이분화[bifurcation, 분기화]가 일어난 중간 단계의 사태로 간주될 수 있다. 따라서 화이트헤드가 주관과 객관의 분리 문제를 극복할 인식론상의 난제들도 보다 근본적인 존재론적 고찰을 통해서 풀어가는 방법을 취했었던 점은 그 자신의 철학적 방향에서 보면 지극히 당연하고도 자연스러운 행보였다. 인식론상의 주관과 객관의 분리 느낌 이전에 훨씬 더 근본적인 존재론적 활동들이 기본적으로 먼저 있어왔다는 것이다. 그에게는 〈시공간의 상태〉status of space-time가 〈인식〉보다도 선행되는 존재론적 사태였다. 화이트헤드는 이러한 〈시공간의 상태〉the status of space-time의 특성을 언급하면서 하나는 〈분리적〉separative이라는 점과 다른 하나는 〈포착적〉prehensive이라는 점, 크게 두 가지 특성을 갖는 것으로 봤었다.[32]

〈공간의 기하학〉 문제에 대한 관심은 이미 화이트헤드가 케임브리지대 수학 시절에도 일찍부터 갖고 있었고 그와 관련해 중기 런던대학의 과학철학 시절에도 〈공간은 어떻게 우리의 경험 속에 뿌리내렸는지〉에 대한 숙고를 거듭해왔으며,[33] 결국 그의 하버드대 시절에 이룩한 〈형이상학적 원자론〉metaphysical atomism의 구도에 있어서도 이를 천착할 수 있었던 그의 행보들은 그의 전체 학문적 여정에서 보면 거의 일관된 흐름이기도 했던 것이다. 화이트헤드의 후기 형이상학을 담아낸 대표작인 『과정과 실재』는 그가 제안한 〈철학적 원자론〉이라는 그 기본 구도를 매우 정교한 체계로서 구축해놓은 저술에 다름 아니다. 화이트헤드에게 "궁극적인 형이상학적 진리는 원자론(atomism)"으로 간주된다.[34] 이 원자론적인 화이트헤드의 〈과정형이상학〉은 관계론적이고

---

32) Ibid., 65.
33) A. N. Whitehead, 1919, v.
34) A. N. 화이트헤드(오영환 역), 2003, 111.

[화이트헤드와 함께]

과정적인 생성·소멸의 실재론 구축을 선보인 하나의 사례에 속한다.

무엇보다 그의 철학 체계에서 매우 중대한 개념인 〈포착〉prehension은 "관계성의 구체적 사실"로 언급되며 이것은 인식 이전의 존재론적 사태에 속한 것이어서 오히려 파악, 이해를 뜻하는 apprehension에서 접두어 'ap-'을 아예 빼버린다.35) 적어도 화이트헤드의 〈포착〉 개념은 기본적으로 〈존재론적 활동〉에 속한 것이지 〈인식론적인 것〉이 아니다.36) 화이트헤드가 말하는 〈포착〉은 그것이 인식 이전의 사태든

---

35) A. N. Whitehead 1948[1925], 70.
36) 이와 관련해 국내에서 주로 다르마키르티와 화이트헤드를 연결시키는 작업을 해왔던 권서용 선생은 화이트헤드의 prehension[포착] 개념을 인식론적으로 채택하고 있는 것 같아서 필자로선 이를 언급해보지 않을 수 없었다. 실제로 그는 다음과 같이 주장했었다. "현실적 존재인 화이트헤드의 현실적 존재(actual entity)와 다르마키르티의 바스투(vastu)의 존재론적 활동은 파악(prehension)이자 인식(pramāṇa)이다. 파악과 인식은 현실적 존재의 활동인 한, 하나의 획기적 전체이다."(권서용, "화이트헤드의 파악(prehension)과 다르마키르티의 인식(prama)에 관한 비교연구", 2017, 170. 참조) ; "이것(관계성의 구체적 사실)은 서양의 과정철학자 화이트헤드가 제시한 현존의 범주 가운데 파악(인식, 앎)을 정의한 것이다. 화이트헤드의 '파악'은 법칭의 대상에 의해 생성되는 '인식'에 상당하는 개념이다. 전자는 파악되는 대상과 파악하는 주체와의 관계에서 생성되는 작용이며, 후자도 인식되는 것과 인식하는 것과의 관계에서 형성되는 작용이라는 의미에서 '관계성의 구체적 사실'이다."(권서용, "앎[識]의 구조에 관한 논쟁-법칭과 원효를 중심으로", 2018, 113. 각주1번 글 참조). 이처럼 권서용의 글에선 은연중에라도 화이트헤드의 포착[파악]과 인식을 같은 범주의 것으로 보려는 점이 발견된다. 그러나 화이트헤드 철학에서 〈존재의 범주〉에 속하는 'prehension'은 기본적으로는 〈존재론적 술어〉이지 〈인식론적 술어〉가 아니다. 화이트헤드 과정철학의 도식에선 존재론적 활동이 인식[앎]보다 우선하며, 인식작용은 부차적인 것이어서 〈존재론〉과 〈인식론〉은 결코 동등한 것으로 볼 수 없는 범주적 차이가 있다(A. N. 화이트헤드[오영환 역] 2003, 336 참조). 화이트헤드의 철학에선 〈존재론〉이 더 근본적인 것에 속한다. 바로 그렇기에 화이트헤드의 입장에서는, "인식론적 난점도 존재론에 호소함으로써만 해결될 수 있다"고 했던 것이다(Ibid., 388).

무엇보다 필자가 갖는 더 큰 의문은, 다르마키르티의 경우 그 입장이 경량부와 유식불교에 걸쳐 있으면서도 그가 보는 승의유(勝義有)에 있어서는 결국 관계(sambandha)를 실재로서는 부정하는 입장이며 심지어 이 주장을 위해 적극적으로 관계 실재론을 비판한 『Sambandha-pariksa(관계의 비판)』이라는 글까지 펴낸 것으로 알고 있다. 다시 말해, 다르마키르티 철학에서는 "진실로서는(tattvatah) 모든 사물에 관계라는 것은 존재하지 않는다."[다르마키르티가 관계 실재론을 비판한 점을 보다 상세하게 소개한 글로선, 이지수, "다르마끼르띠(법칭)의 관계 비판: Sambandha-pariksa를 중심으로", 1997, 175-200. 참조]. 즉 다르마키르티에 따르면, 관계는 일상적 경험에서 분별이

혹은 인식작용을 갖는 이후의 존재론적 사태든 할 것 없이 자연세계를 구성하는 모든 존재 사건들에 예외 없이 적용되어진 가장 기본적인 존재론적 활동이라는 〈궁극적 사실〉ultimate fact에 속한다.37) 화이트헤드가 상정한 하나의 원자, 곧 〈현실 존재〉actual entity—또는 〈현실 계기〉actual occasion— 역시 이러한 〈포착들〉로 이루어져 있다. 그런데 이 현실 존재[계기]가 바로 더 이상 분할될 수 없는 궁극적 실재로서의 〈원자〉로 상정된다는 점에서 우리는 비로소 대승불교 이전의 아비달마 불교에서 논의된 〈불교의 극미론〉과도 비교해볼 수 있게 된다.

앞서 말했듯이 불교가 말하는 이 〈극미〉(極微, paramāṇu)는 더 이상 쪼갤 수 없는, 물질 색법(法, Dharma)의 최소 단위인 실재로서 일종의 불교 형이상학의 〈원자론〉에 해당한다.38) 물론 불교의 〈극미〉 개념이 화이트헤드 철학에서 말한 〈원자〉 개념과 완전히 동일하진 않다고 하더라도 그럼에도 분명하게 〈실재론〉으로 표방될만한 〈원자론〉이 적어도 ①설일체유부와 ②경량부에선 마련되어 있다는 사실에는 화이트헤드 연구자로서도 주목할 필요가 있을 것이다. 화이트헤드 철학의 원자

만들어낸 것일 뿐이지, 승의로서는 실재하지 않는 가명(假名)에 지나지 않는다는 것이다. 그렇기 때문에 적어도 다르마키르티가 보는 승의차원에는 〈자기인식〉만이 있고 〈대상인식〉은 세속차원의 논의에 한정시킨 것이라면(이에 대해선, 곽미미, "다르마끼르띠의 외계대상의 인식에 대한 고찰", 2019, 139~163. 참조), 이는 화이트헤드의 〈실재론〉과 유사한 도식으로 보긴 힘들고 또한 〈개선된 주관주의적 원리〉Reformed subjectivist principle에도 맞지 않는다. 적어도 다르마키르티의 승의유에 있어선 관계가 부정되고 있는데, 〈관계성의 구체적 사실〉이라는 포착[파악]이 어떻게 승의유에 들어올 수 있을까? 하지만 화이트헤드 철학에서의 〈포착〉은 〈현실 존재〉와 〈결합체〉와 함께 분명한 〈궁극적 사실〉ultimate fact에 속한다(A. N. 화이트헤드[오영환 역], 2003, 81. 참조). 그렇기에 필자로선 이런 간격과 차이점이 있다고 생각되었지만, 적어도 권서용의 글에서는 이런 차이점들까지 고려한 〈관계 실재론자로서의 화이트헤드〉를 비교 고찰한 지점들은 찾기 힘들었다. 다만 한 가지 짐작되는 바가 있다면, 아무래도 양자 간의 차이점보다는 공통점을 찾는 작업에 좀 더 집중되어 있었지 않았는가 생각해본다.

37) A. N. 화이트헤드(오영환 역), 2003, 81.
38) 윤영호, 2015, 3. ; 요코야마 고우이츠(묘주 역), 2004, 78.

론에선, 연장성(extensiveness)은 생성하지만 〈생성〉becoming 자체는 연장적인 것이 아니라고 봤기에 궁극적인 형이상학적 진리는 〈원자론〉atomism이라고 주장된 거였다.39) 물론 그 최소 단위로서의 기본 실재를 과연 어떻게 보느냐에 따라 저마다의 세계 이해가 달라질 수도 있겠으나 불교철학사에도 이에 상응될만한 불교식의 〈실재론적 원자〉 개념을 갖추고 있다는 사실만큼은 일단 화이트헤드 과정철학의 〈실재론적 원자〉와도 유사한 범주의 틀로 묶어질 수 있는 것이다. 바로 그렇기 때문에 필자로선 대승불교 이전에 있었던, 그리고 정작 대승불교 진영에서는 '소승불교'라고 부르면서 폄하했었던 〈부파불교〉에 관심을 갖게 된 점도 바로 여기에 기인한다.

당시 부파들은 존재의 모든 요소(dharma, 法)를 포함하는 새로운 분류법을 추가했었다.40) 물론 그와 같은 일반적인 견해는 뒷날 대승 논사들에 의해 논박을 당했지만, 그러나 그것은 한편으로선 많은 설명이 가능한 것이었다.41) 즉, 경험 해석의 최종 설명항으로 자리하는 원자론적 설명42)에 대해선 당시 부파들 역시 상당한 관심을 끌지 않을 수 없었는데, 적어도 색(色) 곧 물질 일반에 대한 질적·양적 구극을 추구하려는 것은 어떤 면에서 당연하게 여겨질 정도로 지극히 자연스러운 행보였던 것이다.43) 이처럼 아비달마불교에는 〈실재론〉에 해당하는 〈원자론〉이 있었다. 화이트헤드의 과정철학은 〈실체론〉에는 속하지 않으면서 현실태는 곧 〈과정〉이기에 과정으로서 실유하는 〈원자론〉의 철학을 표방한다.

---

39) A. N. 화이트헤드(오영환 역), 2003, 111.
40) 에띠엔 라모뜨(호진 역), 2006, 317-318.
41) Ibid., 328.
42) 화이트헤드 철학이 제안한 생성의 원자인 <현실 존재>는 설명의 기본 단위와 같은 것이 되어 <설명의 양자>quantum of explanation로도 불리워진다. Randall E. Auxier and Gary L. Herstein, 2017, 8.
43) 권오민, "불교철학에 있어 학파적 복합성과 독단성", 2010, 145.

그렇다면 〈생성 과정〉으로서 실유하는 화이트헤드의 철학적 원자는 〈자성〉自性이 있는가를 물을 것이다. 왜냐하면 대승불교에 속하는 중관학파에서 보면 실유로서의 〈자성〉 개념을 철저하게 비판하는 입장에 서 있기 때문이다. 특히 『중론』의 저자인 용수(나가르주나)의 논리는 불교 안에서도 거의 반박의 여지가 없을 정도로 압도적으로 지지받을 만큼 실유 자성의 소승불교에 대한 철저한 비판서로 여겨지고 있는 실정이다. 따라서 우리는 중관학파에 이론적 체계화를 터놓은 저 유명한 용수의 비판적 주장을 도외시할 수 없다. 용수가 쳐놓은 비판의 그물망에 화이트헤드가 표방한 실재론 철학도 그의 그물망에 걸리는지 아닌지를 살펴보지 않을 수가 없는 것이다.

II-4. 중관학파의 〈자성〉 이해와 화이트헤드의 실유 자성

화이트헤드의 실재론 철학은 기본적으로 〈존재론적 원리〉ontological principle라는 다름 아닌 경험론의 원칙을 천명한다. 이에 따르면 화이트헤드의 과정철학에선 '절대 무(無)'와 같은 개념은 거부된다. 무(無, nonentity)로부터는 아무것도 생겨날 수 없다. 무(無) 속에 떠다니는 자기존립적인self-sustained 사실 같은 것도 없으며,[44] 접근해 들어갈 무(無)도 없다는 것이다.[45] 무엇보다 궁극적인 실재적 사물로서 제시된 화이트헤드의 〈현실 존재들〉actual entities은 〈경험〉으로서 그리고 〈과정〉으로서 존재하며, 그 실유 하나하나는 저마다 차이가 있는 〈환원 불가능한 고유성〉을 갖는 것으로 본다. 하지만 자성(自性)을 부정하는 중관학파의 논리에선 적어도 〈환원불가능한 고유성〉으로서 생성하며 소멸하는 그러한 자성 이해마저 부정한다면 이는 화이트헤드의 과정철

---

44) A. N. 화이트헤드(오영환 역), 2003, 66.
45) Ibid., 214.

[화이트헤드와 함께]

학과도 분명하게 충돌한다고 생각된다. 〈자성〉에 대한 중관의 비판 논리는 용수의 대표작인 『중론』의 다음 글에서도 엿볼 수 있다.46)

"모든 사물의 자성[自性, svabhava]은 [그 사물을 연기적으로 형성시킨] 조건[緣, pratyaya]들 속에는 없다. 자성이 없으므로 그 외 다른 성품[他性, parabhava]도 존재하지 않는다.(MS 1.3)"

"인연에 의해서 자성이 생긴다는 주장은 불합리하다. 만약 자성이 인연으로부터 생기하는 것이라면 만들어진 것[所作, krtaka]이 된다.(MS 15.1)"

"어떻게 자성이 만들어진 것일 수 있겠는가. 자성은 지어진 것이 아니고[無作, akrtrima], 다른 것에 의존하지 않는 것[不待異法成, nirapeksa parata]이다.(MS 15.2)"

용수의 주장에 따르면, 〈만들어진 것〉은 〈자성〉이 아니라고 보는데 여기서 만들어졌다는 의미가 만약에 〈타자원인성〉에 의한 것으로 본다면 타당한 주장으로도 볼 수 있겠지만, 만약에 화이트헤드의 과정철학처럼 〈타자원인성〉과 〈자기원인성〉을 함께 갖는 기본 실재인 〈현실 존재로서의 고유성〉라는 점, 게다가 여기엔 〈자기창조〉self-creation라는 의미까지 포함되어 있다는 점에서 볼 경우, 용수의 비판에는 들어맞지 않을 것으로 보인다. 인(因)과 연(緣)으로 만들어졌다는 점을 만일 연기

---

46) 『중론』 텍스트의 발췌 인용은 서정형, "나가르주나 『중론』", 서울대학교철학사상연구소, 『철학사상』 별책 제3권 제3호 (2004) 내용에서 뽑은 것인데 여기에 사용된 표준 원전은 핑갈라가 주석한 한역본 『중론』이며, 원문 인용 말미의 MS는 Madhyamika-Sastra(中論)의 약어이다.

(緣起)라는 "조건 발생"으로 보게 되면 이것은 어떤 의미로 마치 〈타자원인적인 것〉에만 따른 것으로 이해될 소지도 없잖아 있다. 이런 얘기는 〈생성의 새로움〉에 기여하는 것이 단지 〈주어진 조건〉 밖에는 아무것도 있을 수 없다고 보는 이해가 될 것이다. 만에 하나 정말로 그렇게 보는 것이라면, 이것은 화이트헤드 철학의 실재 이해에서 볼 때는 절반의 이해에 불과한 것이 되고 만다. 즉, 화이트헤드가 보는 실재적 사물에 해당하는 원자적 생성의 계기들은 매순간 주어진 조건으로서의 〈타자의존성〉 뿐만 아니라 여기에는 〈자기창조성〉이라는 두 측면이 같이 〈일거에〉all at once 〈하나의 현실 존재〉로서 생성되는 것으로 본다. 그렇기 때문에 모든 원자적 생성의 계기들은 과거 여건에서 비롯된 것이면서도 그와 함께 〈자기창조〉self-creation의 산물이기도 한 것이다. 화이트헤드 철학에서 〈결정성〉과 〈자유〉는 항상 같이 결부되어 있는데, 특히 〈목적인〉(目的因, final causation)의 경우 이것은 현실 존재가 그 자신이 되어가는 내적 과정을 표현한 것이며 그런 점에서 현실 존재는 작용하는 과거의 산물이면서도 자기원인(causa sui)으로도 언급되고 있다.47)

물론 우리는 용수의 자성 이해 이면에는 실체론에 대한 강한 비판과 거부가 자리한다는 점도 쉽게 짐작해볼 수 있다. 그러나 달리 말하면 용수의 자성 이해는 어디까지나 〈실체론적 의미의 자성〉 이해에 소급된 채로 이해되고 있는 측면도 간과할 수 없다. 즉, 그것은 자성을 주장할 경우 〈상주론〉과 〈단멸론〉에 빠지는 선택지 외에는 다른 선택지가 없다고 봤던 용수 자신의 제한적 이해와 맞물려 있다는 점이다. 실제로도 그는 다음과 같이 주장했었다.

---

47) A. N. 화이트헤드(오영환 역), 2003, 316-317.

"존재하는 것을 인정하는 자에게는 '항상 있는 것'이라는 견해(常見=常住論)와 끊어지는 것' 이라는 견해(斷見=斷滅論)가 따라붙는다. 왜냐하면 존재하는 것은 항상 있는 것이든 무상한 것이든 어느 한 쪽이어야 하기 때문이다.(제14게송)"[48]

여기서도 보듯 용수가 이해하는 실유론은 철저히 〈상견〉과 〈단견〉의 두 가능성 외에 다른 새로운 선택지는 없다면서 스스로를 제한시키고 있다. 물론 필자는 중관학파의 자성 이해가 무조건 틀렸다는 주장을 하는 것이 아니다. 다만 중론에서의 자성 이해가 제약된 용법으로서만 쓰인 점도 결코 간과해선 안 된다고 볼 따름이다. 중론에서의 자성 이해가 상당히 협소하다는 점은 이미 기존 불교학자의 논의에서도 찾아볼 수 있다.[49] 예컨대 적어도 매순간마다 차이로서 생멸하는 자성, 또는 관계와 과정으로서 실재하는 자성은 여전히 〈비실체론적〉이라는 점에서 고려되어야 할 바가 있음에도 『중론』의 논의에선 이에 대한 가능성들은 아예 빠져 있다. 실유로서의 자성 개념은 모두 실체론 범주에만 속하는가 했을 때 그렇지 않은 가능성도 있다는 얘기다.

『불교의 언어관』을 저술한 윤희조는 실체로서의 자성은 거부해야 할 것이지만, 찰나 생멸의 자성은 여전히 우리가 찾아야 할 자성이라고 했었다.[50] 따라서 이것은 불변·독자의 실체로서의 자성 이해와는 분명

---

48) 용수 원저자, 가츠라 쇼류·고시마 기요타카(배경아 역), 2018, 110.
49) 윤희조, "자성(自性)의 의미변화에 관한 일고찰-『구사론』, 『중론』, 『단경』을 중심으로", 2016, 159. 이 글에 따르면, 중론의 자성 이해는 실체론적인 의미의 단독성의 용법으로만 이해된 것임을 지적하고 있다.
50) 윤희조, 2012, vii. "실체로서의 자성은 거부해야 할 것이고, 찰나 생멸하는 현상으로서의 자성은 찾아야 할 자성이지만, 자기동일성으로서의 자성은 필요하면서 거부해야 하는 모순적인 위치에 있는 자성이다. 실체로서의 자성에 기초한 언어는 희론, 분별과 같은 부정적인 언어이고, 찰나 생멸하는 현상으로서의 자성은 언어로 표현할 수 없는 것이고, 자기동일성으로서의 자성에 기초한 언어는 불교가 긍정하는 언어라고 할 수 있다. 이처럼 자성은 세속적인 것에서부터 실재적인 것까지 다양한 스펙트럼을 지니고

히 구분할 필요도 있겠다. 〈찰나 생멸의 자성〉은 단 한 순간일 뿐인 〈환원불가능한 고유성〉으로서의 자성이다.51) 화이트헤드 철학의 원자론적 실재 역시 온갖 차이를 갖는 생성이면서 저마다 〈환원불가능한 고유성〉을 갖는다. 이때 말하는 〈환원불가능한 고유성〉은, 다른 현실 존재들과의 관련에선 동일 존재를 찾을 수 없는 〈차이성〉이 되면서 결코 두 번 이상 허락되지 않는 〈유일무이한 고유로서의 자기동일성〉에 해당한다. 그래서 화이트헤드는 "어떤 주체도 두 번 다시 경험하지 않는다"52)고 했으며, 이러한 현실 세계를 "결코 두 번 다시 동일한 것일 수 없는 세계"53)라고 표현했었다. 필자가 생각하기에 이것이 바로 찾아야 할 〈찰나 생멸의 자성〉의 세계라고 생각한다. 그러나 자성을 비판한 중관학파의 논리에선 〈관계와 과정으로서의 실재〉, 매순간마다 차이 및 유일무이한 고유성을 갖는 〈찰나 생멸의 자성〉이라는 〈비실체론적 자성〉에 대한 이해는 실상 배제되어 있다. 만약에 불교에서도 〈자성〉과 〈실체〉를 늘상 동일한 뜻으로만 본다면 아무래도 이것은 매우 협소한 시각이 될 것으로 본다.

뿐만 아니라 용수는 『중론』의 제16게송에서도 볼 수 있듯이, 소멸하는 것은 아예 다시 일어나지 않는 것으로 간주해버리고 만 것도 그의 입장에서 지극히 당연스럽게 여겼던 것 같다.54) 사실 이런 점에서

있다. 자성을 구분함으로써 실재와 언어의 관계가 드러나게 된다."(Ibid).
51) 흥미롭게도 이것은 일본 선사인 도겐(道元, 1200-1253)의 다음과 같은 주장을 떠올리게도 해준다. "하나의 시간 속에 있는 하나의 유(有: 존재)는 다른 어떤 것과도 바꿀 수 없는 그만의 고유성을 지니고 있다"고 하면서 이를 '법위法位에 머문다'라고 표현한다. "알아야 한다. 땔감은 땔감의 법위에 머물고 재는 재의 법위가 있다. 여기에 전후제단前後際斷이 있다." 최현민, 『불성론 연구-도겐의 『정법안장』을 중심으로』 (서울: 운주사, 2011), 277. 불교에서 말하는 무상(無相)의 뜻도 어떤 의미에서 〈환원불가능한 고유성들의 생멸 과정〉으로도 볼 수 있지 않은가 생각한다. 따라서 이것은 아예 없는 게 아니라 생멸 과정으로서 실재하는 것으로 볼 수 있다.
52) A. N. 화이트헤드(오영환 역), 2003, 98.
53) Ibid., 103.

[화이트헤드와 함께]

보더라도 『중론』에 나타난 용수의 주장들을 잘 살펴보면 생멸하는 차이들의 연속성과 불연속성에 따른 존속화의 가능성 자체를 완전히 배제시켜 놓은 것으로 볼 수 있다. 쉽게 말해 『중론』의 용수는 차이들의 생성 소멸 과정에는 과거 여건과 관련해서 잇따르는 재생과 순응의 성격을 갖는 현재적 결단도 있을 수 있다는 점을 몰랐을 뿐만 아니라 게다가 소멸에 있어서도 현실적으로는 소멸하지만 가능성으로서는 소멸되지 않고 여건으로 넘겨질 수 있다는 점에 대해서도 몰랐었다. 이것은 알고 보면 불변의 실체로 상주하는 것도 아니면서 그저 단멸로만 끝나는 것도 아닌 것이다. 우리가 적어도 〈無로부터의 전적인 창조〉를 거부한다면 그 어떤 현실 사건의 발생도 과거로부터의 여건 없이 발생되는 창조 사건이란 없다. 이것은 이미 우리 안에 경험론적으로도 예증되고 있는 현실이다.

  우리는 매순간마다 과거로부터 주어지는 여건에 직면하면서 이를 순응·재생하거나 아니면 가능한 이를 벗어나려는 또 다른 길을 실현하거나 하는 과정 중에 있을 뿐이다. 찰나 생멸론에서의 상속 문제도 바로 이로써 새롭게 모색해볼 수 있음에도 용수의 『중론』에선 이에 대한 가능성은 전혀 고려되지 못했었다. 그렇기에 이 점에서만큼은 용수의 〈자성〉 이해도 매우 협소한 건 아닌가 생각된다. 만에 하나 매순간 생멸하는 자성 이해으로서의 〈실재론〉realism을 추구한다면 법유(法有)의 가능성을 부정하는 대승불교를 오히려 새롭게 이해해볼 수 있다고 여겨진다. 어차피 불교가 말하는 진공묘유(眞空妙有)의 묘(妙)도 여전히 해명되어야 할 묘(妙)일 뿐이다. 만에 하나 그것이 합리적 해명의 작업 없이 주장된 '묘(妙)'에 불과한 것이라면, 결국 그러한 '묘(妙)'는 단순 감탄의 표현에 지나지 않거나 또는 '모른다'는 말의 동의반복

---

54) 용수 원저자, 가츠라 쇼류·고시마 기요타카(배경아 역), 2018, 110.

에 지나지 않을 수 있다. 이런 점은 마치 유교 성리학(性理學)의 난제들 중 하나인 리기묘합(理氣妙合)에서의 '묘(妙)' 역시 그 자체로는 온전한 해명이 아닌 여전히 풀어야 할 숙제인 것과도 마찬가지다. 이처럼 법유(法有)를 인정하고 있는 아비달마불교 시절의 풍부한 논의에서도 다시금 새롭게 출발해 볼 여지도 여전히 남아있는 것이다. 이러한 점은 그 이후로도 지금까지 발전되어 온 인류 지성사의 다양한 학문 분야와 연구들에서 축적되어진 학술적 성과들을 다시금 기존 불교의 논의들에 새롭게 반영시켜 보고자 하는, 〈불교사상의 업데이트 작업〉과도 함께 맞물려 있다.

II-5. 유식의 세친 주장에 대한 반론: 유방분은 무한히 분할하는가?

다른 한 가지는, 최종적으로 유식학파의 입장을 채택한 것으로 알려진 세친 주장에 대한 반론이다. 유가행파의 세친은 『유식이십론(唯識二十論)』에서 외계 실재론을 논박하는데 그러한 입장을 취하게 된 핵심 이유 중의 하나는 극미설의 방분(方分) 문제와 관련된 것임을 밝히고 있다. 필자는 여기서 세친이 언급한 내용 중 문제시되는 부분의 핵심만을 언급해보고자 한다.

> "극미가 유방분(有方分)이라면 논리적으로 하나의 극미라고 할 수 없는 것이고, 무방분(無方分)이라면 마땅히 그림자도 [다른 사물을] 장애 하는 일도 없어야 할 것이며, 색취色聚도 [이와] 다르지 않다면 둘로서 갖지 않아야 한다."[55]

---

55) 세친(世親), 『唯識二十論』, "極微有方分 理不應成一 無應影障無 聚不異無二".

이 같은 본문의 내용은 세친이 방분 논의와 관련하여 유부와 경부의 입장을 모두 비판한 것인데, 이 지점에서 세친이 취하고 있는 입장은 극미가 유방분이어도 문제가 되고 무방분이어도 문제가 된다고 본 것이다. 이때 세친의 입장에서 볼 경우, 극미를 유방분으로 보게 되면 그것은 여전히 극미가 아닌 것으로 간주해버린다. 왜냐하면 방분을 갖고 있는 한 그것은 여전히 계속 분할될 수 있다고 보았기 때문이다. 그러나 이것은 알고 보면 세친 자신이 무의식적으로 상정해버린 형이상학적 가정(assumption)에 불과한 것이다. 즉, 세친의 인식에서는 사물이 크기와 부피를 갖는 한 계속해서 쪼개어질 수 있다고 보는 〈무한분할성〉을 암암리에 당연한 것처럼 상정하고 있다는 얘기다. 과연 존재하는 사물은 필연적으로 무한히 쪼개어지는 것인가? 아니면 더 이상 쪼개어질 수 없는 최소의 극미[원자]는 가능한 것인가? 했을 때 세친의 인식 속에는 전자를 마치 당연한 것처럼 가정하고 있었다는 얘기다.56)

하지만 이러한 세친이 내다보는 방분설의 무한분할 가정은 오늘날 수학적 논리로도 그리고 실제 경험론적으로도 오류로 판명되고 있다. 이미 서구사상사에는 이 문제가 〈제논의 역설〉과 관련된 것이기도 했었다. 즉 시간과 공간이 무한히 분할될 수 있다고 보는 가정을 고대 엘레아 학파의 제논은 자기 논리의 기본 전제로 삼았던 것이다. 그렇기에 아킬레스는 거북이를 결코 따라잡을 수 없다고 보는 (하지만 실제 경험

---

56) 『신유식론(新唯識論)』의 저자이면서 현대 유학자이기도 했던 웅십력(熊十力)도 이 지점에 있어서 실재하는 극미설은 결국 대승불교의 논리에 의해 논박된 것으로 보고 있었다(이에 대해선, 웅십력[이제란 역], 2007, 98-104. 참조). 그럼에도 그는 객관세계를 아예 부정한 것은 아니며 반드시 〈마음〉이 있어야만 대상이 비로소 나타난다고 보았고, 그래서 유심(唯心)이라고 해야지 유경(唯境)이라고 할 수 없다는 것이다. 즉, 〈마음〉이 더 중요하기 때문에 유경(唯境)이 아닌 유심(唯心)이라는 것이다(같은 책, 110-111). 이 글에서의 웅십력은 기본적으로는 유식불교의 입장을 채택하고 있으면서도 세부적인 내용에선 외계 실재성을 완전히 부정하지는 않고 다소 약한 실재론의 입장도 보이고 있어, 결과적으로 전체 논지에서는 다소 모호해진 점도 없잖아 있다고 생각된다. 다만 웅십력도 〈마음 중심〉을 가장 중요하게 여긴 점은 분명해보인다.

상으로는 전혀 그런 사례를 찾아볼 수 없는) 참으로 황당스런 역설적 주장이 적어도 이론적으로는 마치 무모순적인 논리 정연한 주장처럼 여겨졌던 것이다. 하지만 오늘날에는 무한분할이 가능하다고 볼 만한 근거는 없을뿐더러 이 문제는 수학적 오류로도 판명난 것이면서 동시에 현대 자연과학에서도 받아들여지고 있지 않은 경험론적 오류에도 해당된다. 안타깝게도 전문적이라는 불교학자들도 이러한 점에 대해서는 이를 간과해버리는 경우들도 꽤 있는 것 같다.[57] 이것이 수학적 오류라는 점은 오늘날 중학교 수학 시간에도 나오는 〈무한등비급수〉를 통해서도 이미 밝혀져 있다는 점을 들 수 있다. 화이트헤드가 보기에 그것은 제논이 상정한 부당한 가정이었을 뿐이었다.

"제논은 부당하게도 이 생성 활동의 무한 계열이 끝맺음될 수 없다고 상정하였다. 그러나 최초의 활동을 수반한 생성 활동의 무한 계열이, 또 직접 뒤따르는 것을 수반한 각 활동이 생성의 과정에서 완전히 끝맺음될 수 없다고 상정할 필요는 없다. 간단한 산술은 지금 지적한 계열이 1초 동안에 완전히 끝맺음된다는 것을 분명하게 보여준다. 여기서 그 계열 전체의 바깥에 있는 새로운 생성 활동이 개입해 올 수 있는 통로가 열린다. 따라서 이 제논의 역설은 수학적 오류에 기인하고 있는 것이다."[58]

제논의 가정은 생성의 무한 계열이 끝맺음될 수 없다고 봤지만 오늘날의 간단한 산술은 1초 동안에도 완전히 끝맺음될 수 있음을 보여

---

57) 윤영호, 2015, 267-268. '원자설의 아포리아' 이하 내용 참조. 『불교의 원자설』을 쓴 저자는 인용한 글 속의 제논의 논리 자체가 오류일 수 있음을 간과한 채로 이를 아포리아로 간주해버린다.
58) A. N. 화이트헤드(오영환 역), 2003, 173-174.

준다, 예컨대 0과 1사이에 있어서도 0보다 크고 1보다는 작은 유한값으로 무한히 더해간다고 했을 경우에도 그 값은 무한이 되는 게 아니라 유한값인 1로도 얼마든지 수렴되기에 알고보면 무한분할을 인정할 만한 필연적 근거는 전혀 없는 것이다. 그런데도 세친은, 방분 자체를 계속해서 무한히 쪼갤 수 있는 것으로 가정하고 있는데 이는 그 자신이 상정해놓은 독단적 가정이었다. 즉, 제논은 무한히 쪼개어질 것이라는 가정을 마치 당연시하듯 이것을 무비판적인 기본 전제로 삼고 있었던 것이다. 게다가 현대 물리학에서 보더라도 여기서도 에너지의 불연속적인 최소 단위를 가정하고 있다. 이미 〈양자〉quantum 개념이 그것이다. 전자(electrons)와 양성자(protons)와 광자(photons)는, 단위 전하(unit charges of electricity)이며 또한 에너지 흐름(fluxy)의 양자(quanta)에 해당한다.59) 그렇기 때문에 만약 1)무한분할이 가능하다고 보는 입장과 2)무한분할이 불가능하다고 보는 입장, 이렇게 두 가지 가능성의 형이상학적 입장이 있다고 했을 때, 결국 지금까지의 지구 행성의 인류가 학문적으로 구축해놓은 지적 성과들에 있어 논리성과 정합성 그리고 여러 경험들에 대한 적용가능성과 충분성을 통해 다시 검토 비교해본다면 필자는 2)의 입장을 좀 더 타당한 해석적 입장으로 보는 것이다.

화이트헤드의 과정철학에서는 생성의 원자적 실재 역시 더 이상 쪼갤 수 없는 최소한의 사물로서의 폭과 두께를 갖는 것으로 설정되어 있다. 과정은 실재이며 그러한 과정의 미시적 단위 역시 더 이상 분할될 수 없는 〈최소한의 궁극적 실재〉인 것이다. 이때 그가 형이상학적으로 제안한 원자—곧 현실 존재이자 현실 계기—의 생성은 더 이상 분할될 수 없다는 점에서 전체가 한꺼번에 생성하는 〈획기적인〉epochal 것으로 간주된다. 즉, 원자의 생성 과정은 전체가 〈일거에〉 생성되는

---

59) A. N. Whitehead 1967[1933], 185.

것이지, 생성의 전반부가 먼저 생겨나고 후반부가 그 다음에 생겨난다고 보질 않는 것이다. 이것은 "하나의 전체로서 생기든가 아니면 전혀 생기지 않든가 그 어느 한쪽이다"60)라고 말한 윌리엄 제임스(William James)의 앞선 통찰을 계승 발전시킨, 그러한 의미의 생성을 말한 것이다. 바로 그 점에서 화이트헤드의 실재론적인 원자설은 제논의 역설의 공격을 피해간다. 필자는 만약에 세친이 이후의 인류지성사가 구축한 성과들까지 알았다면 과연 지금도 유가행파의 입장을 과연 채택했을까 하는 의문이 든다. 그렇다면 적어도 오늘날의 우리는 아비달마불교의 쟁론들을 다시 한 번 새롭게 들여다볼 수 있어야만 할 것이다.

결론적으로 말하면, 유심론적 불교를 위해 실재론적 불교를 논박하고자 했던 세친의 주장은 현 시점에서 다시 검토해 본다면 이 같은 문제점들을 간과한 주장이어서 결코 자명한 전제로서는 정당화될 수 없다는 사실이다. 중관의 용수가 <비실체론적 실재>로서의 자성 가능성을 전혀 고려해보지 않은 것처럼, 유식의 세친은 유방분의 <무한분할성>을 이미 기본 전제로 깔고 있어 그렇지 않은 다른 가능성들에 대해서는 이를 제대로 모색해보지 않았었다. 따라서 필자의 입장에선 소위 <소승불교>로 폄하된 불교 진영의 이론이 적어도 대승불교보다는 그 철학적 범주의 지형에서 볼 땐 화이트헤드의 과정철학에 좀 더 가까운 것으로 볼 수밖에 없는 것이다. 물론 그렇다고 해서 세친의 모든 주장들 전체가 죄다 틀렸다는 얘기는 결코 아니기에 오해도 없어야 한다. 여기선 그가 유식사상으로 넘어가게 된 연유 중의 하나가 적어도 그 자신의 잘못 이해된 독단적 가정에 의거한 것이라는 점만을 짚어 거론한 것임을 말씀드린다.

사실상 <외계 실재성>을 부정하고 <식의 전변설>로 넘어간 유식불교

---

60) A. N. 화이트헤드(오영환 역), 2003, 72.

의 이론적 체계화 자체는, 필자가 보기에도 지적으로도 경의를 표할 만큼 매우 정교한 이론을 정립한 것이라 생각한다. 그러나 아무리 훌륭하게 지어진 건물도 그것이 자리한 기초 터가 모래 위에 구축된 것이라면 결국은 문제가 될 수 있듯이, 화이트헤드 과정철학의 입장에서는 <원자적 실재론>을 부정하는 철학적 입장들에 대해선 아무래도 만족스럽지도 않을 뿐만 아니라 동의하기도 힘들 것 같다. 화이트헤드가 불교에 대해 지적으로는 경의를 표할 만한 것이라고 했음에도 결코 만족스러운 적은 없었다고 표명한 점도 필자는 바로 이런 맥락에서 바라보고 있는 것이다.

이제 우리는 앞서 말한 불교의 4대 학파들 중에서도 결국 대승불교 진영에는 속하지 못했던 그래서 소승으로 주로 폄하되었던 두 학파인 <설일체유부>와 <경량부>에 대한 비교 고찰로도 계속 나아가보자. 그렇다면 실재론의 범주에 속하는 불교학파인 <설일체유부>와 <경량부> 간에는 어떤 입장의 차이가 있을까?

II-6. 원자론에서 유부와 경부의 입장 차이

여기서는 원자론적인 <찰나>를 다루는 이들 간의 주된 입장 차이를 중심으로 알아보고자 한다. 유부와 경부의 극미설은 <찰나>에 있어서도 서로 다른 입장을 취하고 있다. 우선 유부의 찰나설은 널리 알려져 있듯이 삼세실유(三世實有)·법체항유(法體恒有)의 입장을 보이고 있지만, 경부의 경우는 현재실유(現在實有)·과미무체(過未無體)의 입장을 취한다. 따라서 유부의 찰나설에선 생주이멸(生住異滅)의 변화 과정을 갖지만, 경부의 찰나는 오직 생멸(生滅)만 할 뿐이다.[61] 물론 유부의 원자설도 기본적으로는 다원론적인 것이다. 그런데 양자 간의 이 차이점은 분

---

61) 『아비달마구사론1』 (권오민 역주), 2002, 240-248.

명 화이트헤드 철학에서 보면 경부의 찰나 원자설 입장에 좀 더 가깝다. 왜냐하면 화이트헤드 철학에서의 실재론적 원자 역시 그저 생성·소멸만 할 뿐이기 때문이다. 화이트헤드에게서 "그것의 탄생은 곧 종결"62)로 언급되며, 생성의 원자는 소멸하지만 변화하는 것으로는 보질 않는다.63) 그렇기에 생주이멸하는 원자가 아닌 〈생멸의 원자〉로 볼 수 있다. 말그대로 〈실재(reality)로서의 원자〉는 찰나생·찰나멸만 할 뿐이다. 이런 점에서 화이트헤드는 〈생성〉becoming과 〈변화〉change를 구분해서 보는데 둘 중에서도 보다 근본적인 것은 〈생성〉이다. 생성이 1차적이며, 〈변화〉는 그로부터 연유된 2차적인 것이다. 변화는 생성·소멸의 일련의 차이들을 통해 경험되는 것으로 볼 따름이다.

또한 대상에 대한 지각에 있어서도 유부는 대상을 직접적으로 지각한다고 보기에 무형상지식론(無形象知識論)의 입장을 펴지만, 경부는 그러한 유부의 입장을 반대하면서 오히려 지각대상은 인식 내의 표상(表象)을 통해서 추론적으로만 접근할 수 있다고 본 유형상지식론(有形象知識論)의 입장을 폈었다. 유부의 지각설은 대상을 있는 그대로 지각한다고 보기 때문에 이미 불교 내에서도 인정하고 있듯이 〈소박한 실재론〉에 가깝다.64) 그러나 경부의 지각설에서는 인식주관의 〈표상〉이 강조되기에 결국 〈외계 추리론〉外界 抽利論의 입장을 보인다.

주지하다시피 화이트헤드는 〈소박한 실재론〉을 거부하고, 유기체의 지각 양태(mode)에 있어 〈인과적 효과성〉causal efficacy과 〈표상적 즉각성〉presentational immediacy이라는 두 가지 양태의 지각 방식을 논했었는데, 인류 이전부터 자연 전체의 근원적인 지각 방식으로선 〈인과적 효과성〉이 있다고 봤으며, 그리고 인간을 포함한 고등 유기체에 이르러

---

62) Ibid., 193.
63) Ibid., 110.
64) 三枝充悳 편(심봉섭 역), 1995, 145.

[화이트헤드와 함께]

선 〈표상적 즉각성〉의 지각 방식이 그 진화 과정에서 함께 결부되어 나타난 것으로 본다. 따라서 인간을 포함한 고등 유기체의 경우는 그와 같은 두 가지 양태의 지각 방식이 함께 혼합된 것으로 볼 수 있기에 화이트헤드는 이를 〈상징적 지시〉symbolic reference라고 했었다. 이때 인간을 비롯한 고등 유기체의 지각 방식인 〈표상적 즉각성〉으로 인해 우리는 사물을 〈있는 그대로〉 혹은 〈사실적인 원자적 분할〉로서는 결코 지각할 수 없다고 봤었다. 오늘날 혼히 불교나 명상 수행 단체를 가보면 "있는 그대로 보라"는 얘길 많이들 듣곤 하지만 이것은 엄연히 실제로는 가능하지 않은 얘기며, 단지 〈존재의 여여(如如)함〉을 수용하려는 태도 지향으로서의 언급일 뿐이다. 왜냐하면 사실상 인간과 같은 고등 유기체의 지각 사태에서 이것은 불가능한 것이고 결국은 상(象)을 통해 유추적으로 접근하는 것이기 때문이다. 유기체의 진화는 사물을 〈있는 그대로 보는 지각〉으로 진화되지 않았었고 오히려 외계와 감각 접촉하되 그에 대한 상(象)을 계속해서 만들어내면서 보다 다양한 경험들을 갖는 방향으로 진화했다고 볼 수 있다.[65]

---

[65] 어떤 면에서 허상/환상/공상/상상/비전 등 이러한 것들은 고등 유기체로 진화하면서 갖게 된 〈진화의 산물〉이라 여겨진다. 일반적으로 불교에선 이러한 것들을 〈집착의 산물〉로 보는 경우가 많은데 이를 〈부정적인 것〉으로만 볼 것이 아니라 기본적으로는 〈진화의 산물〉로 보면서도, 오히려 허상/환상/공상/상상/비전 등 이러한 것들을 〈이전보다 더 나은 상향적 몸삶〉을 위해 또는 〈다채로운 소통 방법의 개발과 통로〉로서도 함께 활용하는 그러한 지혜가 훨씬 더 필요하지 않은가 생각된다. 이런 점은 인간으로서 갖는 〈자아〉라는 허상에 대해서도 마찬가지다. 불교에선 대체로 〈자아〉를 부정시하는 편이지만, 이를 〈집착의 산물〉로 보기 이전에 우선은 고등 유기체가 갖는 〈진화의 산물〉로 볼 필요가 있겠고, 자아 역시 〈과정〉이라는 점에서 우리는 〈자타소통(自他疏通)을 갖는 통아(通我)〉를 추구할 필요가 있다고 여겨진다. 통아, 즉 서로 통(通)하고 있는 상태의 자아는 그 자체로 이미 고정된 아집(我執)을 넘어선 것이며 동시에 타자를 설득적으로 그리고 이롭게 하는 데에도 함께 하는 보살(菩薩)에도 근접되는 것이다. 이것은 필자가 생각하기에 일상에서도 어느 정도 실현 가능한 현실적인 무아(無我)의 실천이 아닐까 싶다. 서로 통(通)하는 상태에선 나[我]의 경계는 사라지고 서로 타자에게로 설득적으로 스며들면서도 성장적인 우리가 될 수 있기 때문이다. 만약에 〈통(通)하지 않는 깨달음〉이라면 정작 유아론(唯我論, solipsism)

여기서 화이트헤드가 고등 유기체의 지각 방식을 설명함에 있어서는 〈변환의 범주〉category of transmutation가 도입되는데, 이것은 자연의 진화 과정에서 고등 유기체로 갈수록 대상을 있는 그대로 지각하는 것이 아니라 많은 요소들을 제거한 채 이를 〈단순화〉simplification로 변환시켜 지각한다는 점을 알려주고 있다.66) 예컨대 우리가 내 앞에 놓인 빨간 사과를 지각할 때 그것을 미세한 원자적 분할로서 지각할 수가 없고, 오히려 대상에 대한 많은 요소들을 제거한 채 가장 지배적인 것으로 여겨지는 주요 특징들만 골라서 지각하고선, 이를 사과에 관한 대상의 특질로 간주해버린다는 것이다. 필시 그 사과는 결코 빨간색만 갖고 있질 않고 훨씬 더 다양한 색깔과 훨씬 더 복잡한 요소들이 복합적으로 형성된 사물일 것이다. 하지만 우리의 감각지각(sense-perception)에서는 이를 "빨간 사과"로 통용하더라도 별다른 문제를 느끼지 못한다. "우리는 폐기(discarding)를 통해서만 이해(understand)를 해볼 수 있다." 67) 화이트헤드 철학에서 이 같은 변환에 의한 굴절과 왜곡 작용은 고등 유기체의 지각 경로에 필연적인 것으로 본다. 따라서 우리의

에 빠질 것이다. 더 나아가 〈진정한 무아(無我)〉의 실현은 전적으로 그 자신의 피와 살을 아낌없이 타자를 위한 생명의 양식으로 내어주는 〈십자가의 무아(無我)〉가 아닐까 생각한다. 그것은 〈타자를 위한 전적인 자기해체[자기없음]의 실현〉이다. 이것은 기독교의 예수 한 명만을 말한 것이 아니며 프란체스코, 최제우, 전태일의 삶처럼 지구행성에서의 삶의 수준을 보다 상향적으로 끌어올린 모든 이들, 여기엔 세계 안의 다양한 현장들에서의 〈이름 없는 무명 보살들〉의 고귀한 헌신과 희생들까지도 모두 포함해서 말한 것이다. 바로 이러한 〈십자가의 무아(無我)〉에서 우리는 유한한 죽음의 한계마저 넘어서는 〈초시간성〉timelessness을 획득할 수 있다고 본다. 따라서 우리의 진화는 이러한 허상/환상/공상/상상/비전 등을 어떻게 체화하면서 활용하느냐에 따라 더 나은 상향적 가치의 삶을 도모할 수도 있겠고, 또 한편으로는 그로 인해 퇴행적 멸망으로도 얼마든지 떨어질 수 있다. 이 문제는 결국 지나가는 과정으로서의 찰나의 순간들이 어떻게 영원의 강도(intensity)를 획득하는가 하는 문제와도 관련된 것이다.

66) 화이트헤드가 『과정과 실재』에서 언급한 〈변환의 범주〉에 대해선 지면상 많은 설명이 요구되는데 이에 대한 필자의 글로서는 정강길, 2019, 506-512. 참조.
67) A. N. 화이트헤드(오영환 역), 2003, 495.

[화이트헤드와 함께]

심상에 떠오르는 〈사과 이미지〉는 외적 대상에 대한 직접적 지각이라기보다 오히려 표상된 것에 속한다. 이는 앞서 말한 경부의 입장에 좀 더 가깝다고 볼 수 있다. 물론 그럼에도 어디까지 유사한 지에 대해선 더욱 세부적으로 파고 들어가 살펴봐야 할 문제일 것이다.

하지만 경량부 역시 미완으로 남겨놓은 문제인 인식의 주관과 객관의 분리 문제는 사실상 전체 불교 안에서도 여전히 미완으로 남겨져 있다고 생각되는데, 이에 대한 화이트헤드의 해법은 〈기하학에 대한 고찰〉과 관련한다. 화이트헤드에 따르면 우리가 은하의 공전 주기와 팽이의 회전 주기를 같은 견지에서 비교 고찰이 가능할 수 있게 된 연유에는 양자 모두에 적용되고 있는 기하학적 편재에 있음을 언급했었다.

"표상적 즉각성에서 드러나는, 수학적 관계와의 진정한 관련성의 발견이야말로 자연을 지적으로 정복하는 첫걸음이었던 것이다. 정밀 과학은 그 다음에 탄생하였다. 자연의 사실로서의 이러한 관계를 도외시한다면, 그런 과학은 무의미하고, 바보가 믿는 백치의 이야기가 되고 만다. 예를 들어, 어떤 저명한 천문학자가 사진판의 측정치를 토대로 은하계의 공전 주기가 대략 3억 년이라고 추측할 경우, 그 의미는 이 우주 시대에 편재해 있는 체계적인 기하학적 관계로부터 도출될 수 있을 뿐이다. 그러나 만일 그 천문학자가 어린이의 팽이의 회전 주기에 대해서 유사한 진술을 했더라도, 그는 체계에 대한 동일한 관련을 필요로 했을 것이다. 또한 이 두 주기는 그 체계의 견지에서 비교 가능하게 되는 것이다."68)

---

68) A. N. 화이트헤드(오영환 역), 2003, 624.

이러한 기하학적 편재는 인식자의 주관 상태를 넘어서 연장된 것이기에 우리의 우주는 체계적인 비교가 가능할 수 있다는 것이다. 물론 이것은 앞서 말한 인식작용 출현 이전의 존재론적 사태인 시공간의 상태와도 관련된 것이다. 다만 필자가 주목하려는 지점은 경량부 불교가 대상에 대한 직접적 지각이 아닌 표상을 거론하지만 그럼에도 분명 〈실재론〉의 범주를 이탈하진 않았다는 점이다. 이것은 전체 불교 진영 안에서도 보면 상당히 놀라운 철학적 포지셔닝(positioning)이 아닐 수 없다.

그러나 필자의 이 글도 아직 경량부 불교와의 상세한 비교 연구까진 못 된다. 다만 설일체유부, 경량부 그리고 중관학파와 유식학파 이들 불교 진영과의 비교에 있어 단지 기본적인 큰 틀로서의 철학적인 범주 차이의 비교에 한정된 논의에 불과한 것이다. 양자 간의 세부적인 비교를 논하기 이전에 우선은 그 기본 골격의 비교부터 논하지 않을 수 없었다. 따라서 필자로선 초기불교와의 비교 고찰을 비롯해 아비달마불교 그리고 대승불교의 형성과정에 있어 현대 지성사의 축적된 성과들까지 함께 반영하여 한층 업그레이된 〈21세기 새로운 불교사상〉의 가능성도 함께 고찰해보고픈 지점도 없잖아 있다. 다만 현재까지 화이트헤드 과정철학의 입장에서 바라보는 불교에 대한 전망은 〈유심론적 불교에서 실재론적 불교로의 전환〉을 요청하는 점이 있지 않은가 생각한다.

III. 나오는 말

III-1. 불교는 어떻게 해서 〈마음 불교〉가 되었는가?

필자가 생각하기로 우리나라와 중국을 비롯해 동아시아를 점유한 대승불교의 주된 특징 중 하나를 꼽으라고 한다면 그것은 결국 〈마음 중심 불교>로의 전환이라고 생각된다. 현재까지도 주변에서 접하는 불교는 거의 <마음 불교>가 대세를 이루고 있는 것 같다. 불교의 『대승기신론(大乘起信論)』(이 책은 중관과 유식의 종합화로도 알려진 대승불교의 대표 논서) 강의로도 많이 알려진 지운 승려 역시 불교의 12연기를 한 마디로 말해서 아예 <마음>이라고 소개했다.69) 또 다른 불교학자는 부처님의 근본 가르침이 <연기법>이라면서도 외연기(外緣起)가 아닌 내연기(內緣起)를 핵심으로 간주하여 이를 <마음 작용 관계>로 불교를 소개한 사례도 보이고 있다.70)

오늘날의 불교가 말하는 <마음> 개념이 아무리 그것이 본질 실체로서의 마음 이해가 아니라고 하더라도 왜 <물질>이나 <몸>이 아닌 <마음>인가 하는 의문만큼은 필자로선 지울 수 없다. 예컨대 <마음>보다는 오히려 <몸>이야말로 이미 그 안에 신체와 정신이 통전된 개념으로서 관념론의 한계마저 극복할 수 있는 유효한 개념이라는 생각도 들기 때문이다.71) 불교는 과연 <마음>이 가장 1차적 중심인 종교였는가? 그렇다면 불교의 성격이 처음부터 그러했는가? 아니면 중간 과정에서 어떤 전환이 있었던 것인가? 불교학자인 권오민은 불교사상사의 과정에서 이 놀라운 전환에 대해 다음과 같이 풀어놓은 바가 있다.

"초기불교 이래 물질(색법)은 인간의 인식과 활동의 근거이자 조건으로, 또 다른 세계를 초래하는 힘으로 이해되었다. 즉 어떠한 경

---

69) 출처 https://youtu.be/_7ZxNwsi9BM [지운 스님의 대승기신론 유튜브 강연 내용] 참조.
70) 목경찬, 2014, 21-25.
71) 오랫동안 '몸'을 연구했던 인문의학자 강신익 교수 역시 원래 고대 중국에서도 몸을 뜻하는 身은 물질적 구조와 우주적 경험이 분화되지 않은 상태를 뜻했다고 말하며, 이와 마찬가지로 우리말의 몸 역시 애초에는 경험적 영역과 물질적 영역을 명확히 구분하고 있지 않았었다고 얘기한다. 강신익, 2007, 171.

우에도 눈[眼根]과 눈에 의해 보이는 대상[色境] 없이 시의식[眼識]은 생겨나지 않으며, 나아가 몸[身根]과 몸에 의해 접촉되는 대상[觸境] 없이 촉의식[身識]은 생겨나지 않는다. 그리고 이러한 전(前) 5식에 근거하여 의식(意識)이 생겨나며, 이에 따라 입(말소리)으로 몸(신체적 형태)으로 업을 짓고(행위하고), 이러한 업력(즉 무표색)에 의해 또 다른 세계를 향수(享受)하게 되는 것이다. 이러한 점으로 볼 때, 물질은 인간의 현실 삶에 바탕이 되는 것이라 하지 않을 수 없다.

그런데 언제부터인가 물질은 불교에 반(反)하는 것으로 여겨왔다. 그것은 높은 정신활동에 장애가 되는 것으로 인식되었으며, 해서 성자는 그것에 초연한 이로 간주되어 왔다. 이러한 사유는 어디서 비롯된 것일까? 우리는 흔히 불교를 마음의 종교라고 한다. "일체유심조(一切唯心造)-일체의 모든 존재는 그 자체로서 존재하는 것이 아니라 마음에 의해 지어진 것이다." 이러한 유심(唯心)의 불교는 또한 어디서 비롯된 것일까? 단초는 『화엄경』이지만 이론적으로 모색된 것은 유식학파(唯識學派)에서였다."[72]

이것은 불교철학사의 중간 과정에서 일어났던 커다란 철학적 범주의 전환이기도 하다. 필자가 생각하기로, 현재의 불교에 이르기까지 대체로 〈마음 불교〉의 모습 또는 〈심리학으로서의 불교 성격〉, 심지어 달라이라마조차 "불교는 심리학"이라는 표현까지 할 정도로 그런 〈마음 중심의 성격〉을 띠고 있는 점도 결정적으로는 이 같은 범주적 한계의 문제와도 깊은 관련성이 있다고 여겨진다. 다시 말해 불교가 〈유심론〉

---

72) 권오민, 2009, 239-240.

[화이트헤드와 함께]

의 범주 안에 머물고 있다면 당연히 그 성격은 〈외부 세계의 일〉보다는 〈내면의 마음〉을 살피는 일에 훨씬 더 중점적으로 쏟게 되는 것도 알고 보면 지극히 자연스러운 행보였던 것이다.

불교 진영 안에서도 〈유식불교〉는 분명한 〈관념론〉의 범주에 속한다. 누군가가 이것을 '창조적 관념론'으로 보든 혹은 '실천적 관념론'으로 보든 간에 적어도 이러한 유식사상이 전체 철학적 지형에 있어선 관념론의 범주 자체를 벗어나진 않는다는 얘기다.[73] 유식사상이 관념론

---

73) 한 가지 눈여겨볼 지점은, 유식사상과 현상학을 비교 연구한 하루히데 시바(司馬春英)의 주장인데, 그에 따르면 유식론은 형이상학적 관념론이 아닌 인식구조 이해에 있어선 〈비판적 인식론적 관념론〉으로 보면서도 관념의 사유화(取, appropriation)에 대해선 대치한다는 점에서 또 다른 특별한 점이 있음을 소개하고 있다. 이에 대해선 하루히데 시바(박인성 역), 2014, 44-47. 참조. 그럼에도 존재론에는 침묵하고 어떠한 존재론도 결국 〈인식론적 구축물〉로 보는 시각 자체는 마찬가지여서(48) 이 또한 관념론의 범주 자체를 이탈하고 있진 않았다. 어차피 그가 말하는 유식사상에서도 존재론의 설 자리는 애초부터 허락되지 않고 있으며 어디까지나 〈인식론〉이 그 우위를 점하고 있는 것이다. 다만 하루히데 시바가 보는 유식사상은 우리에게 취착된 사유의 한계를 폭로하고 비판하는 역할로서는 의미를 둘 수 있겠다. 하지만 그러한 공격의 칼날이 정작 〈유식사상〉이라는 관념 자체에 대해서도 향해 있어야 할 것이기에 문제는 여전히 남는다. 해체주의가 정작 자신만은 해체하지 않으며 상대주의가 그 자신을 향해서는 상대화하지 않듯이, 유식사상이 다른 관념들의 한계에 대해선 비판과 폭로를 수행한다지만 비판의 도구로 쓰는 유식사상 자신에 대해선 분명한 면죄부를 주고 있는 것이다. 게다가 불교에서 말하는 궁극적 실재나 진여, 법계가 아무리 언어나 개념을 초월해 있다고 보더라도 이를 마냥 불가언설(不可言說, anabhilāpya)로만 간주한다면—여기엔 붓다의 무기설(無記說)도 이런 의미로 해석한 입장까지 포함— 폐단 중 하나는, 형이상학적 사변으로서의 상상적인 시도 자체를 아예 봉쇄시키는 우를 범하는 점에도 있기에 그 역시 문제로 남는다는 사실이다. 그러한 불가언설 입장에선, 진리는 항상 언어나 개념을 초월해 있기 때문에 결국 〈이론화 작업은 봉쇄, 오직 체험만의 강조〉로 귀결되기 쉽다. 화이트헤드 철학의 경우는 그것과도 입장을 달리한다. 물론 화이트헤드도 언어나 개념의 한계를 기본적으로는 품고 가면서도 그러한 시도 및 과정에도 의미를 두고 있기에 그것이 존재론이든 인식론이든 철학적 우주론이든 기본적으로는 논리성, 정합성, 경험에 대한 적용가능성, 충분성을 확보하고자 하는 〈사변철학의 구축을 옹호하는 입장〉에 서 있다. 화이트헤드는 언어를 철학의 필수 도구로 보면서도 그러한 철학의 방법으로 오히려 끊임없이 더 나은 방향으로 우리의 관념들을 논리적으로 정합적으로 구축하고 계속적으로 검증해가며 교정해가는 〈언어의 재디자인(redesign)〉에 더 큰 의의를 둔다고 볼 수 있다. 또한 이것은 우리네 경험의 일반성을 보다 명확한 형태로 표현하려는 데에 그 목적을 두고 있는 것이다. 화이트헤드(오영환 역), 2003, 65. ; 화이트헤드의 형이상학[사변철학] 구축 방법에 대해선, 정강

231

에 속한다는 애기는 필자만의 유별난 단독 주장이 결코 못 된다. 이미 〈유식불교〉를 연구해놓은 불교학자 스스로도 유가행파의 식(識)일원론이 〈주관적 관념론〉subjective idealism임을 분명하게 소개하고 있다.74) 유식불교가 관념론의 범주 틀에 자리하고 있다면 화이트헤드의 과정철학은 관념론을 비판하는 〈실재론〉 철학의 범주에 속하기 때문에 필자로선, 불교의 세계를 열었던 초기 고타마 붓다의 통찰 역시 본래부터 과연 그러했는가에 대해서도 그와 같은 의문을 품지 않을 수 없었던 것이다.

다행히 불교의 세계는 여전히 넓고 다양해서 우리가 속한 동아시아 지역의 대승불교만이 불교 세계의 전부일 수 없다. 흥미롭게도 구미나 남방불교권에서 출판된 불교개론서는 일본과 그 영향을 받고 있는 우리나라에서 출간된 불교개론서에는 차이가 있다는 사실도 엿볼 수 있는데75) 이와 같이 전체 불교 진영 안에서도 그 입장들 간의 충돌이 있는 만큼 그에 따른 난점들을 극복하기 위한 더 나은 정합적인 불교 체계화의 길은 여전히 필요해 보인다. 실재, 자성, 지각설, 방분설 등 여러 이해들 간의 충돌 문제가 아직 불교 안에서도 해결된 것이 아니며 오늘날의 대승불교의 입장들만이 유일한 해결책으로도 볼 수 없다. 어쩌면 현재의 불교는 2500년 전 당대의 힌두이즘에 맞섰던 초기 붓다의 혁명적 통찰들을 다시금 새롭게 체계화해야만 하는 또 다른 계승 발전

길, 2019, 139-182. 참조.
74) 요코야마 고우이츠(묘주 역), 2004, 87.
75) 권오민, 2009, 285-286. 예컨대 불타 자내증(自內證)을 구미나 남방불교권에서 4성제로 보고 있다면 우리나라의 경우는 연기법으로 보고 있다. 같은 불교라고 해도 그 우선적 이해가 상충될 수 있는 것이다. 하지만 그럼에도 둘 다 불교의 세계에 속한다. 필자 역시 불타 깨달음을 '연기법'으로 보는 건 우리나라처럼 대승불교의 필터를 거쳐서 나온 것으로 보기에 오히려 '4성제'로 보는 것이 좀 더 설득력이 있다고 여겨진다. 이에 대해선, 권오민, "緣起法이 불타 自內證이라는 經證 검토", 2007 ; "4聖諦와 12緣起", 2007. 참조.

의 새로운 21세기 불교의 길로 나아가야 하는지도 모를 일이다.

III-2. <유심론적 불교>에서 <실재론적 불교>로 : 다시 경량부!

지금까지 불교 4대 학파를 중심으로 화이트헤드 과정철학과의 비교를 살펴봤을 때 적어도 범주적으로는 가장 유사하다고 볼 만한 불교학파는 대승불교 진영이 아닌 소승불교 그것도 경량부 불교였다고 생각된다. 정리하자면, 불교와 화이트헤드, 양자 간의 주된 범주적 차이 또는 그 결정적 간격은 설일체유부와 경량부 불교에서 대승불교로 넘어가는 그 지점, 즉 아비달마불교에서 중관과 유식의 대승불교로 건너가는 바로 그 과정에서 발생된 것으로 본다. 그 결정적 간격 차이란 다름 아닌 <실재>reality로서의 원자적 존재론과 오히려 극미설을 부정하는 인식론 간의 범주적 간격 차이가 될 것이다. 바로 그 점에서 아무래도 화이트헤드가 봤을 때, "사람들이 자신 속으로 칩거하고 외계는 흘러가는대로 내맡기는" 그러한 <마음 불교>에 대해선 그 자신이 추구하는 철학적 범주 도식과는 매우 어긋난다고 봤을 가능성이 크다. 적어도 <외계 실재성>을 부정하는 불교 진영에 대해서만큼은 이들 불교 이론이 아무리 정교한들 이를 부정적으로 봤을 것으로 짐작되어진다.

필자가 생각하기로 유식관의 식전변설(識轉變說)이 아무리 정교한들 화이트헤드 자신의 <유기적 실재론>organic realism과는 그 기본적인 틀에선 철학적인 범주 차이를 갖는 것으로 볼 수 있다. 즉, 서두에 소개한 화이트헤드의 부정적인 불교 평가도 바로 이런 맥락에서 이해해볼 수 있다는 얘기다. 그러나 당시 화이트헤드가 살펴본 불교가 과연 모든 <불교들>을 포함한 전체일 수 없다는 점에서 그는 분명 <외계 실재성>을 인정하는 아비달마불교—특히 경량부 불교—의 입장에 대해서도 이를 좀 더 상세하게 비교 검토했더라면 어땠을까 하는 생각도 든다.

과거 불교의 체계화를 위해 다양하게 시도된 아비달마불교 시대의 기라성 같은 논사들의 쟁론의 결과가 마침내 중관과 유식의 승리로서 최종 귀결된 것으로 보는 건 오늘날까지도 우리나라와 같은 지배적인 대승불교 전통에선 거의 일반화된 시각인 것으로 보인다. 하지만 만약에라도 대승불교의 두 핵심 기둥인 중관학파와 유가행파의 논리에도 분명하고도 심각한 결함이 있다고 한다면 이것은 대승불교의 견지에선 매우 난처한 문제가 될 것이기에 아무래도 소승불교로 치부된 유부와 경부의 주장들은 이미 논리적으로 극복된 것으로 간주하는 시각들이 적어도 대승불교 입장에선 좀 더 안정적인 일반적 시각과 자세가 되었을 걸로 보인다. 하지만 필자는 동아시아 불교 안에선 지극히 당연한 것처럼 여겨질 수 있는 바로 이 같은 관점에 대해 오래전부터 상당한 의문을 갖고 있었고, 이는 아무래도 화이트헤드 과정철학의 견지에서 갖게 된 의문이 될 것이다. 그런데 필자가 이를 알아보는 과정에서 각별히 전율적으로 주목했던 바는 설일체유부의 그 마지막 분파인 〈경량부 불교〉라는 점도 함께 말씀드리고 싶다.

만약에 현대의 화이트헤드 철학의 입장에서 다시 불교철학사를 써내려간다면 필자는 주저없이 〈경량부 불교〉를 그 핵심으로 손꼽을 것 같다. 범주적 문제와 관련해서 볼 때 불교철학사 전체를 통틀어서도 아마도 화이트헤드의 실재론과 가장 유사한 근접을 이루고 있었던 불교 학파라고 생각된다. 물론 경량부 불교에도 여전히 미완의 문제들이 있긴 하지만(그와 동시에 아직 그 전모가 파악되지 못한 현실도 있다),[76] 적어도 경량부는 존재론적 차원의 실재론 범주를 완전히 탈피한 것도 아니면서도 설일체유부와도 또 다른 찰나 생멸론의 입장을 갖고 있었고

---

76) 경량부 불교 연구에 대해선, 카토 쥰쇼(김재현 역), 2019 ; 권오민, 2012 ; 권오민, 2019 참조.

이는 화이트헤드 철학을 연구하는 필자의 입장에서 보더라도 분명 다시 들여다봐야 할 지점이 있었다. 사실 〈경량부 불교〉는 불교 안에서도 인도불교 4대 학파에 속하면서도 현존하는 논서가 부재하여 세친의 『구사론』이나 중현의 『순정리론』을 비롯해 간접적으로만 접근되고 있어 현대의 불교 연구 안에서도 여전히 미답(未踏)의 세계로 남아있다. 어쩌면 용수의 중관이나 유가행파의 유식 입장과 또 다르게 경량부에 대한 비판적 재구성과 보강으로 나아갔었더라면 또 다른 차원의 〈새로운 대승불교〉로의 진화를 꽃피웠을지도 모를 일이다.

하지만 이 글에서 제안된 필자의 견해에 대해서도 얼마든지 기존의 불교철학을 옹호하는 입장에선 충분히 반론을 펼칠 수 있다고 보기 때문에 궁극적으로는 어느 쪽이 더 낫다는 걸 말하려는 점에 있지 않다는 점도 필자로선 분명하게 강조해두고자 한다. 즉, 이 글이 추구하는 최종 목적은 양자 간의 차이점을 확인하는 가운데 서로 비교 검토 교차하면서도 그것이 어느 쪽이든 양자 모두가 지금보다는 더 나은 상향적 발전으로서의 새로운 창조적 모색을 함께 시도하고자 함에 있을 뿐이다. 이것은 비교 자체가 목적이라기보다 보다 정확히 말하면 더 나은 발전적 소통에 따른 창조적 융합의 시도로 나아가고자 함에 있다. 왜냐하면 다른 분야들도 마찬가지겠지만 오늘날엔 불교든 화이트헤드든 거의 모든 연구 주제들이 고립된 섬으로 있는 분야가 아니기 때문이다. 그 점에서 본 글의 제안도 당연히 실험적 모험에 해당되며, 필자 역시 놓치고 간과하는 점들도 당연히 있을 수 있기에, 그러한 한계를 인정하는 가운데서 단지 이글은 화이트헤드 철학과 불교철학 간의 대론(對論)이라는 일말의 긴장적 시도를 감행했을 뿐이다. 이미 불교 전통 안에는 여러 논사들의 때론 살벌하기까지 했던 견해 충돌과 조정이라는 매우 훌륭한 쟁론의 전통들도 있어왔다.

일찍이 싯다르타의 당부도 무조건 믿기보다는 그것이 합리적이라고 간주되는 쪽으로 진리를 추구해야 한다는 점을 익히 강조했었다고 본다면 필자 역시 그에 따른다고도 볼 수 있다. 화이트헤드 역시 자신의 철학도 가설로 보았고 사상의 생명력은 새로움을 끌어들이는 모험에 있다는 점을 가장 중요하게 강조했었다. 따라서 필자는 소승이든 대승이든 화이트헤드든 불교철학이든 또는 그 어떤 종교나 철학자의 이론이든, 모든 사상과 〈자연의 법칙들〉조차도 기본적으로는 〈형성과정〉에 있다고 볼 뿐이지 결코 〈완결〉에 있다고 보질 않는다. 따라서 언제든지 지금보다 더 나은 합리적인 입장이 또 나온다면 오히려 그러한 쪽을 적극적으로 추구해야 함이 보다 마땅할 것이다. 게다가 〈입장들 간의 충돌〉 또는 〈학설들 간의 충돌〉은 분명 재난이 아니라 서로에게 〈새로운 기회〉가 될 수도 있다고 본다. 그렇기에 필자의 이 글 역시 화이트헤드나 경량부 불교가 무조건 완전무결한 정답이라는 주장을 하고자 함에도 있지 않다. 오히려 〈함께 만들어가는 불교〉라는 점에서 적어도 우리가 계속해서 들여다봐야 하고 부단히 다듬어가야만 하는 그러한 〈불교의 세계〉도 있을 수 있고 또 이를 계속 상기할 필요도 있음을 말씀드리고 싶다.

결론적으로 화이트헤드의 과정철학과 불교철학은 어디서부터 갈라지는가를 살펴봤을 때 '소승'이라고 폄하된 아비달마불교[부파불교]에서 이후의 대승불교로 넘어가는 바로 그 지점에서 화이트헤드의 과정철학과는 매우 큰 범주적인 간격 차이를 보인다는 것이 현재의 필자 입장임을 말씀드린다. 다만 필자가 보는 이 차이 간격은 초기불교의 가르침에서도 어떤 일말의 징후를 엿볼 수도 있었는데, 필자는 이 점을 5온과 12처에 대한 이해를 통해 알아볼 필요가 있다고 보며 이는 기회가 되면 후속 연구에서 언급해볼 것이다. 그럼에도 필자가 생각하기로

〈경량부 불교〉까지는 심각한 범주적 차이 문제까지 발생된 것은 아니어서 우리는 아비달마불교의 치열한 쟁론들과 철저한 체계화 노력들을 이후의 인류 지성의 성과들을 재반영하여 다시금 새롭게 재고찰해 볼 필요도 있지 않은가 생각한다.

물론 아비달마불교 시대에 시도된 다양한 체계화를 놓고선 지나친 엘리트주의 불교라느니 이론화 작업에만 빠져 있다느니 하는 비판도 할 수 있겠지만, 적어도 막연한 느낌의 인상 비평에만 머물 수도 없는 일이기에, 우리는 그 당시 뛰어난 불교 논사들인 세친이나 중현 그리고 무착과 용수마저 놓치고 넘어간 것들은 없었는지에 대해서도 여전히 공정한 비교 검토가 현시점에서도 있어야 할 것으로 생각한다. 왜냐하면 불교도 마찬가지로, 그 이후로 21세기 지금까지 축적된 인류 지성의 성과들도 새롭게 반영하는 업데이트 역시 필요한 것인지, 아니면 이미 완전무결한 정식화를 마련해놓은 것이어서 적어도 그런 큰 수정적인 업데이트까지는 불필요한 것인지 다시금 여러 입장들이 나올 수 있기 때문이다. 불교 역시 〈고정불변한 실체로서의 불교〉가 아니라고 한다면 그 또한 〈함께 만들어가는 과정〉에 있는 것이다.

[참고 문헌]

1. 단행본

世親, 『唯識二十論』

A. N. Whithead (1925), *Science and the Modern World*. New York: Pelican Mentor Books, 1948.

A. N. Whithead (1926). *Religion in the Making*. New York: Fordham University Press, 1996.

A. N. Whithead (1929), Edited by David Ray Griffin and Donald W. Sherburne, *Process and Reality: An Essay in Cosmology*. New York: The Free Press, 1978 ; [국역판] 오영환 역, 『과정과 실재』. 서울: 민음사. 2003.

A. N. Whithead (1933). *Adventure of Ideas*. New York: The Free Press, 1967.

A. N. Whithead, [As Recorded by Lucien Price], *Dialogues of Alfred North Whitehead*. Boston: Monthly Press Book. 1954.

Victor Lowe, edited by J. B. Schneewind, *Alfred North Whitehead: The Man and His Work Volume 2 : 1910-1947*. Baltimore, Maryland: Johns Hopkins University Press, 2019,

Randall E. Auxier and Gary L. Herstein, *The Quantum of Explanation: Whitehead's Radical Empiricism*. New York: Routledge Taylor & Francis, 2017.

강신익, 『몸의 역사 몸의 문화』. 서울: 휴머니스트, 2007.

고목 스님, 『화이트헤드의 유기체 철학과 불교』. 서울: 시간과공간사, 1999.

권오민, 『불교학과 불교』. 서울: 민족사, 2009.
권오민, 『上座 슈리라타와 經量部』. 서울: CIR[씨아이알], 2012.
권오민, 『아비달마불교』. 서울: 민족사, 2015.
권오민, 『上座 슈리라타의 經量部 사상』. 서울: CIR[씨아이알], 2019.
목경찬, 『연기법으로 읽는 불교』. 서울: 불광출판사, 2014.
삼지충덕(三枝充悳) 편(심봉섭 역), 『인식론·논리학』. 서울: 불교시대사, 1995, 145.
세친 (원저자), 권오민 역주, 『아비달마구사론1』. 서울: 동국역경원, 2002
에띠엔 라모뜨 지음, 호진 옮김, 『인도불교사 2』. 서울: 시공사, 2006.
요코야마 고우이츠 지음, 묘주 옮김, 『唯識哲學』. 서울: 경서원, 2004.
용수 (원저자), 가츠라 쇼류·고시마 기요타카 지음, 배경아 옮김, 『중론 – 용수의 사상·저술·생애의 모든 것』. 서울: 불광출판사, 2018.
웅십력 지음, 이제란 옮김, 『신유식론(新唯識論)』. 서울: 소명출판, 2007,
윤영호, 『불교의 원자설』. 서울: CIR[씨아이알], 2015.
윤희조, 『불교의 언어관』. 서울: CIR[씨아이알], 2012
원효 지음, 원효학토대연구소 번역·주저자 박태원, 『대승기신론 소·별기』 상권. 서울: 세창출판사, 2019.
정성본, 『선불교 개설』. 서울 민족사, 2020.
최현민 지음, 『불성론 연구-도겐의 『정법안장』을 중심으로』. 서울: 운주사, 2011.
카토 쥰쇼 지음, 김재현 옮김, 『경량부 연구 – 소승불교의 교리 탐구』. 서울: 운주사, 2019.
하루히데 시바 지음, 박인성 옮김, 『유식사상과 현상학 – 사상구조의 비교 연구를 향해서』. 서울: 도서출판b, 2014.

2. 논문

Abe Masao, "Mahāyāna Buddhism and Whitehead: A View by a Lay Student of Whitehead's Philosophy", *Philosophy East and West*, Vol. 25, No. 4 (Oct., 1975). University of Hawai'i Press.

Charles Hartshorne, "Whitehead's Differences from Buddhism", *Philosophy East and West*, Vol. 25, No. 4 (Oct., 1975). University of Hawai'i Press.

곽미미, "다르마끼르띠의 외계대상의 인식에 대한 고찰", 『한국불교학』 제90집, 2019,

권서용, "다르마끼르띠와 화이트헤드 사상의 접점: 현실적 존재(vastu, actual entity)의 찰나멸을 중심으로", 인도철학회, 『인도철학』 23권, 2007.

권서용, "다르마키르티와 화이트헤드 사상의 접점(I): 현실적 존재 (vastu, actual entity)를 중심으로", 한국화이트헤드학회, 『화이트헤드연구』 20집, 2010.

권서용, "다르마키르티의 의지각과 화이트헤드의 현시적 직접성의 양태로서의 지각에 관한 연구", 동아시아불교문화학회, 『동아시아불교문화』 24권, 2015.

권서용, "다르마키르티와 화이트헤드 사상의 접점(3) -지각의 종류와 구조를 중심으로", 동아시아불교문화학회, 『동아시아불교문화』 23권, 2015.

권서용, "화이트헤드의 파악(prehension)과 다르마키르티의 인식 (prama)에 관한 비교연구", 한국인도학회, 『인도연구』 22(2), 2017.

권서용, "앎[識]의 구조에 관한 논쟁-법칭과 원효를 중심으로", 『한국불교학』 제87집, 2018.

권오민, "緣起法이 붇타 自內證이라는 經證 검토", 『보조사상』 제27집, 2007.

권오민, "4성체(聖諦)와 12연기(緣起) -붇타 깨달음은 연기법인가?(2)", 한국불교학회, 『한국불교학』 47권, 2007.

권오민, "불교철학에 있어 학파적 복합성과 독단성", 인도철학회, 『인도철학』 제28집, 2010.

서정형, "나가르주나 『중론』", 서울대학교철학사상연구소, 『철학사상』 별책 제3권 제3호. 2004.

윤희조, "자성(自性)의 의미변화에 관한 일고찰-『구사론』, 『중론』, 『단경』 을 중심으로", 동서철학회, 『동서철학연구』 81권. 2016.

이경호, 「<成唯識論>에서 본 유식사상과 화이트헤드의 과정 사상의 비교 연구」. 서울 : 감리교신학대학교, 2008.

이지수, "다르마끼르띠(법칭)의 관계 비판: Sambandha-pariksa를 중심으로", 동국대학교 불교문화연구원, 『불교학보』 제34집, 1997,

이태호, "불교와 화이트헤드 철학의 존재론", 동아시아불교문화학회, 『동아시아불교문화』제2집, 2008.

3. 기타 자료

- https://youtu.be/_7ZxNwsi9BM [지운 스님의 대승기신론 유튜브 강연 내용] 참조.

· 화이트헤드와 함께 7

모든 것은 느낀다

김상환* 씀

---
* 시인 · 대구과정사상연구소

[미학에세이]

모든 것은 느낀다

▲ 밀양 위양못. 2016.04. (사진 김동원)

시의 아름다움과 향수享受는 모름지기 살아있음의 황홀경에 있다. 그것은 자연과 인(간)사의 이치와 흥취에서 비롯되며, 순간의 영원을 경험하는 것만큼이나 감동적이다. 시는 생명이다. 생명은 생생과 명命이 결합된 말로서, 명이 이미 주어진 것이라면 생은 명을 새롭게 변화시키는 의지나 역능이다. 생명은 두 항의 상호 대립과 충돌로 인해 새롭게 발현되는 하나의 흐름이자 리듬이며 주름이다. 이는 모든 시와 예술의 운명이자 선택이다. 특히 주름의 접힘과 펼침 속에서 생성되는 차이와

[화이트헤드와 함께]

반복은 생명의 질서이며 도약이다. 생명의 마음과 눈으로 바라본 "세상은 얼마나 황홀하고 감각적인가. 그것은 신비에서 시작되었고 신비로 끝날 테지만, 그 사이에는 얼마나 거칠고 아름다운 땅이 가로놓여 있는가"(다이앤 애커먼,『감각의 박물학』). 겨우내 언 땅에서 어둠을 뚫고 나오는 새싹을 보라. 존재의 비밀은 겨울과 봄 사이에 있는 법. 그 사이와 경계의 점이 지대(漸移地帶)에서 피어나는 "모든 사물 하나하나는 진지한 것이고 유일무이한 것이고 또 비교할 수 없는 것"(게오르크 루카치,『영혼과 형식』)이다. 한 편의 시에서 요구되는 이미지와 사유도 그 자체로서 고고(孤高)한 생명(성)을 갖고 있다. 그런 점에서 시는 묘처(妙處)이며 새로운 하나이자, 상(常)의 발견이다. 생명의 생명이다. 거듭 말하거니와, 생명은 서로 다른 두 개의 차원을 수반한다. 그렇지 않고

오직 하나의 단일하고 유일한 참여자가 있다면 어떠한 미적인 사건도 있을 수 없다. 절대적인 의식은 자신을 경계 이월하는 그 어떤 것도, 바깥에 존재하면서 제한을 가할 수 있는 그 어떤 것도 지니지 못하며, 이 때 이 의식은 미학적인 것이 될 수 없다. …… 미적인 사건은 참여자가 둘일 때만 일어날 수 있으며, 서로 일치하지 않는 두 개의 의식을 전제한다. (바흐친,『말의 미학』중에서)

생명은 너에게로 가는 길이다. 하나의 단일하고 유일한 참여자, 즉 종교적 차원의 신이나 절대자를 상정하고는 더이상 미학적 사건은 발생할 수 없다. 특히 서사적 장르의 경우에 있어 인물과 인물 간의 변화나 추이, 시간성을 배제하고 어떻게 소설미학이 성립 가능할 것인가. 문제는 절대 존재로서의 나가 아니라 너에게로 나아가야 한다는 사실

이다. 그렇지 않으면 나는 나가 아닌 것이 되고 만다. 마음과 의식의 차원이 중첩되는 공간은 실로 깊고 아름답고 먼 것들로 구성되어 있으며, 사랑의 진리이자 둘의 사건이다. 그것은 너에게로 가는 도상에 있고 생명의 느낌을 본위로 한다. 도(道)와 미술을 하나로 보고, 그림 속에서 인간의 근본적인 마음을 이해하고자 했던 R·솔소의 경우도 이와 궤를 같이 한다. 느낌은 과정과 실재이며 생의 기미(機微)다. 모든 것은 느낀다.

나이팅게일은 마치 흐르는 물 속에 숨듯 자신의 노래에 숨어 있었다. 초저녁이었다. 천둥 번개를 동반한 소나기를 몇 분간 후드득 소리를 내며 반제 호수와 황량한 해수욕장 공원 내의 인동 덩굴 덤불 위로 쏟아지더니 일시에 뚝 그치면서 세상에 정적이 찾아들었다. 이어 찰랑 찰랑 흐르는 물소리에 화답하듯 나이팅게일의 노랫소리가 울려 퍼지기 시작했다. 구슬이 굴러가듯 맑고 투명한 소리였는데, 바로 옆에서 들리는 듯하다가도 금세 멀리서 울려 퍼졌다. 소리는 올라갔다가 다시 또르르 떨어지고 떨리다가 다시 매끄럽게 이어지고, 점점 빨라지다가 다시 제 호흡을 되찾았다. 나이팅게일의 노랫소리는 공중으로 매끄럽게 올라갔고, 소리 없이 불어나는 물살처럼 허공을 가득 채웠다. 나이팅게일의 모습은 보이지 않았다. 어쩌면 곳곳에 있는 것 같기도 했다. 새 소리가 풍경 속으로 고르게 퍼져 나갔다. 새가 대기와 하나로 합쳐진 듯 대기 자체가 하나의 커다란 울림통처럼 들렸다. …… 나는 나이팅게일이 오로지 소리 그 자체로만 느껴졌다. (안드레아스 베버, 『모든 것은 느낀다 Alles fühlt』 중에서)

안드레아스 베버의 느낌의 미학은 예술이 우리 속에 있는 자연의 목

[화이트헤드와 함께]

소리라는 사실이다. 자연이 느끼는 존재의 집이라는 진리에 토대를 둔다. 그 집에는 생명 자체인 나이팅게일이 산다. 작은 새는 보이지 않으면서도 처처에 있다. 작은 새는 자신의 노래에 숨어 있다. 그것은 세상의 정적이며 커다란 울림이다. 소리 그 자체다. 또한 그것은 세계가 목소리가 될 수 있음을 보여 준다. 첼로의 성자인 파블로 카잘스의 〈새들의 노래〉를 들으면 어딘지 모르게 애틋하고 가라앉은 물처럼 고요한 느낌이 든다. 이는 무언가 소중한 것을 잃어버린 자만이 알아낼 수 있는 소리의 비밀이다. 카잘스의 음악에는 말할 수 없는 소녀가 산다. 새들의 노래에서, 새들은 이념과 비슷한 것이 아니라 이념 그 자체를 말한다. P.셰퍼드의 이러한 통찰에는 모든 인간의 내부에는 결코 훼손될 수 없는 비밀의 인격이 살고 있다는 말이 배면에 깔려 있다. 참나(sarkra)의 비의와 순수 이념은 시와 예술의 태반이자 생명이다. 흔히 저항시인이나 민족시인으로 지목되는 이상화의 경우에 있어서도 생명은 시의 핵심 요소로 자리한다. 곤강은 상화의 시를 두고 "삶의 喜悅을 기리는 讚歌요, 存在로서의 人間의 哀切한 엘레이지"(윤곤강, 「冬夜抄-古月과 尙火와 나」)로 평가하고 있지만 상화의 시와 미의식의 저변에는 "까치가 쌔만남은 나무가지에서 울음을운다"(이상화, 「겨울마음」)에서 보듯이, 생명과 신령에 의한 어떤 울음과 울림이 내재해 있다. 까치와 뼈가 검은-흰 빛이라면, 나뭇가지는 비(非)라는 시가 거주하는 장소다. 그는 시의 언어를 단순한 소통의 도구나 질료가 아니라, (언어) 생명으로 파악하고 있다. 다음 시를 보자.

파-란비가 「초-ㄱ초-ㄱ」 명주찟는 소리를하고 오늘낫부터 아즉도 온다.
비를부르는 개고리소래 엇전지 얼사년스로워 구슬픈마음이 가슴에

뱃다.

나는 마음을 다솟든 비누질에서 머리를 한번 쳐들고는 아득한 생각으로 비소리를 듯는다.
「초ㅡㄱ초ㅡㄱ」 내울음가티 훌적이는 비소리야 내눈에도 이슬비가 속눈섭에 듯는고나.

날 맛도록 오기도하는 파ㅡ란비라고 설어움이 아니다.
나는 이봄이되자 어머니와 옵바말고 낫선다른이가 그리워젓다.
그러기에 나의설음은 파ㅡ란비가 오면부터 남붓그려 말은못하고 가슴 깁히 쑤리가 박혓다.
매몰스론 파ㅡ란비는 내가지금 이와가티 구슬픈지는 꿈에도 모르고 「초ㅡㄱ초ㅡㄱ」 나를울린다

— 이상화, 「파ㅡ란 비」 전문

파란 비는 화자인 '나'의 마음과 상상 속에 존재한다. 노발리스의 소설 「푸른 꽃」에서처럼 파란 비는 애당초 부재의 대상이다. 파란 비는 파란 잔디처럼 어떤 기쁨을 주기보다는 슬픔이나 상처의 빛깔이나 색을 지니고 있다. 시인의 순수한 정서와 미감이 돋보이는 이 시에서 소리의 상상력과 음성 상징어는 주요 기제로 작용한다. 소리는 시간의 추이에 따라 "비를 부르는 개고리소래 → 훌적이는 비소리 → 매몰스론 파ㅡ란비" 등의 변화를 도모한다. 이 경우 정서의 변화는 결코 단선적이지 않으며, 어떤 구슬픔이나 아득함, 서러움이나 그리움으로 다양하게 제시된다. 특히 봄비에 푸른 색을 부여하여 파토스적 감성을 자극

[화이트헤드와 함께]

하며 신비감을 더하고 있는 이 시에서 명주를 찢는 듯한 빗소리는 타자에 대한 정서의 깊이를 드러낸다("봄이되자 어머니와 옵바말고 낯선 다른이가 그리워젓다"). 서정시가 먼 것에 대한 그리움과 내면의 언어를 지향하고 있다면, 그것은 소리의 숨과 결에 의해 하나의 울림으로 드러난다. 파란 비가 오면서부터 나의 마음은 부끄러움에 말조차 건네지 못한다. 나는 구슬프고 아득하다. "초-ㄱ초-ㄱ"하고 내리는 봄비, 즉 빗소리에 대한 감과 촉은 생명의 느낌이다. 느낌의 생명이다. 더욱이 비가 개구리 소리를 부르는 게 아니라, 개구리 소리가 비를 부른다는 사실은 놀라운 발상의 전환이다. 다음 시의 경우는 어떤가.

> 아마 무너뜨릴 수 없는 고요가
> 공터를 지배하는 왕일 것이다
> 빈 듯하면서도 공터는
> 늘 무엇인가로 가득차 있다
> 공터에 자는 바람, 붐비는 바람,
> 때때로 바람은
> 솜털에 싸인 풀씨들을 던져
> 공터에 꽃을 피운다
> 그들의 늙고 시듦에
> 공터는 말이 없다
> 있는 흙을 베풀어주고
> 그들이 지나가는 것을 무심히 바라볼 뿐,
> 밝은 날
> 공터를 지나가는 도마뱀
> 스쳐가는 새가 발자국을 남긴다 해도

그렇게 오래가지는 않을 것이다
하늘의 빗방울에 자리를 바꾸는 모래들,
공터는 흔적을 지우고 있다
아마 흔적을 남기지 않는 고요가
공터를 지배하는 왕일 것이다

—최승호, 「공터」 전문

  이 시의 생명은 '고요'라는 말에 있다. 공-터와 고요에 대한 시인의 심미적 탐색은 바람과 꽃, 도마뱀과 모래 등의 사물에서 더욱 생명력을 얻고 있다. 공(空)이 변화와 생성의 터라면 공터를 지배하는 것은 더 이상 관리인도 시인도 무엇도 아닌, 고요 그 자체다. 고요는 흔적을 남기지 않는다. 고요는 그 무엇으로도 무너뜨릴 수 없다. 고요는 모든 것을 무심히 바라보면서도 공터를 지배하는 왕으로 등극해 있다. 공터의 고요에서 붐비는 바람은 꽃을 피우고 비를 내리며 종내는 모래알의 자리를 바꾸고 만다. 관조의 미학은 고요의 깊이와 상상에서 확보된다. M·피카르트에 의하면, 기술문명 사회를 사는 오늘날의 시는 더 이상 침묵과 연관되어 있지 않다. 온갖 말들로 부터 와서 온갖 말들에게로 옮아가는 형국이다. 그랬을 때 공터는 침묵의 형이상학 내지는 마음의 생태학을 나타내는 표지(標識)로 기능한다. 아래 시편에서는 시인의 통점(痛點)과 자의식이 돋보인다.

끝없는, 끝도 없는 얼어붙은 호수를
절룩거리며 가는 흰, 흰 북극곰 새끼

[화이트헤드와 함께]

그저, 녀석이 뜯어먹는 한두 잎
푸른 잎새가 보고 싶을 때가 있다

소리라도 질러서, 목쉰 소리라도 질러
나를, 나만이라도 깨우고 싶을 때가 있다

얼어붙은 호수의 빙판을 내리찍는
거뭇거뭇한 돌덩어리 하나 없고,

그저 저 웅크린 흰 북극곰 새끼라도 쫓을
마른 나무 작대기 하나 없고,

얼어붙은 발가락 마디마디가 툭, 툭 부러지는
가도가도 끝없는 빙판 위로

아까 지나쳤던 흰, 흰 북극곰 새끼가
또다시 저만치 웅크리고 있는 것을 볼 때가 있다

내 몸은, 발걸음은 점점 더 눈에 묻혀가고
무언가 안되고 있다
무언가, 무언가 안되고 있다.

　　　　　　　　－이성복,「極地에서」전문

극지에서 보는 지극한 마음의 현상이다. 책이 마음 속의 언 바다를 깨는 도끼와도 같다는 프란츠 카프카. 이성복에게 시는 도끼라는 언어의 날이자 빛이며 북-극이다. 생명에 대한 연민이자 충동이며 깨침이다. 이 시는 물과 얼음, 푸른 잎새와 흰 북극곰 새끼, 거뭇거뭇한 돌덩이와 마른 나무 작대기 하나의 대비적 느낌 그리고 유무의 양극에서 비롯되는 실존적 국면이 돋보인다. 닫힌 방안에서 가위에 눌려 옴짝달싹하지 못하는 꿈, 나만이라도 깨우고 싶을 때, 시는 내게로 온다. 시는 마음의 빈터와 정신의 극지에서 외치는 말 없는 말이다. 고통이라는 생명의 잉태다("아까 지나쳤던 흰, 흰 북극곰 새끼가/ 또다시 저만치 웅크리고 있는 것을 볼 때가 있다"). 미셸 슈나이더는 슈만의 음악에 대한 내면 풍경을 말하면서 고통(douleur)의 빛깔은 희다. 그 위에 아무 것도 쓸 수 없는 절대 흰색이다, 라고 적고 있지만 인간의 삶은 정말이지, 될 때 보다 무언가 되지 않을 때가 더 많은 게 사실이다. 그런 불가능의 가능(성)을 추구하고 실현하는 장소가 시와 예술이 아니던가. 극지의 풍경과 상처를 미학적으로 드러낸 이성복은 모든 것이 하얗게 보이는 경지, 경계가 없는 경지로서 화이트 아웃(white out)의 시인이다.

　서정시의 위의와 가치는 질문에 있다. "어떻게 하면 내 슬픈 기도가 하늘에까지 닿으랴?/ 당신도 욥처럼 〈내가 태어난 날〉을 비통해 하며/ 엉엉 울어본 적이 있는가?/ 몇날이고 잠 못 이루며, 그 영원한 외로움을 이겨내 본 일이 있는가?"(에밀 시오랑, 『내 생일날의 고독』). 고독과 구원, 아니 탄생의 비극은 욥의 언어에 있다. 하늘에 가 닿으려는 간절한 마음과 말, 그 통점(痛點)과 암점(暗點)에 있다. 시오랑에게 실존적 서정은 주체의 분산을 말한다. 왜 인간은 고통과 사랑 속에서 서정적이 되는가? 삶의 결정적 순간에만 서정적이 된다는 그의 말은 서정

[화이트헤드와 함께]

시가 하나의 형태나 체계 너머에 있다는 사실을 보여 준다. 시와 생명에 대한 미적 감수성과 윤리적 태도는 그야말로 시인에게 필수적이다. 지금은 그런 시인의 생명과 생명의 시인이 간요(肝要)한 시점이다.

• 화이트헤드와 함께 8

자유와 질서
(Freedom and Order)

[원저자] A. N. Whitehead

[번역] 오진철*

> 이 글은 알프레드 노스 화이트헤드의 미출간 원고인
> "Freedom and Order"(년도미상)에 대한 번역이다.

---

* 한국침례신학대학교 조직신학 교수

자유와 질서
(Freedom and Order)

— A. N. Whitehead / 오진철 역

일단 제목에서 언급된 자유는 우선적으로 저자에게 속한 것이고, 저자는 자유롭게 자신의 주의를 끈 질서의 종류들과 실례들을 두서없이 이야기할 것이라 이해하자.

먼저 내 기억 속에 있는 1860년대 빅토리아 여왕 시대의 영국 지방에 있는 내가 다닌 한 보육시설에 대한 이야기로부터 시작한다. 나의 기억을 되살려 보면, 보육시설은 강압적이지는 않더라도 확실히 좋은 질서를 강조하였다. 반면에 보육시설 아이들에게는 적절한 자유가 허용되었다. 예를 들면, 화냄과 같은 감정의 폭발은 자연스러운 것으로 용인되었다. 또한, 유머와 난센스가 있는 즐거운 시간이었고, 이것은 곧 상상력의 자유가 있었음을 의미한다. 근대 문학은 단정하고, 위트가 있고, 분석적이며, 창의적이다. 영국 빅토리아 중기 시대의 아이들은 리어(Lear)의 난센스의 시(詩)들과 엘리스의 이상한 나라, 그리고 (디킨슨의) 픽윅(Pickwick) 등의 소설을 읽으며 배웠다. 물론 우리는 종교적이었다. 보육시설은 성직자의 가정이었다. 우리는 찬송가를 불렀다. 지리학에 대한 나의 첫 번째 일견은 '그린란드의 빙산들'로부터였다. 그러나 이런 지리 정보에 대한 다른 출처들도 있었다. 우리는 해협을 따라 프랑스의 해안을 볼 수 있었다. 또한 '바람난 기사(Gay Cavalier)'의 가사를 통해 극동 아시아지역을 알게 되었다. 기사의 최고의 여인이 그를 거부하였는데, 이 노래는 그 젊은 기사가 '그녀는 나와 함께 홍콩으로 갈 수 있네, 갈 수 있네'라고 선언하면서 끝을 맺는다. 중국과

[화이트헤드와 함께]

홍콩, 그리고 그린란드는 나에게 항상 이러한 연상들을 주었다. 우리는 현대적 아이들로서 우리의 상상력을 억누르게 만드는 세세한 지식의 정확성을 염려하지 않았다. 우리의 생각들과 그에 뒤따르는 감정들은 뒤죽박죽인 방식으로 다가왔다. 빙산들, 종교적 감정들, 로맨스, 홍콩, 그린란드,

> '엘리라는 늙은 수도원장이 있었네
> 그는 파삭파삭하게 된 감자들을 좋아했다네'

그리고 종교적이고 감정적인 역사의 유사한 사건들 등이 우리를 특징짓는 풍부한 기초들이 되었다. 현시대의 고상 떠는 문학의 태도는 영국 빅토리아 시대의 거침을 대항할 수 없기 때문에 나는 엘리의 수도원장에 대한 시에 관한 이야기를 여기서 끝마치지 않을 것이다.

여기 또한 미국을 칭송하는 형태의 또 다른 노래를 제기하며 그 가사들을 인용한다:

> 서쪽으로 서쪽으로
> 자유로운 사람들의 땅에서
> 거대한 미주리 강이
> 바다로 흐르는 곳에서
> 대장부가 대장부인 곳에서
> 만약 땀 흘리며 노력한다면
> 가장 겸손한 자가 얻을 것이다
> 땅의 열매들을.

자유와 질서·오진철 역

　이 노래는 미주리 강이 바다로 흘러간다는 약간의 잘못된 정보를 제공한다. 그리고 노래는 노역에 대한 도덕적 지위를 부여하여 불필요하게 동일화의 논리적 법칙을 정당화시킨다. 그러나 대체적으로 위 노래는 각각의 가정들에게 위대한 나라에 대한 건강한 태도를 제공하였다.

　이상과 같은 회상들로부터 얻는 교훈이 있다. 80년의 한 세대들이 지나감에 따라 행동의 양식들은 바뀐다. 그러나 오직 바뀐 변화들 중 일부만을 다음 세대들이 주목한다. 그 결과, 변화의 전체적인 특성이 잘못 이해된다. 오늘날의 아이들은 행동에 격식을 차리지 않는 것에 비하여 성인들은 격식을 차린 행동에 더 많이 훈련되었다. 그러나 우리의 최초의 언어적 표현들에 있어서, 경험들의 보다 더 근본적인 측면이 주의를 끈다. 예를 들면, 위에서 언급한 불쌍한 늙은 엘리의 수도원장은 '자유롭게 구토하면서' 끝을 맺는다. 그것은 하나의 불결한 생각이다. 그러나 그 예는 아이들의 실재적인 생활과 함께 빅토리아 시대의 보육원 문학과 밀접한 연상관계를 보여준다.

　위트와 유머 사이에 잘 알려진 대조가 있다. 오늘날 젊은이들은 위트가 있도록 교육을 받는다. 두 세대 전에는 유머가 있도록 교육을 받았다. 나는 이 둘 사이의 차이점이 어디에 있는지를 상고하고자 한다. 위트와 유머는 즐거움을 준다는 점에서 긴밀한 공통점이 있다. 그러나 각각은 그 제약을 넘어서는 출처를 가지고 있다. 한 사람의 위트와 유머들은 각각 어떤 즐거움의 영역들을 넓힌다. 이 논점은 명백하여 굳이 강조할 필요도 없다.

[화이트헤드와 함께]

위트는 의식의 판단과 분석에 의해서 생성되는 마음의 기능이다. 우리가 행동이나 다른 표현들에서 보아 왔듯이, 위트는 관련된 세부적인 것들의 분명한 이해에 의해서 산출된 종합이다. 위트를 만들어내는 것은 대학의 강사들의 일이다. 그리고 대체적으로 적절하지 않은 유머를 금지하는 것은 대학 학장들의 일이다.

유머는 인류가 시작한 이래로부터 지속적 존재의 맥락 안에서 무수한 시대에 걸쳐 유지해왔던 감정과 습관의 오래된 무의식의 결합에서 생겨나는 마음의 기능이다. 예를 들면, 어떤 새들의 종들이 해마다 이주를 하는 것은 유머라 할 수 있다. 최소한 이 새들이 자신들이 무엇을 하고 있는지를 알고 있다면 그것은 유머라 할 것이다. 사람들이 대서양 횡단 여름 휴가를 위해 적절한 시간에 증기기관 배의 침실을 예약하도록 이끄는 것은 위트이다. 뒤의 경우는 위트와 유머의 내부적 혼합이 있다. 여름 휴가를 원한다는 것은 유머러스한 것이다. 그리고 여객선의 침실을 예약하는 것은 위트이다. 종교의 교리들은 위트의 산물들이다. 그리고 종교적인 관습들은 깊이 뿌리 박혀 있는 유머의 감정들로부터 나타난 결과이다. 또한 이제 우리는 이 강연의 제목인 자유와 질서의 주제로 돌아올 수 있다. 질서는 관련된 사회의 유행하는 유머와 밀접하게 연관이 있고, 자유는 사회에 유행하는 위트들을 요구할 것이라는 점은 분명하다.

유머는 의식의 첫 번째 산물이다. 유머는 사건들이 결정된 방식을 관찰하는 것을 통해 생성된 감정이다. 그것은 의식적으로 유효한 것이 아니다. 그것은 관찰에 의해서 우주의 주어진 진행으로부터 온 결과이다. 그것은 자각된 관심이다. 이런 이유로 도덕의 강요는 유머에 있어 치명적이다. 도덕성은 위트의 유난스러움에서 일어난다. 고양이의 유머는 쥐와 함께 놀이를 하도록 만든다. 동물 학대 금지 협회는 위트의 개입을 나타낸다.

물론 유머에 있어서도 도덕적인 접근이 있다. 이러한 접근은 선하다는 칭호에 의해 묘사된다. 예를 들면, 픽윅씨와 샘 웰러씨는 선하다. 그들은 도덕성의 경계 선상에 있다. 그러나 그들은 와해되지 않는다. 그들의 행동들은 그 재앙에 대해 충분한 자기 인식을 하고 있지 않다. 똑같은 원리가 리어의 난센스 시들이나, 이상한 나라의 앨리스나 길버트와 설리번의 연극에서 동일하게 나타난다. 나는 잘 알려진 '심장이 없는 가정들을 위한 무자비한 시(詩)들'을 분명히 비도덕적 문학으로 분류한다. 이 시들은 유쾌한 유머의 순결함을 파괴한다.

그러나 혼란시키는 요소를 산출하는 것 없이는 역사 안에 새로운 요인을 끌어들일 수 없다. 그래서 유머는 그 기원에서부터 강조의 새로운 형식이다. 어떤 것들을 강조하는 것에 의해서, 직접 혹은 간접적으로 그 강조하는 것들의 영향력을 증대시킨다. 베르그송은 지성이 우주를 왜곡한다는 유명한 말을 하였다. 그는 확실히 옳다. 그러나 그는 충분히 더 멀리 가지는 않는다. 의식은 일종의 왜곡이다. 의식은 어떤 것들을 강조하는 반면에, 다른 것들을 무시한다. 이러한 방식으로 우리를 조건 짓는 주어진 자연적 유산(inheritance)은 재차 조건 지어진다. 다시 말하면, 그것은 왜곡되어진 것이다.

위트는 의식의 후기 산물로서 지성이 주어진 요소들을 와해시켰다가 다시 연합할 때 나타난다. 이런 방식으로 전혀 만나지 않았던 사물들은 연합되고, 시대에 의해 재가된 연합들은 다시 용해된다.

전술한 논의는 지금 시급한 두 개의 오래된 주제들의 사고에 대한 서론인데, 두 번째 주제는 첫 번째 주제의 특별한 실례가 된다. 첫 번째 주제는 상상력에 관한 것이다.

상상력에 대한 논의에 있어서 나는 콜리지[Samuel Taylor Coleridge 1772-1834: 영국의 시인·비평가]가 가기를 두려워하는 곳으로 달려가고 있다. 그의 "전기문학 (1817)에서 상상력의 주제에 대한 잘 알려진 장(chapter)이 있다. 그러나 그 장은 비어있다. 이전의 장들은 이 비어 있는 장으로 인도한다. 그 이후의 장들은 이 빈 장에서부터 다른 길로 인도한다. 그러나 그 빈 장 자체는 단지 논의하기에 너무나 깊은 주제이다 라는 메모만이 존재한다.

그 용어의 중요한 의미에 있어서, 상상력은 위트와 유머의 융합이라고 나는 제안한다. 상상력은 의식의 추상적 과정의 두 극단들이 융합된 결과이다. 우리의 본성에서부터 일어나는 수여된 조건에서 발생하는 계획된 의식이 있다. 사물들의 결합들은-감정들과 희망들과 두려움들 그리고, 서로 돕거나 좌절시키면서- 세상으로부터 도출되었고 세상과 함께 공유하는 궁극적인 유머로서 의식 안으로 들어온다.

극도로 추상화된 위트가 있다. 그것은 주어진 재료들 안에 있는 모든 가능성들을 고려한다. 그것은 재료들을 각각 다른 종류로서 유지하고 그 각각의 재료는 다양한 추상적 가능성을 가지고 있다. 위트는 비현실적이고, 비실용적이며, 이상적이다. 그러나 위트를 이야기했을 때, 그 위트는 사실 즉, 일어날 수도 있는 사실을 다루고 있다. 그래서 위트는 비평적이고 풍자적이다. 위트는 폭로한다.

위트와 유머의 융합은 굉장한 상상적 감정을 산출한다. 그것은 슬픔과 비극과 그리고 현실의 일상적 문제에 감추어져 있는 영광을 이끌어낸다. 그것은 사실에 가깝다. 그러나 빛의 밝음과 함께 무거운 어두움의 색조를 띤다. 유머는 역사의 무시무시함, 즉 역사의 숙명의 실현을 지닌다. 위트는 역사의 실패, 성공, 그리고 이상의 감각을 지닌다.

유머가 없이는 놀랄만한 것이 없다. 위트는 사물들의 일상적 일들을 결코 이해하지 않는다. 위트에 있어 일상적인 것들은 진부한 것이기 때문에 위트가 있는 사람들은 함께 모인다. 우리는 드라이든[John Dryden 1631-1700 : 영국의 시인, 비평가, 극작가]과 교황을 위트로 관련시킨다. 그러나 상상력의 결핍의 이유로 드라이든과 워즈워스[Wordsworth 1770-1850 : 영국 낭만주의 시인]를 위트로 연결시켜 결코 상상력을 소멸시키지 않는다. 셰익스피어는 항상 자신의 주변을 둘러싼 사물들의 중요성의 감각을 지니고 있다. 만약 그가 오늘날 글을 쓴다면, 우리는 상업과 교육과 예술과 즐거움의 현대적 절차들과 관련된 일상적인 사람들의 삶을 우리의 심금에서부터 느껴야 할 것이다.

시간의 추이에 따라서 본다면 위트는 유머보다 더 쉽게 사라진다. 예를 들면, 세르반테스의 돈키호테는 그 책이 쓰여졌을 당시에는 위트가 있는 책이었다. 그런데 최소한 내가 살고 있는 오늘날에는 그 위트가 사라졌다. 그러나 그 유머는 그 어느 때보다도 더 명백하게 남아 있다. 즉, 16세기의 스페인의 일상생활에서 나타난 복잡하고 감추어진 통일성에서 만들어진 감정과 희망과 두려움, 친절함과 비열함의 관계들의 드러남이 남아 있다. 우리는 마치 매사추세츠주 택시 운전사들과 케임브리지시 우편배달부들, 그리고 영국 런던의 버스 차장들을 잘 알고 있듯이 그 당시의 스페인을 잘 안다. 나는 이탈리아의 오트란토(Otrento) 만에 있는 모든 항구들에 정박하는 작은 해안선 배를 타고 브린디시(Brindisi)에서 팔레르모(Palermo)까지 여행했던 것을 기억한다. 이 배가 타란토(Taranto)에 정박할 때, 우리는 걸어서 시내의 끝자락에 있는 곳까지 가서 점심식사를 할 수 있을 만큼 충분히 머물렀다.

가게 밖에는 이발소가 있었고 우리는 이발소 주인과 사제, 그리고 한 두 그룹의 친구들이 도로 위 의자에 앉아 담소를 나누고 있는 것을 보았다. 그때, 우리는 갑자기 스페인의 돈키호테 장면 안으로 들어가게 되었다. 스페인의 일상으로 들어오게 한 것은 위트가 아니었다. 그것은 유머였다. 위트는 주의를 수정하는 것이 필요한 섬광이다. 그러나 생존의 요체는 유머에 있다.

근대 문학은 너무 많은 위트로 인해 짧은 생존주기의 위험에 놓여 있다. 위트의 중요성은 그것의 배경인 유머로부터 나온다. 대학들은 실제적인 유머가 사라질 위험에 직면해 있다. 대학들은 너무 많이 위트를 강조한다.

두 번째 논의의 중심 주제는 사회학적이다. 그래서 이 논문의 제목은 「자유와 질서」이다. 유머는 질서의 산물이고 위트는 자유에 대한 박차(spur)임이 명백하다. 우리는 유머스러운 사람들은 질서적이고 위트가 있는 사람들은 주변을 살피는 것을 필요로 한다는 대략적인 일반화로부터 시작할 수 있다. 그들은 사물들을 뒤집어엎기 쉽다. 이러한 결론에 너무 맹목적으로 의지하지 않는 것이 좋다. 그러나 그것은 표현에 변화가 있더라도 뒤따라 오는 논의의 기조를 드러낸다.

국가나 부족과 같은 모든 대규모의 사회적 시스템은, 그 사회의 구성원들 전체에 걸쳐 퍼져 있는, 감정적이고 목적에 합치되는 느낌들의 유추(analogy)로부터 파생된 행동들을 조정해가며 유지해간다. 많은 관심을 갖는 어떤 사건에 대한 사람들의 첫 반응은 어떤 명백하고 사려 깊은 분석보다도 선행한다. 사람들은 자신들이 스스로를 언어로 어떻게 표현할지를 결정하기도 전에 자신들의 느낌이 어떠한지를 정확하게 알아낸다. 나는 1914년 8월의 첫 일요일을 잘 기억하고 있다. 독일이 벨기에를 침공했다는 뉴스가 나온 날이다. 몇 주 전까지는 영국은 분열되어 있었고 아무도 무엇을 생각해야 하고 어떻게 행동할지를 알지 못했다. 그러나 이틀 안에 영국은 하나가 되었다. 이것은 어떤 국민국가라도 될 수 있을 정도의 하나됨이었다. 나는 우리가 옳았다고 말하고 있는 것이 아니다. 나의 요점은 중세의 양털 무역 시대로까지 거슬러 올라가는 전통적인 감정(feeling) 즉, 크레시(Crecy)에서 푸아티에(Poitiers)로, 푸아티에에서 아쟁쿠르(Agincourt)에 이르는 아래쪽 국가들의 동맹, 백년전쟁에서 패배를 일으킨 실패의 동맹, 엘리자베스 여왕에 의해 개정된 동맹, 그리고 다시 1688년부터 1712년까지의 동맹, 프랑스 혁명전쟁 동안에 영국이 개입하는 첫 번째 이유가 된 동맹, 우리의 의무들이라 정의하는 구체적 조약의 의식에 의해서 명시적으로 만들어진 남부 쪽 나라에 대한 공격 때문에 일깨워진 감정들, 이러한 모든 감정들은 옳고 그르든지, 어리석든지 현명하든지에 상관없이, 암묵적으로 유산처럼 물려받았고 연합국을 만드는데 모아졌다는 점이다. 분석은 나중에 나왔다. 그것은 현명한 학자들의 몫이었다. 그러나 일체감(unity)은 학자들이 연구하기 이전부터 있었다.

이 사건은 나의 기억 속에 아주 생생하게 남아 있기 때문에, 나는 지금 이 일을 언급한다. 그러나 대외적인 관계들이 국민 생활에 있어서는 무언가 피상적인 것임은 분명하다. 중요한 것은 사람들이 자신의 일상 생활을 지내면서 스스로를 어떻게 느끼는가 하는 점이다. 내 기억 속에는 이러한 학설에 예를 들을 수 있는 이전의 사건이 한 가지 더 있다. 그 장면은 케임브리지셔(Cambridgeshire)의 늪 지역의 중간에 있는 한적한 시골의 교실에서 있었던 의회의 선거 모임이다. 크롬웰 장군의 철기병 군사들은 이 지역 출신이었고, 또한 많은 현대의 뉴잉글랜드 조상들도 이 지역 출신들이었다. 우리는 자유당 후보자를 돕고 있었다. 이 마을의 매우 많은 사람들이 참석하고 있었고, 두 명의 연사가 있었는데 한 사람은 런던에서 온 자유당 출신의 관리였고 다른 한 사람은 나 자신이었다. 나는 의자에 앉아 있었다. 우리의 주요 프로그램은 자신들을 고용한 농장주들로부터 절대적으로 경제적 의존을 하고 있는 농업 근로자들을 구제하는 계획이었다. 마을 사람들은 우리에게 친밀감을 가지고 있었기 때문에 나의 첫 번째 강연은 쉽게 끝이 났다. 그러나 런던에서 온 사람은 자신의 청중들을 알지 못했다. 그는 열변을 토하며 다음과 같은 말로 연설을 시작했다. "당신들은 지금 누구입니까? 당신들은 노예들입니다. 고용주들에게 있어서 당신들은 노예보다 나을 것이 없다고 나는 말합니다."

모임은 소동이 일어났다. 이백 명의 군중들이 우리를 향해 소리치며 주먹을 흔들어 댔다. "사죄하라! 사죄하라!" 외침들이 있었다. 이 불운한 의장은 마을 사람들을 달래고 자유당 후보자를 돕는 일치된 감정을 이끌어내는 두 번째 연설을 하기 전까지 힘든 시간을 보냈다. 나는 그 동일한 관리자가 우리 마을 그랜체스터(Grantchester)에서도 똑같은 바보 같은 행위를 했었고 다행히 내 아내의 영향력으로 우리는 많은 유권자들을 잃지 않게 되었음도 추가로 덧붙여 말할 수 있다. 그는 밀 제분소가 있는 작은 시골 마을에 대하여 경멸하는 말들을 했었다. 물레방아가 있는 우리 마을의 밀 제분소는 영국의 시인 초서[G. Chaucer 1343-1400]도 언급했었던 트럼핑톤(Trumpington) 방앗간이었다. 그리고 공교롭게도 그 방앗간의 소유자는 마을의 자유주의(liberalism)의 중심이었다. 아! 아쉽게도 그것은 지금 불타 없어졌다.

이것을 차지하고서라도 나의 작금의 초점은, 자유에 대한 감각은 영국 외곽 지역 사람들의 감정과 이념에 있어서 근본적 요소라는 점이다. 이 말은 미국과 폴란드 그리고 스칸디나비아 지역에서도 동일하게 사실로 다가온다. 당신이 좋아하는 방식으로 이 사실을 다르게 표현할 수 있다. 더 쉬운 말로 해본다면, 사람들은 자유에 관하여 예민하다.

민주주의는 그 사회 조직을 관통하는 이러한 유머들의 광범위한 조화가 없이는 불가능하다. 나는 지금 단순하게 18세기 후반의 '고결한 야만인(noble savage)'의 원리를 반복하고 있는 것이다. 수만 년 혹은 심지어 수백만 년을 거슬러 올라가는 습관들의 계보와 함께 동종 간의 감정들(feelings)의 조화가 요구된다. 직관적 판단에 대한 기본 요소들을 존중한다는 전제하에 민주주의는 성공할 것이다. 기본적 감정의 몇몇 공동체를 제외하고, 사회는 외부의 통치력에 의해서 유지된다. 또한 그 공동체가 약한 정도의 비례에 따라 통치하는 힘은 더 강해질 것이다.

[화이트헤드와 함께]

만약에 감정의 공동체가 없다면, 사회 시스템은 불가능하다. 감정의 공동체는 모든 것에 대항하는 모든 것, 즉 일종의 자유투쟁(free-fight)이다.

　인간들 사이에는 순수 유머란 것은 존재하지 않는다. 언제나 일정한 정도의 상상력을 만들어내는 위트와의 혼합이 있다. 인간은 다양한 정도의 등급 차이를 갖는 상상력의 존재이다. 의식적으로 떠오르는 새로움(novelty)의 제안을 산출하는 것은 위트이다. 그러므로 위트는 새로움의 위험들 가운데에서 사회를 유지한다. 위트는 진보를 만든다. 그리고 위트는 잘못 판단된 변화에 의해서 사회 시스템을 파괴하기도 한다. 위트와는 별개로, 변화는 (위의 방향이든 아래의 방향이든) 점진적이고, 한 생애 안에서는 인지할 수 없다. 변화는 순전히 진화론적(Darwinian) 원인들로부터 온 결과이고 파괴적인 경우는 거의 드물다. 역사의 빠른 형성에는 상상력이 한몫한다. 상상력은 사회적 습관들에 새로운 영향력을 끼치는 지성적인 종교들을 만들어낸다. 또 상상력은 생각의 습관들에 대한 새로운 영향을 끼치는 비행기들과 영화들 그리고 라디오들을 만들어낸다.

　과도한 위트를 지닌 상상적 사고는, 의문시하는 대중의 엄연한 유머를 무시하기가 쉽다. 그것은 어떤 사회 시스템에 대한 비전을 산출한다. 이 비전은 비전으로선 감탄할 만하다. 난점은 매순간마다 행동과 감정의 치솟음이 생각보다도 앞선다는 점이다. 그러므로 모든 계획된 행동 시스템은 그 계획의 성공을 위해서는, 널리 퍼져 있는 유머에 크게 일치하면서도, 단지 간헐적으로만 명시적인 지성에 의해 제어된다는 점을 포함해야만 한다. 혁명이 보다 근본적일수록 그것의 최종 결과물을 예상하는 데에는 더 많은 어려움이 있다. 최초 주창자들의 소망들은 최종 결과물과는 거의 관계가 없다. 물론 성공적인 혁명들도 있었다. 예를 들면, 율리우스 황제와 아우구스투스에 의한 로마 공화국의 전복이 있다. 거대한 영국의 무역 연합체들은 혁명적인 원칙들에 대한 자신들의 태도에 있어 매우 보수적인 것으로 유명하다. 이러한 사실은 하원이나 다양한 지역 통치 기구에서 그들의 지도자들의 태도에 의해서 증명된다. 내 생각에는, 이런 결과를 만들어내는 데에 결합하는 세 가지의 독립적 요인들이 있다. 나는 그것들을 "자유, 봉건제, 종교"라는 제목으로 명명할 것이다. 나는 이 요인들을 차례차례로 상고할 것이다.

자유에 대한 감각에서 나오는 상상적인 자존감(self-respect)은 북대서양을 따라 형성된 해안선을 소유한, 좋은 운을 가진 나라들 전반에 걸쳐 확산되어 있다. 미국, 프랑스, 네덜란드, 스칸디나비아반도, 그리고 영국이 그 특징적인 실례들이다. 독일의 자유 항구들도 동일한 이상을 지지하였다. 그러나 그들은 다른 전통들을 가진 내륙 지역에 더 영향을 받아 왔다. 자유로운 사람들은 발틱해와, 북해, 영국해협, 비스케이만, 그리고 무엇보다도 이러한 조그마한 바다들의 어머니 격이라 할 수 있는 북대서양을 항해하였다.

광폭한 변화에 대한 영국인들의 반응에 영향을 주는 두 번째 요인은 봉건제이다. 물론 우리 모두는 영국의 봉건제가 1485년의 장미전쟁의 결과로 튜더왕조의 시작과 함께 종식되었음을 안다. 그날 이후로 1688년 혁명에 이르기까지 상원의 사소함 외에는 더 흥미로운 것이 없었다. 나는 지금 통치하는 힘을 말하고 있는 것이지 사회적인 계급을 말하고 있는 것이 아니다. 그날 이후로 귀족사회가 다시금 주요한 통치적 영향력이었다. 영국 사회의 계급화(classification)는 그날 이후로 오늘날까지 지배적인 것이었다. 계급은 여전히 존재하지만, 계급의 철옹성(rigidity)은 빠르게 사라지고 있다. 나는 지금 계급화를 변호하고 있는 것이 아니다. 평등에 대한 광범위한 감각이 더 낫다. 그러나 어느 제대로 된 국가에서는 사실상 그곳에 이미 존재했던 것에서 얼마간 좋은 점들을 취득할 것이다. 그래서 오늘날의 영국을 본다면, 사회적 상황은 서로 다른 사회 계급들 사이에서 상호 간의 의무감을 지키는 정도로 대개 완화된다. 그것은 아주 습관적으로 전제가 되어서 거의 알아차리기가 어렵다. 물론 이러한 의무감은 개별적인 봉사에서 나온다. 그러나 그것의 주요 초점은 계급과 계급 사이의 관계이다. 예를 들면, 더 부유한 계급들에 의해서 제공되는, 노동자 계급들을 위한 무료 병원의 처방은 내가 기억하는 한에서는 물론 문제가 있어 왔다. 그것은 현재 지방 정부들한테 그 권한이 넘겨지는 과정 중에 있다. 부유한 사람들에 대한 차이는 무시해도 좋다. 그 일을 새로운 방식으로 한다는 것은 수고를 덜어준다. 그러나 그 일은 항상 있어 왔다. 온건한 사회주의와 온건한 봉건주의의 차이는 매우 적은 것이 사실이다. 개인의 친절함에 있어서는 미국이 쉽사리 선도하고 있고, 계급 간의 봉사에 있어서는 영국이 선도하고 있다. 물론 미국에서는 인정받는 계급들이 없고, 그래서 단순한 제안만 해도 원한을 불러일으킨다. 내가 마지막으로 하원에서 한 토리당원과 식사를 하였을 때, 그는 나에게 토리당원들은 그 당시 근절되지 않았던 자유당원들보다도 노동당원들과 더 잘 지냈었다고 설명을 하였다. 그 이유는, 토리당원들과 노동당원들 양측 모두가 사회 제도는 명시적인 공동협응(co-ordination)이 있어야 한다는 점에 동의하기 때문이라고 했다.

자유와 봉건제에 더하여 세 번째 요소는 종교이다. 여기에 사용된 이 종교라는 말에서 내가 의미하는 바는 완전성(perfection)에 대한 감각, 즉 이상과 그것으로 향한 지향을 엿본다는 점이다. 이런 동기의 본질은, 우리의 근접적인 경로를 형성하는, 그 도달 불가능한 것에 대한 감각에 있다. 따라서 처신(conduct)이 옳은 것은 그것이 그런 근접적인 것이기 때문이다. 유럽 사회의 진보의 기초는 이런 도달 불가능한 이상의 개념 아래에 놓여있다. 예컨대, 그리스 시대의 기하학은 점들과 선들의 획득할 수 없는 이상을 설정하였고, 그것들 사이의 정확한 관계들에 대한 논리적인 아름다움을 표현하였다. 지난 이천 년 동안 그러한 이상의 관계들에 대한 연구가 없었더라면 근대 과학과 근대 기술은 없었을 것이다. 실증주의의 형태를 수용하는 실용적 과학자들은 완전히 역사의 가르침들과 상충되었다. 만약에 그리스사람들이 실증주의자들이었다면, 그들은 결코 우리의 실용을 넘어서는 생각들에 기초한 기하학을 연구하지 않았을 것이다. 공자(Confucius)의 영향 아래에 있는 중국인들은 실증주의자들의 좋은 분별력(good sense)에 의지하였다. 이삼천 년 전 그들은 적어도 오늘날과 마찬가지로 문명화되었었다. 나는 지금 상류계급들에 대해 말하고 있다. 그들은 지금도 여전히 문명화되어 있다. 그러나 유럽인의 개입은 차지하고서라도 그들은 진보적인 과학의 생산에는 불충분하였다. 그들은 자신들의 좋은 분별력(good sense)에 의해 약화되었다. 그들은, 우리의 조작 능력을 넘어선 존재들에 대한 질문들, 신비주의로 가득 찬 질문들, 바보 같은 질문들을 전혀 하지 않았었다. 그 결과 그들은 예술가였고 땅 측량사와 건축자였으나 결코 기하학을 발전시키지는 못했었고, 해양나침반을 발명하였으나 결코 물리학을 발전시키지는 못했었다.

[화이트헤드와 함께]

　사실의 문제를 넘는 목적과는 별개로, 불모지(sterility)는 있다. 그런 목적은 이상들(ideals)을 이끌어들이고 이상들은 종교를 이끌어낸다.

　우리는 영국의 노동당 이야기로부터 긴 길을 돌아다녔다. 이 소론의 첫 문장에서 나는 이곳저곳을 방랑한다고 말했다. 이제 중심 주제로 돌아갈 시간이다. 많은 영국의 노동당원들은 종교적인 사람들이다. 그들은 대개 감리교도들이다. 그러한 생각의 태도는 창궐하는 공산주의적 이념에 적대적이다. 왜냐하면 공산주의의 이념은 사회 구조의 실용의 한가운데에서 이상을 확실히 땅에 두고 있기 때문이다. 노동당의 지도자들―최소한 그들 중 많은 사람들―은 하늘에 있는 자신들의 이상의 근사치로서 이 땅에서 자신들의 최선의 노력을 불태우고 있다. 차이는 작은 것처럼 보인다. 그러나 그것은 행동에 있어서 모든 다른 차이들을 만들어내는 종류로서의 차이이다. 관련된 차이점에 대한 실례를 보여주는 것은 쉬운 일이다. 제레미 벤담은 "너 자신처럼 네 이웃을 사랑하라"는 격언에 관한 논평을 한다. 그는 우리의 이웃들이 우리를 사랑하는 것은 우리 자신의 행복에 있어서 중요하다는 격언으로부터 시작한다. 그리고선 그는 사람들이 우리를 사랑하도록 유도하기 위해서라도 우리가 그들을 사랑하고 있다고 설득해야만 함을 지적한다. 이제 그가 말했듯이 가장 강력한 설득은 우리는 정말로 그들을 사랑해야만 한다는 것에 있다. 고로 이런 이유로, 네 자신처럼 네 이웃을 사랑하라는 것이다. 어쨌든지 간에 이 논증에 있어 우리는 "네 이웃을 네 몸처럼 사랑하라"는 종교적 이상으로부터는 멀리 떨어져 있다.

　세상의 문학은 종교를 잃었다. 특히 신문 잡지류의 문학에서는 더욱 그러하다. 그 결과 모든 이상적 지향의 표현은 프로파간다(propaganda)

즉, 선전으로 불리게 되었다. 다윗의 시편들은 오늘날 '선전'이라 칭하게 되고 어머니의 사랑도 아이들을 조용히 시키는 지향을 가진 선전이라 일컬어진다. 세상은 신문의 헤드라인에 의해서 완화되어 상투적인 것으로 축소된다. 이것은 청년의 마음가짐(attitude)이 아니다. 그것은 교묘한 중년 계급의 일반적인 분위기라 할 수 있다.

우리는 이제 우리의 마지막 주제로 넘어갈 수 있다. 즉, 자유는 질서를 요구하고 또한 종교를 요구한다는 점이다. 우리는 생생한 조화와 영구적인 만족을 가져다주는 유의미한 경험을 지향하고 있다. 우리는 과거로부터 물려받은 유산(inheritance)을 수확하는 중이다. 우리는 미래의 희망을 열망하고 있다. 비록 경험은 하나의 현재적 사실이지만, 경험은 현재에만 머무르지는 않는다. 본질적으로 경험은 파생되는 것이고 예측되는 것이다. 현재 상에서 경험은 조작되고 향유된다. 그러나 만약에 과거와 미래를 배제한다면, 우리는 현재 경험에 대한 조작과 향유를 이해하지 못하게 된다.

순전한 미래는 우리에게 알려져 있지 않다. 우리의 유한한 지능에는 너무 많은 요인들과 너무 많은 가능성들이 존재한다. 우리는 알려지지 않은 엄청난 양의 사실을 가지고 실재하는 미래를 향유할 수 없다. 우리가 향유할 수 있는 것은 이상적인 미래이고 우리가 두려워하는 것도 이상적인 미래이다. 우리는 현재에 관련된 이상을 만들어내며, 그것은 행복과 공포의 자극제가 된다.

혼동은 이상들(ideals)을 허락하지 않는다. 하나의 이상은 이해 가능한 질서로부터 비롯된다. 지성적 분석이 반드시 필요하지는 않다. 필요한 이해는 이미 우리의 뼛속 안에 있음이 틀림없다. 그러므로 관련된 가능성에 대한 파악에서 나온 생생한 경험은 하나의 질서화된 세계 환경을 요구한다. 우리는 조화, 간섭의 부재, 조정, 그리고 중요성을 의미하는 광범위한 관련성(relevance)을 필요로 한다. 그래서 다시금 말하자면, 자유는 광범위한 질서의 기초를 전제한다는 점이다. 모든 사회 구조에 있어서 우리는 그 질서를 물려받는다. 우리는 그 질서를 부여받는 것이다. 그렇게 부여된 사회적 질서는 절대적인 것이 아니다. 질서는 개별자들 사이에서도 통계적으로 지배하고 있는 유산의 형태로 표현된다. 또한 그러한 질서는 강제성에 따른 등급들로 분석될 수 있다. 이것들은 수백만 년 동안의 조상들이 요구한 광범위한 동물적 습관들이고 감정들이다. 우리의 더 나은 어떤 성품들은 이러한 종류들이다. 예를 들자면 가족 간의 애착(affections) 같은 것이다. 그러한 규모의 다른 쪽 끝에는 한두 세대나 수십 년 혹은 한 생애 동안에 발생하는 습관들이 있다.

그러나 물려받은 유산이 여전히 희미하고 그 세부사항들에 있어서 강제성이 불분명하더라도, 자유는 질서와 관련되어야만 한다. 관련성이 없는 자유는 아무것도 아님을 의미한다. 호주의 원주민들은 보스턴 관현악단이 연주하는 음악을 즐기는 것에 대해 자유롭다. 호주의 법체계로는 그들을 방해할 만한 것이 아무것도 없다. 관현악단들, 사람들의 그룹, 그리고 완전한 법률적 자유, 즉 여기에는 완전한 자유라는 숭고한 이상이 있다. 불행인 것은 원주민들이 사는 지역에는 관현악단이 없고 이들이 우연히 관현악을 듣는다고 하더라도 그 관현악을 즐길 수 있는 어떠한 유산도 없다는 사실이다. 자유에는 반드시 관련성이 있어야만 한다.

자유와 질서 · 오진철 역

어떤 현대 국가에서 자유에 대한 아우성이 있을 때, 우리는 보통 각각 다른 사람들의 그룹을 만난다. 그런데 그 각각의 그룹이 요구하는 자유는 저마다 물려받은 유산의 상황과 관련성이 있다. 한 그룹을 위한 자유는 다른 그룹에 대해서는 억압을 의미한다. 결정은 반드시 국가의 더 영구적 성격의 검토 안에 있어야만 하고, 또 그것을 가능하게 하는 다양한 유형들과, 실제로 개발된 유형들까지도 검토해야만 한다.

그러한 검토는 그 자체만으로는 우리에게 아무것도 말해주지 않는다. 우리는 이러저러한 능력들이 실현되어왔다는 것과 또 이러저러한 능력들이 표면 아래에 잠재해 있다는 순수한 사실과 함께 남겨진다. 이상적 지향의 도입이 없이는 정치력이 있을 수 없다. 그러한 이상들은 결코 실현되지 않는다. 그러나 이상들은 문명의 발전을 통제한다. 왜냐하면 그것들은 이상에 근접하는 경로들을 결정하기 때문이다. 그것은 불가피한 변화가 거대하고 지속적인 이상들에 의해 통제되고 있는, 운 좋은 나라이다. 이런 점에서 종교가 없이는 정치력이 있을 수 없다. 또한 종교 역시 위험성의 요소를 가지고 있다. 그것은 진부하게 된 이상들을 고착화시킨다.

별개의 이슈로서 말한다면, 최상의 책들은 최악의 결과들을 산출한다. 이것은 최상의 것들의 부패와 관련된 오래된 말이다. 그러나 그것은 염두에 둘 필요가 있다. 이러한 반성적 성찰과 관련된 두 개의 책은 성경과 애덤 스미스의 국부론이다. 성경은 하나님의 목적들(purposes)과는 별개로 하나님의 명령들(imperatives)이 드러나고 있는 것으로서 해석되어 왔다. 이 둘의 차이는 작아 보인다. 그러나 그것은 칼뱅과 플라

[화이트헤드와 함께]

톤 사이에 있는 모든 차이를 나타내는 것이다. 도덕은 특정 상황에 대한 모든 관련성으로부터 분리된, 보편적인 범주에 속하는 명령의 단순 표현인가? 그런 경우에 윤리학과 미학은 완전히 분리된 주제들이 된다. 단지 하나님의 나라에서 이 둘의 문제 많은 통합을 제외하고선 말이다. 확실히 도덕적 이상은 문제의 특정 상황들과 관련된 이상적 경험에의 지향(aim)이다. 우리는 여기서 선과 아름다움의 플라톤적 융합(fusion)을 지지하고 있고, 그리고 이것은 아마도 17세기의 악의적인 예수회들과도 공감하는 것이다.

'명령들'과 '목적들' 사이의 차이는 작은 것처럼 보인다. 그러나 오늘날의 세계에 대한 그 영향력은 대단히 크게 작용해 왔다. 도덕적 명령들에 대한 강조는 일반 대중들에게 그 배경으로서 미학적 훈련의 문제를 제기하는 것을 통해 영향을 주어왔다. 많은 지역에 있어서 지난 2세기 동안의 슬로건은 —선하고 상냥한 하녀가 되라, 그래서 아름다움의 발전 기회로 삼아라—는 것이었다. 애덤 스미스는 선과 아름다움의 이러한 단절을 추가하였다. 그는 칼뱅주의의 스코틀랜드에서 글을 썼으며, 인간의 행위에 있어 순수한 경제적 동기들의 영향력을 천재적으로 개발해냈었다. 경제적 동기들은 사실상 그리스 사상에서는 아름다움의 영역에 속한 것이었는데 그 지위를 **빼앗았던** 것이다. 현대 세계는 '선과 아름다움'을 '선과 경제적 성공'으로 바꾸고야 말았다.

나는 지금 애덤 스미스를 비방하고 있는 것이다. 그는 또한 도덕적 감정(Sentiments)*이란 책을 썼다. 그는 이 책에서 현대인의 삶에 대한

---

* 역자주 - 애덤 스미스가 쓴 이 책의 원서명은 'The Theory of Moral Sentiments'이며, 국내에서는 『도덕 감정론』이라는 제목으로 나와 있다.

흥미로운 논평을 한다. 반면, 그의 책은 정작 도덕적 감정들(Feelings)에 관심을 두지 않았고 또한 같은 방식으로 신의 미학적 목적들에도 관심을 두지 않았었다. 몇몇 세대들에게 있어 진보적인 유럽 인종들은 하나님의 계율과 경제적 동기를 연결하는 것에 자신들의 주의를 기울여 왔다. 우리는 다시금 '선과 아름다움'이 그 오래된 힘을 회복할 것이라는 경구의 시대로 들어가고 있다고 희망하면 안되겠는가?

• 화이트헤드와 함께 9

화이트헤드의 가치론*

(Whitehead's Theory of Value)

[원저자] John Goheen** / [번역] 정승태***

> 이 글은 『알프레드 노스 화이트헤드의 철학』(*The Philosophy of Alfred North Whitehead*) 책에 실린 글들 중 존 고헨(John Goheen)이 쓴 "화이트헤드의 가치론"(Whitehead's Theory of Value)으로 기고된 논문의 번역이다.

---

* John Goheen, "Whitehead's Theory of Value", Paul Arthur Schilpp[Editor], *The Phillosophy of Alfred North Whitehead* (Evanston and Chicago: Northwestern University, 1941), pp.435-460.
** 뉴욕시립대 퀸즈 칼리지 철학과 교수
*** 한국침례신학대학교 종교철학 교수

[화이트헤드와 함께]

화이트헤드의 가치론
(Whitehead's Theory of Value)

— John Goheen / 정승태 역

I

　가치의 문제에 관한 화이트헤드의 가장 흥미로운 언급 가운데 하나는 이전에 「수학과 선」(The Mathematics and the Good)이라는 제목으로 쓴 미간행 논문*에서 발견된다. 플라톤이 제시한 제목처럼, 이 글은 가치를 분석하는 함에 있어 형태(form)의 기능과 근본적인 사건으로서의 그 존재의 조건을 강조하고 있다. 화이트헤드 철학의 내적 요소인 이성은 본성상 이성의 기능의 조건이나 형태에 대한 참조를 통해서는 가치에 대한 완전한 설명을 불가능하게 만든다. 만일 가치에 대한 분석이 완전하려면, 유기체의 경험으로서의 사건 자체의 특성을 고려하는 것이 필요하다. 그러나 화이트헤드는, 느낌의 과정으로서의 사건을 설명하는 것으로부터 사건에 내재해 있는 조건과 형태를 분리하는 것이 편리하다고 생각할 때가 있다. 이어지는 논의에서 이러한 구분은 화이트헤드의 견해를 설명함에 있어 유용한 경우에만 관찰될 것이다. 결국 화이트헤드의 가치 분석의 궁극적인 대상(object)은 사건이 예시하고 있는 형태이다.

---

* 역자주 - 화이트헤드가 쓴 「수학과 선」 은 원래 1939년에 쓰였었고 미간행된 글이였다가 John Goheen의 이 글과 같은 책에 실리게 되어 공식적인 첫 간행은 1941년이 된다.

아주 일반적인 의미에서 화이트헤드는 가치를 한계 함수(function)로서 특징짓는다. 「수학과 선」에서 이 학설(doctrine)은 다음과 같은 공식을 받아들인다. "모든 가치는 활동성에 필요한 조건인 유한성(finitude)의 선물이다." 유한성은 과정 중인 사건에 예시된 형태(form)나 패턴(pattern)의 파생물이다. 패턴은 복잡한 것만큼, 존재에 제한을 부과하고, 제한된 사건으로서 가치가 출현한다. 이런 의미에서 화이트헤드는 수학을, 사건을 규정짓거나 규정할 수 있는 가장 일반적인 어떤 패턴들을 산출하는 것으로 해석한다. 자연 발생에서 알게 되었던 것처럼 수학적 관계들은 가치를 부여한다. 하나의 사건은 가치를 가지는데, 왜냐하면 그것은 유한한 구조를 가지고 있기 때문이다.

이 학설을 해석할 수 있는 두 가지 방법이 있다. 첫 번째로, 형태나 패턴은 그 자체로 "선하다(good)"고 주장할 수 있다. 이것은 명백하게 적어도 화이트헤드의 학설이 아닌 플라톤적인 관점일 것이다. 그러나 형태나 패턴을 강조하는 것과 화이트헤드의 저술 전반에 걸쳐 그것이 갖는 중요성에 있어서는 이 해석에 대한 얼마간의 정당화가 존재한다["통일성(unity)"과 "한정성(definiteness)의 성취"라는 후기에 논의된 학설 참조]. 형태는 그 자체에서 어떤 특이한 가치의 유의미성(significance)을 갖는 것처럼 보인다. 이 요소를 정확하게 정의하는 일이 화이트헤드의 가치론을 논의하는 데에 어려운 것 중 하나다. 두 번째, 형태나 패턴은 가치를 창출하는 요소 중 하나가 될 수 있다. 존재하는 것은 형태나 패턴을 암시한다. 따라서 형태나 패턴은 가치의 가장 명백한 (그리고 화이트헤드의 관점에서 가장 의미 있고 중요한) 조건들 중 하나다. 이 해석은 첫 번째 해석을 명확히 하는 역할을 한다. 현존(그리고 가치)의 조건인 형태나 패턴에 대한 강조는 화이트헤드의 이론에서 사건을 구성하는 여러 요인 중 가운데 임의적인 선택이기 때문이

[화이트헤드와 함께]

다. 화이트헤드가 가치에 대한 논의에 있어 특별히 유의미한 것으로 형태를 선택한 이유는, 그 자체로 가치를 갖는 것이거나 그 사건에서 가장 중요하고 가장 "가치 있는(valuable)" 요소로서, 나중에 논의될 것이다.

위의 두 번째 해석에 대한 화이트헤드의 가치 개념은 보다 오래된 유럽의 전통 철학자들의 견해와 유사하다는 점을 지적하는 것이 중요할 것이다. 존재하는 것은 어떤 형태를 (하나의 존재론적 조건으로서) 과정적이게 한다는 것이다. 비록 그것이 "낮은" 형태이긴 하지만, 주어진 형태의 미덕 속에 존재하며 그 형태로부터 어떤 가치(악 또는 선이든)를 도출한다. 유럽의 전통적인 철학자들과 마찬가지로 이 개념이 욕구(appetition)의 보편적인 대상으로서의 형태 개념과 연관되어지면, 형태는 가치의 모든 특성으로 취하게 된다. 이처럼 이것이 화이트헤드의 견해는 아니지만 다음 논의에서 독자에게 하나의 준거로 제공할 수 있다.

가치의 조건으로서의 패턴의 역할에 대한 이러한 강조는 구체적인 사건을 참고함으로써 시정되어야 한다. 화이트헤드의 철학에 대한 진정한 가치의 위치는 『과학과 근대세계』(*Science and the Modern World*)에 언급된 다음 진술에 의해 가장 적절하게 표현될 수 있다. "가치란 내가 사건의 본질적인 실재를 위해 사용하는 단어이다." (SMW 95).*
이 말이 나오는 구절에서 화이트헤드는 "한정적인 유한한 존재(definite finite entity)"와 "사실태의 존재들(matter-of-fact entities)"과 같은 표현을 사용하여 그것을 명확하게 한다. 자연의 모든 사건을 가치 있는 것으로 여기는 것을 분명히 알아야 한다. 모든 사건은 어떤

---

* 역자주 – 이 글에 사용된 *Science and the Modern World* 원서 페이지는 1948년 Pelican Mentor Books에서 출간된 판본의 쪽수로 표시했다.

패턴 아래에서 기능하지만 그것은 "가치 있는" 사건 자체다. 이것은 패턴이 필요한 것이지만 충분하지는 않은 가치 조건이라고 할 수 있다. "실현(Realization)은 그 자체로 가치의 달성이다." (SMW 95).

따라서 활동성 자체(그리고 단지 패턴이 아님)는 또한 패턴의 기저로서의 가치에 대한 필수 조건이다. 패턴과 활동성은 가장 일반적인 존재론적 조건이며 동시에 가치의 필요하고 충분한 조건이다. 이러한 일반적인 조건을 이행하는 모든 사건은 사실상 "가치 있는 것"이다. 이것은 모든 사건이 이러한 일반적인 존재론적 조건을 충족시키는 데 있어 훌륭하다고 단언하지는 않는다. 사건이 각각의 선 또는 악이라면 추가 조건이 존재하거나 부재해야 한다. 다음의 인용문은 선(Good)의 가장 일반적인 조건을 말해주고 있다.

"패턴의 중요성이라는 개념은 문명만큼이나 오래되었다. 모든 예술은 패턴의 연구에 근거를 두고 있다. 또한 사회 체제의 응집력은 행동 패턴의 유지에 달려 있으며, 문명의 진보는 그러한 행동 패턴의 운 좋은 수정에 달려 있다. 따라서 자연 발생에 패턴을 주입(*infusion*)하고 그러한 패턴과 패턴의 안정(*stability*)을 수정(*modification*)하는 것은 선의 실현을 위한 필수 조건이다." (「수학과 선」)

이러한 모든 조건들은, 사건이나 "느낌의 단위"에 의해 충족되어질 때 선은 실현된다. "패턴의 주입"이나 패턴의 "안정" 혹은 패턴의 "수정"만이 가치를 일으킨다. 사건에서 예시된 가장 일반적인 패턴의 조건들이 달성될 것이지만, 선의 필요한 조건은 부재할 것이다. 『과정과 실재』(*Process and Reality*)에서 "낮은 단계"(low-grade)의 유기체는 단순한 패턴의 반복을 설명한다고 한다. "낮은 단계"의 유기체는 패턴의 "안정"을 갖지만 패턴의 "수정"이 거의 없다. 이와는 반대로 패턴의 "수정"은 어느 정도의 "안정"이 없이 갑작스럽고 혁명적인 변화를 일으킨다. 이상적인 과정에서 이미 달성된 기능의 패턴은 미래에 기능하는 패턴으로 보전되어야 한다. 이러한 선의 일반적인 조건은 『관념의 모험』(Adventures of Ideas)에서 사회 변화에 대한 화이트헤드 분석을 이끌어감으로써 인식될 것이다. 좋은 사회는 혁신이나 형태의 "수정"에 직면하여 어느 정도의 "안정"을 발견한다.

　이것은 아마도 화이트헤드의 모든 존재론이 가치와 선의 분석에 어느 정도 관련이 있음을 제안하기에 충분한 논거일 수 있다. 방금 고려된 것과 같은, 가치에 대한 그의 견해 중 많은 부분은 형이상학적 체계만을 가리킨다. 다른 것은 느낌의 과정으로서 사건의 "심리학"이라고 불릴 수도 있는 것을 포함하고 있다. 위에 인용된 문장에서 화이트헤드는 패턴의 "운 좋은 수정(fortunate modification)"에 대해 언급하고 있음을 알 수 있다. 따라서 불행한 변화와 행운을 구별하는 패턴에 대한 "주입," "안정" 및 "수정"을 지배하는 추가 조건이 있다. 다음 문장에서 볼 수 있듯이, 이러한 조건들은 우선 느낌의 과정으로서 사건의 측면에서 언급되고 있다.

"그리고 당신은, 경험의 다양한 패턴이 서로 섞여 짜여있다는 점에 대한 어떤 언급이 없이는 선과 악을 논할 수 없다. 선행 상황은 실현의 깊이를 요구할 수 있고, 빈약한 패턴은 개념적 기대를 저해할 수 있다. 그때는 사소성의 악―전체 그림을 대체하는 일개 윤곽―이 존재하고 있는 것이다."(「수학과 선」)

"개념적 기대(expectation)"라는 개념은 패턴의 "주입," "안정" 및 "수정"의 일반적인 틀 내에서 유지될 수 있는 관계 중 명시적인 하나를 주장하기 위하여 화이트헤드에 의해 도입되었다. 주어진 예에서 화이트헤드가 "고등" 유기체, 즉 인간 경험을 염두에 두고 있음이 분명하다. 그러나 모든 사건에는 심리적 측면이 있기 때문에 자연을 통한 기대와 만족의 형태가 유지된다. 달성되었을 때, 패턴의 "운 좋은 수정"이라는 특정 만족에 대한 "요구(demand)"가 있다.

"요구"와 만족의 심리적 관계는 경험하는 유기체로서의 구체적인 사건을 가리킨다. 형태 또는 패턴은 이러한 경험이 가지고 있는 방식이다. 패턴의 "주입", "안정" 및 "수정"이 선의 일반적인 구조라면, 이것은 그 경우의 경험 구조인 것이다. 선은 단지 이런 의미에서 "느낌의 단위"(또는 경험하는 유기체)에 달려 있다. 가치는 선이든 악이든, 어떤 활동 패턴 하에서 경험되는 느낌의 성격이다. 그러므로 화이트헤드의 가치 개념에 대한 실재적인 부담은 "느낌의 단위"로서의 사건이라는 그 자신의 분석에 따라 부담을 져야만 한다.

모든 철학적 논의가 경험에서 그 기원을 가져야만 한다는 화이트헤드의 주장에 따라, 그가 선(Good)의 일반적인 패턴을 선의 경험 자체로부터 추론함으로써 선의 일반적인 패턴을 바라볼 수 있다고 가정할 수 있다. 어떤 종류의 가치는 경험의 질적 요소이지만, 다른 어떤 경험보다 과학적 또는 철학적 배려로 더 이상 숨겨져 있지 않다. 유기체가 "느끼는" 다른 경험보다 더 "주관적인(subjective)" 것도 아니다. 그것이 화이트헤드가 「수학과 선」에서 가장 일반적인 패턴을 나타내기 위해 착수하는 이유이다. 이 일반적인 패턴 속에서 "요구"와 만족과 같은 심리적인 관계를 분석하는 문제가 발생한다.

이러한 심리적 관계는 「수학과 선」에서 분석되지 않는다. 화이트헤드는 "요구"와 만족 사이의 관계, 결과적으로 행운과 불행의 차이를 설명하는 일반성 아래에서 그 개념들을 취급하기로 선택하고 있다. 그리고 결과적으로 패턴의 행운과 불행의 수정 사이를 선택한다. 방금 인용한 문장에서, 사소성의 악은 사건 속에서 패턴의 부적합성의 한 형태이다. "개념적 기대"는 "전체 그림(full picture)"을 보게 하는 만족을 요구하고, 사건 내 패턴의 "주입," "안정" 및 "수정" 중에서 "조정(adjustment)"의 형태로 간주되어야 한다. 그러므로 "조정"은 선(Good)의 가장 일반적인 조건을 지배한다.

"조정"의 개념은 『관념의 모험』에서 똑같이 중요한 역할을 한다. 이 후기 저작에서 화이트헤드는 "아름다움"과 "조화(Harmony)"라는 용어를 소개하면서 일부 사건을 특징짓는 일반적인 조건을 드러낸다. "아름다움"은 "조화의 완전함(the perfection of Harmony)"으로 정의된다(AI 252).* "조화"는 "주체적 형식의 완전함"으로 정의된다(AI 252-253). "주체적 형식의 완전함"은 느낌들의 복잡성 혹은 사건을 구성하는 "파악들(prehensions)" 안에 있는 "조정"의 한 형태이다. 아름다움 그 자체는 사건 속에서 복잡한 조정을 포함하고 있다. 이 점에서 아름다움은 이전에 분석한 선의 개념과 동일하지는 않지만 아주 유사해 보인다. 패턴의 주입 또는 유입인 "조직(Conformation)"은, 미래를 위한 새로운 패턴과 함께 과거의 "파악된(prehended)" 패턴을 통일시키는 느낌의 주체 속에서 단합(unification)의 정도를 발견한다. 예상된 패턴이 사건과 양립가능한 것이라면 그 실현은 「수학과 선」에서 말한 "운 좋은 수정"과 정확히 일치할 것이다.

하지만 조정(또는 적응)은 다음에서 보여주는 바와 같이 이 분석의

---

* 역자주 - 이 글에 사용된 화이트헤드의 *Adventures of Ideas* 원서 페이지는 1967년 The Free Press에서 출간된 판본의 쪽수로 표시했다.

기본 개념이 된다.

> "'적응(Adaptation)'은 어떤 목적(end)을 함축하고 있다. 따라서 아름다움은 '적응'에 대한 목적(aim)이 분석되었을 때만 정의된다. 이 목적은 이중적이다. 그것은 첫째 다양한 파악들 간에 상호 억제가 없다는 점인데, 다양한 파악에 대한 객체적 내용으로부터 자연적으로 그리고 적절하게—혹은 한마디로 말해서 순응적으로— 생겨나는 주체적 형식의 강도들은 서로 억제하지 않는다는 것이다. 이러한 목적이 확보되었을 때, 소소한(minor) 형식의 아름다움이 있게 되고, 고통스런 충돌과 상스러움(vulgarity)은 부재하게 된다. 둘째로, 중대한(major) 형식의 아름다움이 있다. 이런 형식은 첫째 형식을 전제로 하며, 그것에다 다양한 파악들을 하나로 종합하는 결합(conjunction)이 객체적 내용과 객체적 내용에 대한 새로운 대비들(contrasts)을 도입시킨다는 조건을 추가한 것이다." (AI 252)

"조정(Adjustment)"은 아름다움의 이러한 형식들을 지배한다. 첫 번째 경우, 억제하는 패턴이 없다는 것은 복잡한 전체 내에서 많은 패턴의 조정을 의미한다. 두 번째 경우에, 기대되는 패턴의 존재는 현재의 "요구(demand)"에 대한 패턴의 조정 또는 적합성(appropriateness)을 의미한다. 두 가지 형태의 아름다움 모두에서 "조정"의 의미는 사건의 목적(purpose) 또는 "목적(end)"과 긴밀하게 연결되어 있다. 화이트헤드에 따르면 모든 사건마다 "목적"이 있기 때문에 "조정"이 모든 과정을 지배한다. 따라서 "조정"이라는 개념은 "조정"의 본성이라고 말할 수 있는 공식적인 속성이 아니라 분투하는 유기체와 추구하는 목적 간에 유지되는 관계 속에서, 아름다움과 선의 분석에 대한 유의미성을 발견한다.

화이트헤드의 "조화(harmony)"와 "불화(discord)"에 관한 논의에서 "조정"이라는 개념의 중요성은 매우 잘 드러난다. "…… 불화, 즉 그 자체로는 파괴적인 것이고 악(evil)인 불화는, 진부한 완전성이라는 타성(惰性, tameness)으로부터 그 신선함이 여전히 남아 있는 어떤 다른 이상으로 목적을 재빠르게 전환하는 적극적인 느낌이다"(AI 257). 조화의 반대로서, 불화는 사건을 구성하는 느낌들의 갈등이다. 적극적 의미로서 본다면, 불화는 모험의 본질이다(Discord is the essence of Adventure). 이런 의미에서 그것은 미래를 위한 느낌으로서의 적절한 변화다.

불화가 하나의 관계 안에서는 조화의 반대이고 또 다른 관계 안에서는 조화 자체에 대한 의미의 일부인 방식과 유사하게 조화는 두 가지 형태를 가지고 있다. "고도의 유의미성을 갖는 대상들(objects)에 대한 비교적 불모의 경험 안에서의 단순 성질로서의 조화는, 윤곽과 의도에서 결함이 있고, 막연하며, 타성에 젖은, 조화의 저하된 유형이다"(AI 264). 이런 조화의 형태는, "그 신선함이 여전히 남아 있는 목적"을 도입하는 조화와 대조를 이룬다.

이 같은 학설들은 화이트헤드가 아름다움과 선의 일반적인 구조를 자격 있게 하는 두 가지 독특한 방식을 설명하는 역할을 하고 있다. 첫째, 패턴의 "주입," "안정" 및 "수정" 사이의 관계는 "조정"이라는 개념을 통해 해석되고 그리고 차례로 "요구", "개념적 기대", "목적" 또는 "목표"를 뜻한다. 이러한 관점에서, "조정"과 선의 일반적 조건 모두는 특정 변화 패턴을 순수하게 설명하는 것으로 해석될 수 있다. 그것들은 아마도 선의 경험이 어디에서 발견되는지를 나타내는 것으로 볼 수 있다. 그러나 그것들이 정말로 이 기능을 제공한다는 것은 의문의 여지가 있다. 첫 번째로, 패턴의 "주입", "안정" 및 "수정"은 그 형성에 있어 매우 일반적이므로 어떤 변화에도 어느 정도 견디는 것처럼 보일 것이다. 이런 의미에서 그것은 선의 안내자로 봉사하기에 충분히 구체적인 어떤 것을 지정하는데 거의 도움이 되지 않는다. 패턴의 "주입", "안정" 및 "수정" 간의 관계를 통제하는 일반적인 조건인 "조정"은 이러한 상황을 완화시키는 데 거의 도움이 되지 않는다.

더욱이 "조정"은 의심을 불러일으키는 용어다. 그것은 항상 순수하게 기술적인(descriptive) 용어가 아니기 때문이다. "완전성"과 "조화"처럼, "조정"은 종종 선의 의미를 가지고 있다. 그리고 "조정된" 변화는, 바로 그 사실 때문에(ipso facto) 좋은 변화가 될 것이다. 그러한 용어는 오해의 소지가 있을 뿐만 아니라 좋은 경험이 발생하는 이 과정의 본질에 대해서는 아무런 의미를 주지 않는다.

이와 같이, "조정"이라는 용어 사용에 대한 화이트헤드의 의도는 행동 패턴이 만족스럽다는 것을 나타내기 위한 것이다. 조정이 이 용도에만 국한되어 있는 한 정당한 의미가 있다. 선에 관한 연구는 만족이 발생하는 경험 패턴의 묘사와 관련이 있다. 부분적으로는, 최소한 이것은 『관념의 모험』에서 화이트헤드가 지향하는 목적이며, 다른 글에서도 어느 정도는 그러한 목적을 가지고 있다. 이런 점에서 그의 견해는 흄(Hume)의 견해와 비슷하다. 흄은 가치에 대한 인식은 사람들이 좋아하는 것과 싫어하는 것을 규정함으로써 지닐 수 있다고 주장했다. 그러나 흄과는 달리 화이트헤드는 그런 모든 경험에 대한 일반적인 공식을 진술하려고 시도한다.

두 번째로, 화이트헤드는 "저하된(debased)", "길들여진(tame)",

"막연한(vague)" 등의 평가적인 표현을 통해 아름다움과 가치의 일반적인 조건들 사이에 있는 일정한 관계를 인정한다는 점에 주목하게 될 것이다. 그러한 자격은 낮은 유형의 "조화(Harmony)"에 관심을 보인다(AI 264). 현재의 해석에 따르면, 화이트헤드는 과정의 패턴 자체가 "저하된 것(debased)"이지만 오히려 그러한 경험의 패턴이 불쾌한 것으로 느껴진다는 것(너무 명확하지는 않지만)을 의미하진 않는다. 그런 다음, 화이트헤드의 이론에 대해 그러한 경멸적인 용어를 어떤 주어진 형태의 경험에 적용할 때 정당화를 위한 공통된 경험에 호소하는 이론이 된다. 화이트헤드는 주어진 활동 패턴에 어떤 느낌을 준다. 그렇지만 화이트헤드가 이런 종류의 조화를 아주 정죄한 것에 비추어 볼 때, 이러한 "조화"를 경험한 유기체 중 어느 정도는 받아들여질 것으로 기대된다. "감정(passions)"의 범주는 이런 종류의 절차에서 나온 결과이다. 여기에는 다양한 정도와 종류의 만족과 불만이 열거되어 설명되어 있다.

화이트헤드가 패턴의 "주입", "안정" 및 "수정"과 같은 가장 일반적인 조건의 관점에 비추어서 다양한 형태의 아름다움과 가치에 대한 이 분석을 수행하는 정도까지, 그의 논의는 패턴의 특정 배열 변화가 일어나서 가치를 일으키고, 어떤 다른 것들, 특히 정적인 패턴은 악의 "낮은" 단계를 만들어낸다. 좋은 경우에 이것은 아름다움이 어떤 다양성을 지닌 규칙적인 패턴으로 발견된다는 일반적인 주장과 유사하다. 사실, 이것은 특정 분석이 화이트헤드에 의해 제공되지 않을 때까지는 거의 의미가 없었다.

이것은 간단한 질문을 제기하는 경우에 특히 두드러진다. 선(Good)이라는 경험을 구별하기 위해 패턴의 "주입", "안정" 및 "수정"이 어느 정도(degree) 필요한가? 예를 들어 패턴의 어느 정도의 "안정"

은 그러한 경험에 필요한 것처럼 화이트헤드에 의해 표시된다. 그러나 어느 정도 시간이 지남에 따라 이 문제에 대한 화이트헤드의 논의는 불분명하다. 일반적으로 갑작스럽고 끊임없이 변화하는 경험은 (특정 환경에서는) 불쾌하며 변화가 없는 경험은 (특정 상황에서) 똑같이 불쾌하다. 일반 공식이 성공으로 간주되기 전에 이보다 더 정확한 지식을 확보해야 한다.

위에서 언급한 자격의 첫 번째 설정과 관련하여 화이트헤드의 가치에 관한 논의는 다른 차원을 취하는 것으로 이해될 수 있다. "요구"와 "개념적 기대"는 유기체를 "가치 있게 평가(valuing)"하거나 끝내기를 기대하는 행동을 특징으로 나타난다. 위의 인용문에 있는 예문은 이것을 매우 명확하게 보여준다. 화이트헤드는 "전체 그림(full picture)"을 보기 위해 선행적인 경험에 의해 준비된 개별적인 것을 언급한다. 하나의 윤곽을 제시하는 것은 어떤 상황에서는 기대한 것을 얻지 못하는 것이다. "전체 그림"을 본다는 것은 원하는 목적을 얻는 것이다. 나중에 분명히 하겠지만, 화이트헤드는 스스로 가치에 대한 그의 논의에서 이 관계를 기본으로 취급한다. 아름다움과 가치는 적어도 패턴이 사건에 충돌하는 방식을 통제하는 일반적인 조건을 참조함으로써 부분적으로만 설명된다. 아마도 "조정"이 작동하는 일반적인 틀인 패턴의 "조정"이나 "주입", "안정" 및 "수정"의 어느 관계는 "요구"와 "조정"에 비추어서 가치에 대한 분석을 떠나서는 중요하지 않다.

II

이러한 마지막 언급들은 자연스럽게 현실적 존재 그 자체에 대한 화

[화이트헤드와 함께]

이트헤드의 분석으로 이어진다. 그의 "느낌 이론(theory of feelings)"의 주요한 차이점 중 일부는 현재 논의의 목적을 달성할 것이다. 근본적인 관계는 느끼는 주체와 느껴진 것의 관계다. 자연을 통해서 유지되고 있는 이 관계는 화이트헤드에 의해 해석된 현실적 존재가 현재(과거의 관점에서 볼 때)의 것일 뿐만 아니라 과거로부터의 즉각적인 계승된 것 이상의 의미를 갖는다. 그것은 또한 현재의 초월적인 원인, 즉 현재의 초월적 원인이기도 하다. 목적인(final cause)으로서의 주체를 "자기원인(causa sui)"이라고 말한다(PR 222).* 모든 현실적 존재 및 주체는 자기창조(self-creation)를 포함하고 있다.

이미 논의된 견해와 이 학설의 관련성은 명백하다. 그것은 패턴의 "주입", "안정" 및 "수정" 하에서 그 경험이 좋다고 느끼는 주체나. 그러나 이 경험은 만족스럽지 못한 경험을 추구하면서 활동적이고 자기창조적이기 때문에 "고통당하지 않는다." 따라서 주체는 과거에 의해 조건 지워지는 것뿐만 아니라 미래에도 영향을 미친다. 비록 주체에 대한 이 견해가 일반적으로 "동물 심리학(animal psychology)"이라고 불리는 것으로부터 유래되었다고 할지라도, 모든 사건은 이러한 의미에서 "느낌의 단위"이다. 만족과 불만의 경험은 화이트헤드의 느낌 이론에 따라 모든 존재의 위상에서 발견된다.

자기창조(self-creation)의 두 가지 양상은 가치에 대한 논의를 위해 특별히 중요하다. (1) "통일성"은 자기창조적인 존재를 이끌어가는 궁극적인 목표다. (2) "새로움(novelty)" 또는 특이성(uniqueness)은 창조적 활동의 모든 위상이 포함하고 있는 것이다. "...... 특정의 한정성을 달성하는 것은 하나의 특수한 과정에 생기를 불어넣는 목적인(final

---

* 역자주 - 이 글에 사용된 Process and Reality 원서 페이지는 현재 널리 채택되고 있는 1978년 The Free Press에서 출간된 판본의 쪽수로 표시했다.

cause)이다." (PR 223). 앞에서 한정(definite) 패턴의 "선물"이라고 말했던 "유한성(finitude)"은 이제는 달성해야 할 활동의 측면에서 보아야만 한다. 어떤 단계에서 이 사건은 유한하지만, 최종 단계인 "통일성(unity)"은 위에서 언급한 "특정의 한정성(peculiar definiteness)"이다. 이것은 하나의 사건이 하나의 목표가 있음을 의미하지는 않는다. 사실상 많은 사건의 목표가 상당히 일정할 수 있지만, 화이트헤드의 분석적 목적은 목표가 변화하는 경험 조건에 종속되는 사건을 허용하는 것이다. 예를 들어, 인간의 경우, 목표는 경험의 현재 맥락에서 제시된 이상적인 견지로 보일 수 있으며, 이 목적은 경험의 관점에서 바뀔 수 있다.

달성된 "통일성"의 존재에서 자연적 사건의 목적 존재로 논쟁하는 것은 화이트헤드의 의도가 아니다. 그는 처음에는 모든 사건이 본질적으로 호의적이라고 주장한다. 사건은 그것의 환경을 (즉각적인 과거) 느끼는 것뿐만 아니라 어떤 목적도 느낀다. 하나의 목적을 느끼는 것은 이런 의미에서 욕구(appetition) 또는 "목적(purpose)"을 포함하고 있다. 주체는 현재의 일부로서의 목적에 대한 욕구와 함께 자기 자신의 과거에 대한 느낌을 통해서 구성되어 진다. "이러한 목적인은 그 느낌의 통일을 구성하는 느낌의 고유한 요소이다." (PR 222). 통일성에 대한 욕구는 미래의 방향을 제시할 뿐만 아니라 유기체의 현재 형성을 통제하기도 한다.

통일성에 대한 주체의 목표는 모든 것이 "통일성"과 양립할 수 있는 느낌을 결정한다. 그것은 유기체의 발달을 지배하는 궁극적인 미적 "통일성"(논리적 "통일성"이 아니라)이다. 이것을 유기체의 "사전에 설정된 조화(pre-established harmony)"라고 말한다. 화이트헤드가 모든 사건을 철저히 목적론적으로 만들어주는 것은 이러한 의미에서이다. 물리적인 사건을 위한 이 같은 분석의 타당성에 대한 물음을 제기하는 것은 현재 논의의 목적이 아니다. 주체와 최종적인 통일의 관계가 자연을 통틀어 존재한다면, 그것은 본질적으로 인간 행동의 면에서 유지되는 동일한 구조이다.

최종적인 "통일성"의 이 학설에 대한 부분적인 설명은 화이트헤드의 사건에 대한 개념 속에 놓여 있다. 이 사건은 많은 느낌(궁극적으로는 우주 전체의 느낌)으로 구성되어 있으며, 이 사건을 만들지만 다른 사건으로 만들지 못하는 개별성(individuality)을 얻게 된다. 가치론이 우려하는 바로는, 이 견해는 유기체가 대상이 되는 특정한 "영향"이나 느낌의 선택 또는 제거를 의미한다. (이것은 뒤에 "가치평가"에서 설명될 것이다) 나중에 유기체의 본질적인 구성 요소가 되는 느낌의 선택은 어떤 특정한 목적에 의해 이끌어져야만 한다. 그렇지 않으면, 화이트헤드에 따르면, 왜 생물체가 다른 것들보다 한정 패턴을 달성하는지에 대한 설명이 없다. 모든 선택이 이루어진 목적을 "통일성"이라고 부른다.

자연 발생의 해석에 대한 이 견해의 암시와는 별개로, 인간의 활동은 본 학설에서 본질적으로 "윤리적"이다. 개개의 활동은 현재의 모든 갈등 (또는 불만)의 해결로 의식적으로 또는 무의식적으로 보이는 어떤 형태의 존재에 대한 욕망에 의해 지배된다. 갈등 해소는 갈등의 현재 상태보다 "느끼는" 실재의 한 형태이다. "느낌"이 궁극적인 가치의 성격이기 때문에 "통일성"은 "흥미들(interests)"에 대한 현재 갈등을 해결하는 활동 형태의 느낌으로 가장 잘 설명된다. 다른 곳에서 지적한 바와 같이 의식 있는 정보가 지배적인 방향으로 갈등의 해결책을 제시할 수 있다. 하지만 이것은 드문 경우다. "시행착오(Trial and error)"는 화이트헤드가 이러한 방식으로 해석할 수 있는 활동의 좋은 사례이기도 하다.

이 견지에서 화이트헤드는 갈등 해소의 결과인 느낌의 "통일성"을 묘사하기 위해 "양립가능성(compatibility)"이라는 용어를 사용한다. 동의하지 않는 불쾌감은, 통일성 또는 느낌의 조화에서 그들 자신의 해결책(resolution)을 찾는 모든 형태에 대한 느낌이다. 유기체가 환경으로부터 끊임없이 압박과 변화를 경험하고 있기 때문에 유기체는 새로운 필요와 어려움을 지속적으로 해결하기 위해 어떤 해결책을 찾는 것이다. 느낌의 "양립가능성"은 항상 유기체에 대해 다소 긴급하고 바람직한 것으로 나타난다. 이 의미에서 그것이 모든 활동의 최종적인 목표다.

갈등과 그것의 해결책의 관점에 던져지게 되면, 화이트헤드의 가치론은 듀이(Dewey)의 이론에 가깝다고 볼 수 있다. 화이트헤드에 따르면, 행동이나 행동의 경로는 이전의 어려움에 대한 해결책으로 착수될 수 있으며, 이 행동 경로의 성공 또는 실패는 그로부터 발생하는 느낌에 달려 있다. 느낌에 대한 강조는 듀이가 여기서는 거부할 요소일 수 있을 것이다. 왜냐하면 무엇이 가치가 있는가를 결정하는 명백하고 객관적인 근거를 주장하기 때문이다. 동일한 차이점은 개체성에 대한 화이트헤드의 강조에 영향을 미친다는 것이다. 느낌의 중심으로서 개체성은 모든 가치의 중재자다. 만족스럽고 불만스러운 느낌에 대해서는 다른 판단 원천이 없기 때문이다. 이런 의미에서 그것이 화이트헤드의 필적이다. 이것은 개체성이 만족하다고 느끼는 환경의 영향을 배제하지 않지만 개개의 사적인 느낌은 최종적이다.

화이트헤드의 느낌 이론에는 자연을 통해서 존재하지만 어느 정도 인간의 경우에 탁월한 중요성이 일어나는 또 다른 요소가 있다. 이것은 "개념적 느낌"의 요소이며, 유기체의 개념적 활동의 기준은 패턴 또는 "영원한 대상(eternal object)"이다. 유기체가 영원한 대상이라고 느끼는 방식을 "가치평가(valuation)"라고 한다. "가치평가"는 주로 생물체의 발달 과정에서 "이상적인(ideal)" 것이 어떤 역할을 할 것인지를 결정하는 행위이다. 이 행위가 사건을 구성하는 다른 느낌(물리적이고 정신적인 느낌)과 목적-통일성 자체에 대한 느낌과의 조화를 이룬다. 결과적으로, 개념적 느낌은 경우에 따라 중요하거나 사소한 영향을 미칠 수 있다. 화이트헤드는 이를 가치 상향(up) 또는 가치 하향(down)이라고 부른다.

개념적 느낌은 단순히 사건의 물리적 느낌에서 예증된 영원한 대상을 재현할 수 있다. 그러나 개념적 느낌은 또한 단순히 물리적 느낌의 형태와 중복되지 않는 영원한 대상을 받아들임으로써 초래할 수 있다. 비록 물리적 느낌에서 파생된 개념과도 양립가능한 것이지만, 일부 개념적 느낌은 물리적 느낌에서 직접 파생된 것과는 다른 영원한 대상과 관련될 수 있으며, 따라서 유기체에 대한 이상적인 자극의 근원을 정말로 구성한다. 이 기능이 자연을 통한 발생의 근원이다.

이 학설은 화이트헤드의 이론을 가치론으로 고려할 때 특히 중요하다. 정신 활동 (항상 패턴에 대한 느낌을 포함)은 물리적 활동의 형태를 반영하는 상대적으로 수동적인 역할을 수행할 수 있다. 이 의미에서의 마음은 몸이 어떻게 행동하는지를 안다. 이러한 정신 활동은 이미 수행된 고정된 패턴의 행동에서 벗어나지 않는다. 따라서 실현된 활동의 형태는 계속 (재현)되고 미래를 통제한다. 그러나 정신 활동이 "가치평가(valuation)"의 형태로 이루어지는 곳에서는 미래의 변화가 가능하다는 것이 새로운 패턴의 민감성을 통해 유기체의 미래 활동을 변화시킬 수 있다. 이것은 화이트헤드가 그것을 해석하고 있듯이 "도덕적 책임"의 주요 조건이 된다. 이 개체는 "가치평가"의 행위를 통해 자신의 미래를 결정한다.

그러나 이것은 자유로운 선택의 단순한 행위가 아니다. 개체는 이미 존재의 물리적 형태와 정신적 삶이 한정 패턴 하에서 기능하는 복합적 존재(a complex entity)이다. 게다가, 개체는 그의 주체가 되는 사회적 패턴 속에 묻혀있다. 화이트헤드가 염두에 두고 있는 "자유"의 한 부분은 가능한 다른 형태의 존재를 "생각"하는 개체의 능력이다. 이러한 형태 중 일부는 개체의 과거의 형태로 인해 실현 불가능한 것으로 간주된다는 사실에 의해 "가치평가"의 행위에서 거부될 것이다. 과거와 "양립가능한(compatible)" 특정한 대체 활동이 남아 있다. 선택된 영역이 미래의 활동의 형태가 되기 때문에 선 또는 악을 불문하고 변화가 일어날 수 있는 것은 이 영역 내에 있다. 이러한 의미에서 개체는 "자기원인적(self-caused)"이다.

유기체가 "통일성"을 향한 욕구는 물리적 느낌과 정신적 느낌의 통합이라는 측면에서다. 표시된 단계에서 "가치평가"가 이루어지는 유기체에서 의도적인 행동은 결과로 나타난다. 화이트헤드에 따르면 아주 특정한 상황에서 의식적인 목적이 생겼지만, 가치평가에서 주체는 과거의 인과적 결정을 초월하고 궁극적으로 통합된 영원한 대상(또는 패턴)을 영입한다(entertains). 따라서 영원한 대상은 그것의 전체 본성에서 궁극적으로 종합(실현)된다.

"가치평가" 자체의 행위는 "호감(adversion)" 또는 "반감(aversion)"의 형태를 취한다. 좋아함과 싫어함은 그 주체를 (또는 주체적 형식) 특징짓는 것이다. 말하자면 그것은 미래에 대한 대안적 형태로서 제공되는 영원한 대상을 고려하는 것처럼 말이다. 유기체의 물리적 측면에서 매우 단순한 경우에 파생된 개념적 느낌이 "호감"의 형태로 유혹하게 되면, 유기체의 후속적인 물리적 느낌이 강요되거나 강화된다. 거기에는 그러한 형태의 물리적 존재를 강화하는 것이 있다. "반감"이 우세하다면, 물리적 느낌은 다음 순간 "약해진 강도(attenuated intensity)"로 전달된다. "가치평가"를 통해 유기체는 현재의 성격과 미래의 성격을 모두 구성한다.

이상과 같은 경우처럼 어떤 형태의 활동이나 가능한 활동에 대한 좋아함은 경우에 따라 그것을 반복하거나 노력하기 위해 그것을 강화시키는 역할을 한다. 이 기능은 정서들의 습관을 형성하는 활동이라고 할 수 있다. 싫어함은 반대 효과가 있다. 그것은 활동의 형태를 혼란에 빠뜨리고 심지어 그것을 파괴하는 경향이 있다. 따라서 어떤 패턴에 대한 긍정적 향유는 만족감의 형태이며, 그 자체로는 선의 한 형태이다.

"명제적 느낌들"(개념적 느낌의 종)이 발생하는 유기체에서 진리 또는 거짓의 개념은 주체의 가치평가에 부수적이다. "....그것이 진리인 것보다 명제가 흥미로운 것이 더 중요하다." 이것은 명제의 미래를 순수한 추상적 현실적 존재로 결정하는 유기체 또는 경험의 통제에 적용하든 유기체에 의해 가치가 부여되는 방식이다. 충분히 "좋아하는" 명제는, 예를 들어, 과학적 지식의 연구와 추구에 대한 유기체의 방향을 결정할 수 있다.

주체는 영원한 대상들 사이의 대조의 관점에서 느낌의 "강도"를 증가시킨다. 현재 실현된 영원한 대상(또는 패턴)과 여전히 가능성이 있는 영원한 대상 사이나 두 가능성이 있는 영원한 대상 사이에는 대조가 있을 수 있다. 개념적 느낌의 복잡성이 증가함에 따라 주관적 느낌이 더욱 강해진다. 오랫동안 "가치평가"의 행동은 다양한 느낌 사이의 균형을 이룰 수 있다. "동일성 아래의 대조"는 화이트헤드가 "가치평가" 행위의 강조 또는 선택이 주관적 지향인 "통일성"에 의해 조건을 규정하는 것을 나타내기 위해 사용하는 문구다.

"느낌의 이론"에서 나온 이 기초 학설은 화이트헤드의 가치 개념 자체가 느낌과 동일하다는 것을 보여준다. 이 느낌의 두 가지 차원이 제안된다. 첫째는 유기체의 만족 또는 불만족이고, 둘째는 이러한 경험 강도(intensity)의 정도이다. 유기체의 복잡성은 근본적으로 복잡한 느낌을 위한 수용력의 문제라는 것을 알 수 있다. 어떤 유기체도 그 원하는 바에 대한 만족을 지닐 수 있으나, 오직 더 복잡한 유기체만이 새로운 활동 패턴에 대한 고려나 실제적인 향유로부터 나오는 느낌의 강도를 즐긴다.

인간의 경우와 마찬가지로 가장 복잡한 단계의 경험을 통해 새로운 활동 패턴은 순전히 이상적인 것으로 드러난다. 따라서 화이트헤드의 느낌에 대한 학설은 계획과 지적인 행동이 일어나는 활동 영역에서 가장 중요한 적용을 발견하게 된다. 새롭고 실현되지 않은 목적을 향유할 수 있는 이 능력은 가치의 경험을 위한 주요 조건 중 하나인 패턴의 "수정"에 필요한 변화를 가능하도록 해준다. 그것은 또한 화이트헤드가 종종 선(Good)을 논할 때 플라톤적 언어를 사용하는지 이유를 설명하는데, 이데아(Ideas)는, 경험의 새로운 (그리고 흥미로운) 형태를 위한 그 중요성의 관점에서 보면 진정한 추구 대상(objects)이어서 그것들은 어떤 상황에서는 선(Good)으로서 느껴진다. 그러므로 관념들(ideas)은 어떤 느낌의 중심에서 벗어난 실재(reality)는 없다는 화이트헤드의 개념에 비추어 볼 때, 느낌의 성격에서 관념 또는 패턴을 분리시킨다는 건 어려운 일이다.

이러한 유형의 느낌은 비교적 드물다. 우리가 보다 낮은 단계의 유기체를 특징지어 왔던 패턴의 단순 반복은, 화이트헤드에 따르면, 상속된(inherited) 패턴의 느낌으로 간주되어야 한다. 어떠한 새로운 패턴도 그 느낌에 침투하지 않고, 활동성의 전통적인 형태가 뒤따른다. 그러나 이

[화이트헤드와 함께]

개념은 새로운 패턴을 통한 변화 가능성이 거의 없는 유기체에만 국한되지 않는다. 화이트헤드에 따르면 특정의 사회들은, 잇따르는 세대를 통해 반복되어진, 활동성의 주어진 형태에 대한 느낌의 기능을 설명한다.

화이트헤드는 유기체의 본질적인 활동을 지정하기 위해 때때로 "관심(concern)" 또는 "흥미(interest)"라는 용어를 사용하고 있다. 사실, "관심"은 종종 화이트헤드의 글에서 느낌과 동의어로 사용된다. 유기체의 "관심"은 싫어하는 색상과 좋아하는 색상과 마찬가지로 제각기 선과 악인 경험을 만들어내는 것이다. 이 견해는 (현재의 해석이 정확하다면) "가치평가"의 이 학설과 특히 관련이 있는 어떤 어려움을 수반한다. 유기체의 활동을 다음 단계로 결정하는 "가치평가"의 기능인 "좋아함"과 "싫어함"을 형성하는 것은 옛날의 패턴들(예를 들어, 정적인 사회)을 거의 반복하는 유기체에 긍정적인 특성("가치평가" 또는 "좋아함")을 가지고 있는 경우에 느낌 이론은 결과적으로 활동이 좋다고 느껴진다. 그러므로 현상 유지를 선호하는 것은 어떤 형태의 경험이 있는 변화("수정")보다 더 강렬할 수 있다. (따라서 활동의 형태가 길어질 수도 있다).

이것은 이 용어가 변화를 암시하는 것처럼 보이는 한에서 이전의 반대를 위해 적용하는 개념에 대한 느낌 이론의 기초이다. 패턴의 "수정"이 필수적이라고 여겨지는 일반의 공식에 대한 동일한 반대가 주장된다. 사실상, 어떤 사실적 상황에서 고등 유기체에 의한 변화의 긍정적인 "가치평가"에 대한 질문이 있는 경우에 화이트헤드에 의해 공식화된 가치 경험에 대한 일반적인 패턴이 타당한 일반화라는 것이 의심스러운 것처럼 보인다. 변화의 철학은 아마도 보편적으로 바람직한 무엇인가의 변화를 찾기 위해 처음으로 폐기될 것이다.

화이트헤드의 "가치평가(valuation)" 개념에서 볼 때 가치에 대한 그의 견해는 "흥미(interest)" 이론의 한 형태라는 것이 분명하다. 그러나 앞서 지적했듯이, 그것은 "통일성"의 개념에 의해 지배되는 흥미 이론이다. 이런 의미에서, 가치는 주어진 필요나 "요구(demand)"의 상황 하에서 어떤 적절한 통일을 이루는 "목적(end)"이다. 따라서 화이트헤드가 선택의 기능이나 "목적들(ends)"의 선택에 가치를 강조하는 것은 중요하다. 일단 선택되면, 이러한 "목적들" 또는 가치들은 통제하고 활동을 규정한다. 『사고의 양태』(*Modes of Thought*)에서 가치 측면은 "중요성(Importance)"이라는 개념 아래에서 논의된다. 사회 속에 깊이 잠겨 있는 개인은 부분적으로 자신의 집단에서 유행하는 가치관의 지침 성격을 따른다. 도덕성은 개인의 삶에서 "만족"을 느끼는 "목적들"을 통제한다. 이런 식으로 "가치평가" 행위는 통제의 대상이 되며, 개인의 좋아하는 것과 싫어하는 것, 호감과 반감은 그런 관련 상황에 따라 적절한 특정 목적들로 향해 있다. 그러나 "도덕성조차도 항상 그러한 조화의 결합을 목표로 한다."

따라서 가치평가에 대한 전체 학설을 미적 조화의 요구에 종속시키는 것은 화이트헤드의 의도이다. 이것은 유기적인 필요와 "가치평가"와 "가치화된(valued)" 목적의 상황에 이르기까지 "조화"와 "완전성(perfection)"을 확장함으로써 현저하게 나타난다. 보다 구체적으로, 이것은 부분-목표의 관계에 대한 미적 개념을 확장하는 형태를 취한다. 화이트헤드는 미적 경험에서 부분적인 전체적 관계가 종종 불화의 일부 요소를 포함한다는 그의 관찰에 따라, 부분들 간의 갈등이 전체를 조화시키거나 증대시키는 조화의 한 형태로서 필요성의 관계를 다룬다. 그러나 이것은 "가치평가"가 이루어지는 관계의 본질을 잃어버릴 위험성이 있는 확대다. 유기적인 필요의 존재는 일반적으로 목적(심지어

"적절한" 목적조차도)의 영입이 조화를 이루지 않는 상황이다. 단, 그 용어가 미학에서 가질 수 있는 모든 의미를 (그것은 거기에서도 미심쩍은 성격을 띠지만) 상실하는, 극도로 모호하거나 일반적인 방식을 제외한다면 말이다.

"통일성"이 달성되고 나면 유기체의 "만족(satisfaction)" [때때로 "자기만족(contentment)"이라고도 함]이 발생한다. "미적(aesthetic)"이라는 용어는 통일성의 원칙에 따라 여러 가지 느낌으로 이 최종적 사건에 특유하게 적용된다. 만족은 단지 통일성의 느낌이다. 이것은 궁극적인 의미에서 "미적" 개념이다. 그러나 화이트헤드는 "미적"이라는 용어를 다양한 종류의 경험에까지 확장한다. 『관념의 모험』에서 그것은 "더 높은 유형을 목표로 하는 불완전성이 낮은 완전성보다 높다"라고 기록되어 있다(AI 257). 이는 달성된 만족도가 그 느낌의 성격이 더 높은 유형의 통일성에 대한 느낌보다 열등할 수 있음을 의미한다. 따라서 모든 사건의 주체적 형식은 어떤 종류의 "미적인" 느낌을 띠고 있다. 느낌이 서로 불화한다면, 그것은 "미적 파괴", 즉 악(evil)이라고 불린다. 긍정적 의미의 "미적"은 두 가지 일반적인 경우를 취급하기 위해 주장되었다. (1) 통일성이 달성된 경우("만족")와 (2) 즉각적 느낌의 복합체에 영입된 하나의 목적이 적절한 목적인 경우이다.

두 가지 경우에서 즉각적 느낌은 긍정적인 "가치(value)"라고 말할 수 있다. 비록 두 번째 경우가 어떻게 한정 패턴에 대한 요구를 충족시키는지를 이해하기는 어렵지만, 아마도 두 경우는 모든 가치, 즉 "유한성(finitude)"의 한정 패턴을 지배하는 일반적인 조건들에 해당한다고 볼 수 있다. 더욱이 이 두 경우 모두 어떤 의미에서 선과 아름다움의 요구 조건을 충족시켜야 한다. 하지만 목적이 달성된 첫 번째 경우에선 이러한 일반적인 조건이 어떻게 충족되는지를 알긴 어렵다. 그럼에도 "미적"이라는 용어는 화이트헤드가 이러한 종류의 느낌을 만족의 형태로 생각한다는 것을 분명히 하고 있다. 이런 점에서 화이트헤드는 미학자들 사이에서 확립된 사용법과 일치한다.

화이트헤드가 모든 유기적인 발전을 이끌어내는 목적을 "통일성"으로 삼은 것은 가치가 한정 패턴의 선물이라고 말한 견해와 일치한다. 그러나 만일에 주입, 안정 및 패턴의 수정이 선(Good)의 필수 조건인 경우라면, 한정 패턴의 달성이 그 자체로 선은 아니다. 엄밀히 말하자면, 가치는 느낌의 과정에 적용된다. 그러나 『관념의 모험』에서 아름다움은 달성된 "통일성"의 경우(완성된 과정)와 불화의 일부 요소가 존재하는 경우(미실현된 목적을 위한 노력에서와 같이)를 모두 다루며, 후자의 경우는 어떤 경우에서 보면 전자보다 "높은 유형"이다. 따라서 통일성의 성취인 유기체의 "최종 만족(final satisfaction)"은 그 자체에 아름다움이나 가치의 가장 높은 형태가 아닌 목적이라는 입장을 갖는다. 이것은 화이트헤드의 가치론에 흥미로운 상황을 만들어낸다. 우리가 보았듯이, 만족스러운 느낌의 형태에서 갈등을 해결하려는 것은 모든 유기체의 목표이며, 그리고 그것이 유기체가 피하려고 하는 느낌의 갈등이라면, 선은 분명하게 나타나는 것으로 보인다. 반면에, 주어진 갈등을 해결하는 것은 선이 아닐 수도 있는데, 실제로 갈등을 해결하는 것보다 갈등을 갖는 것이 더 나은 것으로 보인다. 그것은 변화에 대한 느낌이 (문제에 대한 인식에서 그리고 미래 해결책에 관심하듯이) 어려움을 해결하는 느낌보다 더 만족스러운 경우일 것이다. 이 경우에 만족스러운 느낌의 상관관계로서 "한정 패턴(definite pattern)"이라는 개념은 불충분한 것이다. 또는 "한정 패턴"이라는 개념이 두 가지 경우 모두 다룬다면 그 모호성은 모든 패턴이 "만족"을 야기할 수 있는 것과 같다.

화이트헤드가 자신의 작품을 통해 만족스러운 느낌을 "한정 패턴", "통일성"과 "질서"와 일치시킨다는 것은 의심의 여지가 없다. 이것은 이전에 강조되어 왔지만, 다음과 같은 진술이 이 점에서 주목할 만하다. "만족의 강도는 합생이 일어나고 또 그것이 통과하는 위상들 가운데서 '질서(order)'에 의해 촉진되고, '무질서(disorder)'에 의해 약화된다." (PR 84). 그러나 한정 패턴의 경험으로서 만족에 대한 해석은 진지한 의문에도 열려 있다. 갈등의 해결이 반드시 갈등 그 자체보다 그 이상의 더 큰 패턴은 아니다. 활동성의 어떤 패턴은 다른 것들보다도 더 좋게 느껴진다는 화이트헤드의 주장을 의문시하는 건 아니지만, 한정 패턴도 만족스러운 느낌의 원천이라고 주장하는 것은 또 다른 일이다.

이 비판은 가치가 "유한성의 선물"이라는 개념에도 동일하게 반영된다. 사건을 규정하거나 제한하는 통상적인 의미에서의 패턴이나 형태는 실재의 조건일 수는 있지만, 그 자체로 가치나 선의 본성에 대한 어떠한 암시를 주는 것은 아니다. 이것은 느낌의 측면에서 화이트헤드의 가치 분석은 명백한데, 왜냐하면 다른 모든 경험으로부터 선(善)을 구별짓는 것은 만족이기 때문이다. 개체는 다른 것들보다 활동성의 특정 형태에서 만족을 찾을 수 있다. "한정 패턴" 또는 "유한성"의 최대 정도(degree)는, 화이트헤드에 의해 유기체를 위한 만족의 최대 정도를 갖는 것으로 지정되었다. 이와 같이 그것은 다른 모든 형태의 경험보다 더 가치 있는 것을 얻는다. 그렇다면 그것은 욕구와 만족의 보편적 대상으로서의 성질들(qualities)을 "유한성"에 대한 최대 정도로 읽는 것은 손쉬운 이행(transition)이다. 화이트헤드의 플라톤적인 경향은 이러한 이행에서 매우 잘 드러나고 있다.

"한정 패턴"의 개념과 가치의 일반적인 공식 사이에 존재하는 갈등 또한 "한정 패턴"의 해석과 관련해서도 조명되고 있다. "성취"의 학설에 따라, 유기체는 갈등에 대한 진보적인 해결책 가운데서 (점점 더 만족스러운 경험의 측면에서) 점점 더 "한정 패턴"을 획득하는 것으로 이해될 수 있다. 따라서 화이트헤드는 "한정 패턴"이라는 목표(goal)에 대한 근접에서 일어나는 만족을 보고 있다. 이 견해는 "통일성"이라는 학설의 곤란을 경감시켜준다. 아마도 일정치 않은 비한정적인(indefinite) 패턴은 "한정 패턴" 또는 "통일성" 자체만큼이나 만족의 원천일 것이다.

III

이 글의 목적 중 하나는 화이트헤드의 가치론이 두 가지 서로 다른 부분으로 나눌 수 있음을 지적하는 것이다. 즉, 그것은 (1) 패턴 또는 형태에 대한 학설 [선(Good), "유한성", "통일성"에 대한 일반적인 공식], (2) 느낌의 학설이다. 이전 논의에서 제기된 대부분의 반대가 적용되는 것은 이 두 가지 학설 중 첫 번째 학설이다. 제시된 것처럼, 만족스러운 경험이 이루어지는 패턴이나 형태를 기술하는 것에 반대하는 것은 아니다. 만족스러운 것으로 느꼈던 경험을 지배하는 몇 가지 매우 일반적인 공식(화이트헤드 이론에서의 선에 대한 일반적 조건과 같이)이 있을 수 있다. 그렇다면 일반적인 공식 자체와 가치에 대한 현실적인 경험 사이의 간격을 줄이는 "중간 원칙들(middle principles)"이 필요할 것이다. 이들 경험에 대한 화이트헤드의 형식적인 취급은 매우 일반적이어서 가치에 대한 다양한 형태를 식별하는 수단으로서는 실패하고 있다. 그는 "중간 원칙들"을 제공하지 않았기 때문이다.

그와 반대로 내관적인(introspective) 관점에서 나온 심리학인, 느낌의

[화이트헤드와 함께]

이론은 가치가 발생하는 현실적 상황들과 직접적인 관련이 있다. 이러한 단계에서 화이트헤드는 가치의 본질을 고려하면서 중요한 여러 학설(그 중 일부는 여기에서만 언급되었다)을 제안했다. 지적했듯이, 가치 분석의 기본 상황은 그 주변의 자극에 호의적으로 또는 비호의적으로 반응하는 유기체이다. 이러한 자극은 신체와 그 환경에서 파생된 것일 수도 있고, 순전히 이론적인 관념일 수도 있다. 어느 경우든지 유기체의 호불호(likes or dislikes)는, 현재에 대한 느낌의 색조를 드러내고 미래에 대한 느낌의 색조를 결정한다. 경우에 따라선, 좋고 싫음이 선악에 대한 징표(sign)로 작용하는데, 그것은 욕구(want)와 욕구에 대한 만족이라는 일반적인 틀 안에서 이루어진다. 따라서 화이트헤드가 사건의 본성을 묘사함으로써 발전시킨 느낌의 이론은, 가치에 대한 해석에 있어서는 가장 중요한 적용임을 발견할 수 있다.

· 화이트헤드와 함께 10

화이트헤드 철학 관련 몇몇 해외 저술들 소개*

[번역] 이재천**

1. Whitehead and Continental Philosophy in the Twenty-First Century: Dislocations

편집자 Jeremy D. Fackenthal (Ed.) / Lexington Books / 2019년 출간
기고자들: William Hamrick, Bo Eberle, J.R. Hustwit, Carl Dyke, Jeremy Fackenthal, Deena Lin, Tano Posteraro, Kris Klotz, Elijah Prewitt-Davis, and Keith Robinson.

『21세기에서의 화이트헤드와 대륙철학: 전위(轉位)』라는 이 책은

---

* 이 글은 화이트헤드 철학과 관련한 영어권의 몇몇 저술들을 골라 이미 웹상에 공개된 책소개 내용들을 번역한 것이며, 발췌는 임의적으로 선택한 것이다.
** 몸학연구소

〈현대 화이트헤드 시리즈〉 가운데 최근의 책에 속한다. 21세기에 있어 화이트헤드에 관한 연구를 발전시키는 일을 위해 자신들의 논고들을 공유하고 또 노고를 제공하는 등 훌륭한 기여를 한 것에 대해 감사를 드린다.

이번에 편집된 책은 알프레드 노스 화이트헤드의 철학이 현재 지속되고 있는 문명의 문제를 둘러싸고서 어떻게 20세기와 21세기의 유럽대륙의 철학자들과 대화를 나누며 그들을 어떻게 끌어들이고 있는가를 검토하고 있다. 각각의 장들은 경제적 및 환경적 지속가능성, 기술과 체제들이 이 지속가능성에 관계하는 방식의 문제들, 인간과 비인간적 존재들 간의 관계들, 인간들 상호 간의 관계들에 초점을 맞춘다. 그리고 더욱 거대한 철학적 질문들이 있는데, 이것은 "지속가능"과 "문명화"라는 이 말이 의미하는 바를 사람들로 하여금 서로 다르게 생각하도록 유도하고 있다는 데 대해 초점을 맞춘다는 점에 있다. 이 책은 이들 철학들 간의 상호결합이 이곳 세상에서의 존재와 활동의 새로운 방식으로 인도하는 사상 가운데서 "전위(轉位)"를 야기할 수도 있는 방식들을 드러내고 또 그것들을 탐구하는 것을 목적으로 한다.

이 책은 화이트헤드와 다양한 대륙철학자들을 비교하는 데 초점을 맞추기보다는 경제적, 환경적, 그리고 정치적 위기에 대한 창조적 대응을 제안하는 데 더 초점을 맞춤으로써 독특한 기여를 하고 있다. 즉, "화이트헤드와 대륙철학자들은 비슷하게 생각을 하는가를 묻기보다는, 화이트헤드와 다른 이들은 21세기의 가장 긴급한 주제들에 대해 어떻게 협력적인 생각을 할 수 있는가를 묻고 있는 것이다. 유럽 철학과 화이트헤드 철학으로부터 비롯된 것에서 어떠한 관념들이 세계 안에서 변화를 일으키겠는가? 우리는 화이트헤디주의와 유럽대륙의 시스템 속에서 환경파괴가 없는 지속가능성을 다시 생각할 수 있는가?

이 책의 여러 장들은 역시 관념의 체계로부터 구체적인 변화에 도달하는 것이 가능한가의 여부에 대한 문제를 다룬다. 만약 우리가 철학의 목표는 단지 세상을 기술하기만 하는 것이 아니라 그것을 변화시켜야 하는 것이라는 칼 마르크스의 테제에 유의한다면, 어떻게 우리는 사변철학, 미학 이론, 그리고 기술과 사회와 경제학에 대한 여러 서술들이 지속가능한 미래를 촉진하는 의미있는 행동으로 바뀌도록 하는가? 하는 것이다.

여러분이 이 책을 구매하여 그것을 작금의 대륙철학에 관련하는 교육과정에도 사용할 뿐더러, 그것을 또한 귀하의 도서관 소장도서 속에 포함시키는 것을 고려하게 되기를 희망한다. 이 책의 여러 장들은 우리의 학문을 추동할 만큼 단순 통상적인 비교와 분석을 넘어서 창조적이고 생명을 지속하는 미래를 위한 건설적 제안으로 향하도록 해준다.

2. Propositions in the Making: Experiments in a Whiteheadian Laboratory

편집자들 Roland Faber, Michael Halewood, Andrew M. Davis 등 /

Lexington Books / 2019년 출간

　우리는 어떻게 스스로 화이트헤드적인 명제를 만들어가고 있는가? 이 질문은 포스트모던적 사고와 화이트헤드 철학 간에 자리한 많은 의미를 지닌 연관성들을 노출시키고 있다. 특히 그의 명제에 대한 이해에 각별한 주의를 끄는 연관성을 드러낸다.

　『만들어가는 명제들: 화이트헤드적 실험실에서의 실험들』이라는 이 책은 포스트모던 세계를 위해 화이트헤드주의 명제들이 가장 최근에 도달한 점들을 상세하게 밝히고 있다. 그것은 느낌, 살아감, 그리고 세상을 새롭게 공동 창조를 하는 점에 대한 둘(이상)의 학문 분야에 걸치는 유혹을 활성화함으로써 그렇게 한다.

　화이트헤드에게 〈명제〉는 "논리적인 주장"이라기보다는, 앞으로 도래할 집합체를 위한 "느낌을 위한 유혹"으로 기술되었다. 명제는 논리적 정당화들에 관한 언어적 내용으로 격하될 것이 아니라 오히려 심미적 가치화에 대한 느낌의 내용이 되는 것이라는 얘기다. 이 책의 기고자들은, 이러한 명제들을 실존적, 윤리적, 교육적, 신학적, 심미적, 기술적 그리고 사회적 관련성들에 이르기까지의 광범위한 관련성 속에서 창조적으로 표현하면서, "화이트헤드적인 실험실"과 다름없는 역할을 해주고 있다.

"이 책은 화이트헤드의 명제 이론을 이해하는 데 있어 다양한 접근법을 제공하고 있다. 화이트헤드에게 있어 명제란, 참이냐 거짓이냐로 판단되어야 하는 진술이라기보다는 대안적 사고방식을 제의하는 하나의 제안으로서 사람들로 하여금 새로운 가능태를 생각하도록 격려하는 것이다. 이 책의 논고들은 화이트헤드가 우리에게 변화를 위한 통로와 기회를 제공하고 있는―어떤 것은 좀 더 구체적이고, 어떤 것은 좀 더 추상적인―다양한 방식들을 고찰하고 있다." ― Steven Shaviro (Wayne State University)

"이 『만들어가는 명제들』이라는 책은, 화이트헤드를 새로운 사고의 모험 속으로 춤추며 들어가게 하는 논고들 속에서 그것이 제안하고 있는 바로 그 일을 수행하고 있다. 이 책은 모든 독자들로 하여금 그 자체가 느낌의 유혹인 화이트헤드적 명제가 되도록 유혹한다. 그렇게 해서 그 자체의 정서와 여러분들이 함께 실험하는 사고 속에서 우리는 훌륭하게 직조되어진다. 힘든 시기에, 담론 내에서의 그런 옮기 쉬운 창조성은 그 자체가 단지 화이트헤드주의 얼간이를 위한 지성적 사치임을 입증하는 것이 아니라, 실현할 가치가 있는 미래로 향하는 이 세상의 통로임을 입증하는 데에 있을 것이다." ― Catherine Keller (Drew University)

"상상력이 풍부하고 광범위한 이 책은, 명제를 제시하거나 또는 명제들과 그것들의 정서들에 대한 탐험을 격려하면서, 느낌을 위한 그 자체의 유혹을 제공하고 있는 명제들을 똑똑히 밝히면서 독자를 사건 자체의 결합체 속으로 이끌어들인다. 이 책이 취급하고 있는 주제들은 공동의 목적을 향하며 새로운 생성을 개시하기 위한 창조적이고 다양한 출발점들을 제공하고 또 흥미로운 방향으로 이끌어들인다. 이 책은 우리의 현실 세계를 위해 요구되는 그러한 류의 철학서임이 틀림없다."
― Jeremy Fackenthal (Institute for Ecological Civilization)

3. Rethinking Whitehead's Symbolism: Thought, Language, Culture

편집자들 Roland Faber, Jeffrey A. Bell, Joseph Petek / Edinburgh University Press / 2017년 출간

『화이트헤드의 상징작용을 재고함: 사고, 언어, 문화』라는 이 책은 11개의 논고들을 모든 것으로, 1927년에 『상징작용: 그 의미와 효과』라는 책으로 출간된 화이트헤드의 Barbour-Page 강의들을 새롭게 검토하고 있다. 이 선도적인 화이트헤드주의 학자들은 독자들에게 새로운 과학적, 문화적 그리고 기술적 발전의 시대에 있어서 화이트헤드의 『상징작용』이 가지는 현대적인 함의를 흥미있게 통찰하도록 해줄 것이다. 결과적으로 화이트헤드의 철학이 현재 시대의 토론과 쟁론이라는 맥락 속에서 다시 활기를 띨 수 있도록 해주고 있다.

이 책은 또한 화이트헤드의 『과정과 실재』와 같은 좀 더 길고 복잡한 작품으로, 그리고 전체적인 그의 작품 세계로 들어가는 결정적인 접촉점으로서의 역할을 수행한다.

"<상징작용의 재고>라는 이 책은 인간성, 사회과학 그리고 제 과학을 재고하기 위한 <새로운> 화이트헤드적인 기본의 출현에 기여한다. 화이트헤드 연구의 새로운 부흥에 있어 중요한 인물들이 쓴 논고들을 싣고 있는 이 책은 화이트헤드의 사고를 강력하게 강조하면서, 그 이외에도 동물에 관한 연구, 윤리학, 기후 변화, 피조물과 신학, 유교, 그리고 융의 이론 등을 화이트헤드식 사변적 사고의 괘도로 진입케 하는 역할을 하고 있다."

- James J. Bono (The State University of New York)

4. Speculative Empiricism: Revisiting Whitehead

저자 Didier Debaise / (영역) Tomas Joseph Weber, (서문) Isabelle Stengers / Edinburgh University Press / 2017년 출간

경험은 그것이 이 세계가 살아있는 그대로 그것의 풍성함을 변화시

킴이 없이 환원적인 철학적 일반성으로 체계적으로 사고될 수 있는 것인가? 경험주의 방법론은 체계적인 우주론적 사변의 방법과 조화될 수 있는가?

이 책 『사변적 경험론: 화이트헤드를 다시 방문하기』를 쓴 저자인 Didier Debaise의 화이트헤드 독법은 이것을 가능케 하는 철학은 어떤 것이 될 것이며, 그것은 무슨 역할을 할 것이며, 그 위험성은 무엇인가를 명확하게 보여주고자 한다. 그는, 화이트헤드가 현존하는 우주에서 모든 것에 대한 형이상학적 체계를 구축하려 한 시도를 했다는 점에 초점을 맞추고 있으면서 동시에 그것은 우리의 모든 경험들—즉 향유되고 지각되며, 의도되거나 혹은 사유되는—모든 것을 설명할 수 있다고 주장하고 있다.

"『사변적 경험론』에서, 저자 Didier Debaise는 독자를 화이트헤드의 형이상학적 걸작인 『과정과 실재』를 관통하는 괄목할 만한 여행으로 우리를 안내하고 있다. '사변'과 '경험'이라는 두 개의 단어를 제목으로 병렬로 배치하고 있는데, 이는 우리가 예상치 못한 영역을 향하도록 하는 출발점에서 주목해야 할 점을 보여주는 의제를 제시한 것이다. 여기서 '사변'이란 것은 경험의 내용이 될 것이며, '경험'은 그 반대로 가능성이라는 미래로 물들여질 것이다. 그 결과는 Debaise가 선명성과 정밀성을 확실하게 갖추고서 그리는 생성에 대한 <새로운 화용론(話用論)>이 되고 있다. 이 새로운 화용론은 화이트헤드의 주된 개념들에 대한 소개를 제공하고 또한 전문가들에게 동일한 흥미를 일으킬 학문연구에 중요한 기여를 할 것이다."

— Brian Massumi (University of Montreal)

[화이트헤드와 함께]

5. Process Theology: On Postmodernism, Morality, Pluralism, Eschatology, and Demonic Evil

저자 David Ray Griffin / Process Century Press / 2017년 출간

⟨과정 유신론⟩은 자연주의적 유신론(有神論)이다. 그것은 ⟨신⟩God과 "자연"을 동등시한다거나 또는 그와 달리 자연을 신에 대한 별개의 작인(作因)임을 거부한다는 의미에서의 자연주의적인 것이 아니라, 단지 ⟨초자연주의⟩supernaturalism를 거부하는 의미에서의 자연주의적이라는 것이다. 이때 말하는 ⟨초자연주의⟩란 세계의 정상적인(normal) 인과적 원리들을 중단시킬 수 있는 신적 존재에 관한 교리로서 이해된 ⟨초자연주의⟩를 말한다.

따라서 과정신학에서 말하는 신적인 능력은 필연적으로 설득적인 것이다. 즉 이때의 신적인 능력은 세상에서 발생하는 것을 일방적으로 결정한다는 의미에서의 강제적 또는 통제적인 것일 수 없다. 따라서 신과 세계의 관계에 대한 이러한 견해는, 과학계 공동체의 ⟨자연주의적 가정〉naturalistic assumption과 유신론을 조화시킨다. 과학계 공동체의 자연주의적 가정이란, 어떠한 사건도—그것이 아무리 예외적일지라도—이 세상의 기본적인 인과적 원리들을 위배하는 사건은 없다는 가정을 말한 것이다.

이러한 견해는 또한 세상의 악을 최소화하지 않으면서도 창조주의 완전한 선(善)을 옹호하는 신정론(神正論)의 기초를 제공해준다. 사실, 신과 창조성 간의 구별은 악마적인 악에 관한 강력한 교리의 기초를 제공한다. 그 강력한 교리는, 신의 인간 창조가 신적인 창조성에 대립적으로 반하는 것일 뿐만 아니라 또한 신적인 목적을 충분히 위협하는 힘을 발휘할 수 있다는 기본적인 관념을 가지고 있다.

과정신학자들은 신이 이 세상에서 일어나는 모든 일을 결정한다는 점을 거부한다. 전통적인 자유의지 신학자들에 맞서서 과정신학자들은, 신이 모든 사건들을 통제할 수 있다는 점을 거부하며, 인간의 자유를 허용하기 위해서 악을 막는다는 점도 거부한다.

그 대신에 과정신학자들은, 창조에는 그 자체의 창조성을 가지고 있으며 그런 이유로 그 자체에 내재하는 능력을 갖는다고 말한다. 또한 다세포 동물들과 특별히 인간과 같은 좀 더 복합적인 피조물들을 낳을 때는 신이 필연적으로 좀 더 높은 창조력을 가지고 피조물을 낳는다는 것이며, 따라서 타자들에게 자기 결정력과 인과적 영향력을 행사하는 이중적 능력을 더 많이 갖도록 하였다는 것이다.

따라서 이들 고등한 피조물들은, 필연적으로 좀 더 위험스러워진다. 신(God)조차도 더 큰 악이라는 위험을 감수하지 않고는 더 큰 선(善)을 확보할 수 없다. 우리가 신과 세계의 관계에 대한 이런 견해를 감안한다면, 우리의 세계가 끔찍한 악으로 가득 차 있다는 깨달음이 무신론으로 이어질 필요도 없는 것이다.

[화이트헤드와 함께]

6. Beyond Whitehead: Recent Advances in Process Thought

편집자들: Jakub Dziadkowiec, Lukasz Lamza / Lexington Books / 2017년 출간

과정철학은, 하나의 집약적 성장 중에 있는 풍부한 철학적 전통으로서, 이에 대한 충분한 경험이 없는 사람은 물론이고 또한 충분한 경험이 있는 사람들조차도 아주 혼란스러운 철학인 것처럼 보인다. 말하자면 과정철학에 있어서는 나무를 찾느라 헤매다가 숲을 잃어버릴 수도 있을 만큼 너무나도 많은 일들이 벌어지고 있다는 것이다.

『화이트헤드를 넘어서: 과정사상에서의 최근 진전들』이라는 이 책의 목적은, 세계의 지도적인 화이트헤드주의 학자들에 의한 글의 첫 머리(冒頭) 해설과 함께, 과정철학에 대한 현대 연구의 예들을 선택하고 조직·정리하여 독자들로 하여금 이 분야의 철학에서 최근에 표현되고 있는 과정에 대한 전체적인 조망을 맛보도록 하기 위한 것이다.

이 책은 두 부분으로 나누어져 있는데, 그 첫째 부분은 과정사상의 역사적인 뿌리와 그 기본 개념들에 대한 미래적 전망을 논하고 있으며, 둘째 부분은 과정의 기본적인 형이상학적 구조를 전개하고 재해석함에 있어서의 최초의 현대적인 작업을 제시하고 있다.

7. The Quantum of Explanation Whitehead's Radical Empiricism

저자들 Randall E. Auxier & Gary L. Herstein / Routledge / 2017년 출간

『설명의 양자: 화이트헤드의 급진적 경험론』이라는 이 책은, 〈설명〉이란 것은 철학적이고 우주론적 물음에서 어떻게 이해되어야만 하는가에 대한 새롭고 대담한 이론을 전개시키고 있다.

글을 쓴 공저자 중 한 명인 Randall E. Auxier은 Carbondale에 있는 남부 Illinois 대학교의 철학과 교수이고, 『시간, 의지 그리고 목적』, 『Josiah Royce의 철학에서 나온 살아있는 관념들』의 저자이며, 또 다른 한 명인 Gary L. Herstein은 과학철학, 논리학, 미국철학에 학술적 관심을 가진 독립적인 학자로서, 『화이트헤드와 우주론의 측정 문제』의 저자이기도 하다.

Auxier와 Herstein 두 사람은 화이트헤드의 철학적이고 수학적인 저작들에 대한 완전한 해석과 아울러 본질적으로 새로운 그의 해석적 구조를 사용하면서, 화이트헤드는 결코 그의 후계자들[주로 과정신학 그룹]에 의해서는 정당하게 이해되지도 않았을 뿐더러 또한 지식을 위한 인류의 연구에 대한 그 공헌의 깊이와 넓이 역시 충분하게 소화 흡수되지도 않았었다고 주장한다.

이 중요한 책은 화이트헤드의 철학을 과학, 경험 지식 그리고 자연의 해석 문제에 효과적으로 적용하고 있다. 그것은 〈분석철학〉과 〈대륙철학〉 양 진영에서도 현재 진행 중인 자연주의 논쟁에 기여하는, 철학적 자연주의에 대한 새로운 해석을 전개하고 있다.

Auxier와 Herstein은 또한 신학적 관련성과는 거의 독립적으로 화이트헤드적 자연주의를 옹호하는 주장을 펼치면서, 기존의 과정신학 전통과 화이트헤드 철학 간의 가장 중대한 몇 가지 차이점들에 주목하도록 우리의 관심을 끌어들인다.

이 책은 화이트헤드 철학에 대한 명확하고 이해하기 쉬운 소개를 제시하고 있으며, 미국 철학, 수학철학과 물리학, 그리고 자연주의, 설명 그리고 급진적 경험주의와 연관된 문제들에 관심을 갖는 연구 학생들과 학자들에게 불가결한 자원이 될 것이다.

"이 책은 재능 있고 결의가 굳은 두 명의 학자들이 화이트헤드의 형이상학에 대한 통찰 가득한 도발적 설명을 하고 있는 책이다. 저자들 각자는 화이트헤드에 대한 충분한 이해를 위해 필요한 필수적 솜씨들을 과시함과 아울러, 그것들을 이토록 괄목할만하고 매우 독창적인 활용으로 선용하도록 제시하고 있다.

이 서평자는, 화이트헤드에 대한 관심과 호기심을 갖고 있는 모든 독자들에게 이 괄목할만하고 개척적인 연구서를 읽어보도록 충심으로 권하는 바이다. 사람들이 부러워할 만한 역량과 명료성을 갖고서 글을 쓰고 있는 이 저자들은, 화이트헤드 철학에 대한 자신들의 건설적인 재해석에 있어서도 대부분 성공하고 있다."

— Notre Dame의 철학적 서평

● 글을 기고해주신 분들 (가나다순)

김상환 (시인·대구과정사상연구소)
김영진 (대구대학교 창조융합학부 교수)
오진철 (한국침례신학대학교 조직신학 교수)
이경호 (감리교신학대학교 객원교수)
이재천 (몸학연구소)
이태호 (통칭아카데미 원장)
임동빈 (한국침례신학대학교 박사과정)
장왕식 (감리교신학대학교 초빙교수)
정강길 (몸학연구소)
정승태 (한국침례신학대학교 종교철학 교수)

- **『화이트헤드와 함께』 투고 받습니다!**

  화이트헤드와 관련한 연구 논문들을 투고 받습니다. 학술등재지가 아니어서 자발적 봉사를 해주실 분이시면 더욱 좋겠습니다. 논문 형식이 아닌 글들도 괜찮습니다. 번역은 물론이고 화이트헤드와 관련된 그 어떠한 것이라도 좋습니다. 자유로운 형식의 수필, 시(詩), 소설 및 다양한 글들과 그림, 만화 등 책에 실을 수 있는 어떠한 것이라도 접수를 받습니다. [보내실 곳] freeview21@daum.net

- **한국화이트헤드학회 소속 회원이 되어주십시오!**

  가입은 한국화이트헤드학회 홈페이지 whitehead.or.kr 안내 글을 보시고 진행해주시면 되겠습니다. 온라인 회원 가입은 무료입니다. 가입하시면 학회에서 매월마다 진행하는 독회모임에도 참여하셔서 함께 화이트헤드 철학 공부와 관련된 논의들을 나누는 시간을 가질 수 있습니다. 매월 진행하는 학회모임은 누구나 참여 가능하며, 참여 비용은 따로 없습니다.

- 온라인 회원 가입 외에 별도로 연회비를 보내주신 분들께는 비정기적으로 발간되는 화이트헤드 저널(With Whitehead)이나 몸학연구소에서 발행하는 책을 한 권 보내드립니다. 현재는 학회 사정이 어려운 여건에 있기에 연회비를 통해 함께 해주신다면 앞으로의 한국화이트헤드학회 발전에도 큰 도움이 될 것이라 생각합니다.

- [학회 입금 계좌] 하나은행 528-910238-95207 김영진

화이트헤드와 함께
With Whitehead

한국화이트헤드학회 편저

초판 펴낸날 / 2021년 12월 23일
펴낸곳 / 몸학연구소
편집·교정 / 정강길
발행인 / 정강길
등록번호 / 405-96-10652 (2018년 11월 15일)
몸학연구소
서울특별시 은평구 은평로 82(응암동, 해태드림타운) B1층 제141-2호
E-Mail: freeview21@daum.net
보급처: 유통

With Whitehead
Copyright ⓒ Mommics Institute 2021
Printed in Seoul

ISBN 979-11-965984-4-0
값 18,000원

화이트헤드와 함께

한국화이트헤드학회 편저